Helmut Lambers
Reflexionsgrundlagen Sozialer Arbeit

Helmut Lambers

Reflexionsgrundlagen Sozialer Arbeit

Eine systemtheoretische Einführung

BELTZ JUVENTA

Der Autor

Helmut Lambers, Jg. 1953, Dr. phil., Dipl.-Pädagoge, Dipl.-Sozialpädagoge, ist Professor an der Katholischen Hochschule Nordrhein-Westfalen, Fachbereich Sozialwesen/Soziale Arbeit, Abteilung Münster. Seine Arbeits- und Lehrschwerpunkte sind: Geschichte, Theorien, Konzepte, Management, Systemtheorie, Arbeitsweltorientierung sowie erzieherische Kinder- und Jugendhilfe.

Eine erste Fassung dieses Buches ist 2010
im Verlag Barbara Budrich erschienen.

Bibliografische Information der Deutschen Nationalbibliothek

Die Deutsche Nationalbibliothek verzeichnet diese Publikation in der Deutschen Nationalbibliografie; detaillierte bibliografische Daten sind im Internet über http://dnb.d-nb.de abrufbar.

www.beltz.de · www.juventa.de
Druck und Bindung: Beltz Bad Langensalza GmbH, Bad Langensalza
Printed in Germany

ISBN 978-3-7799-2966-6

Das wichtigste menschliche Ordnungsmittel
in dieser Welt ist Sinnbildung und Kommunikation,
mit der die Menschen sich darüber verständigen, dass sie
dasselbe meinen und weiterhin meinen werden.
(Niklas Luhmann 2008, c1969:12)

Inhalt

Abbildungen und Tabellen

Einleitung

In diesem Buch geht es darum, die Bedeutung und den Nutzen der soziologischen Theorie sozialer Systeme für die Soziale Arbeit in den Blick zu nehmen. Zu diesem Zweck wird eine Einführung in die vor allem von Niklas Luhmann weiterentwickelte Systemtheorie sowie angrenzende Konzepte der Kybernetik vorgestellt und auf die Theorie und Praxis Sozialer Arbeit bezogen. Gesellschaftstheorie nach Luhmann versucht Auskunft darüber zu geben, wie moderne Gesellschaften sich entwickeln und wie es ihnen trotz aller augenscheinlichen Unordnung gelingt, zu einer sozialen Ordnung zu gelangen. Mit der luhmannschen Theorie Sozialer Systeme liegt ein konkreter Analyserahmen zur Entstehung sozialer Ordnung vor. Daher kann Soziale Arbeit ihn nicht ignorieren. Soziale Arbeit ist daran interessiert, Störungen und Misslingen in Prozessen sozialer Ordnungsbildung zu begegnen. Gleichwohl muss man im Blick haben, dass es sich bei der hier vorgestellten Theorie nicht um eine Anwendungstheorie handelt, sondern um eine Reflexionstheorie.

Nun ist luhmannsches Denken nicht leicht verständlich. Es erscheint vielmehr als ein theoretisch kompliziertes, verschachteltes und auf jeden Fall sehr komplexes Unternehmen. Um sich der Theorie sozialer Systeme für die Soziale Arbeit systematisch und auf eine verständliche Weise nähern zu können, werden sieben Fragen gestellt:

1. Weshalb Systemtheorie in der Sozialen Arbeit und wo taucht sie auf?
2. Woher kommt die Systemtheorie?
3. Welchem Wissenschaftsverständnis folgt die soziologische Systemtheorie?
4. Welches Bild von Gesellschaft und Mensch hat die Systemtheorie?
5. Welches Verständnis von Sozialer Arbeit ergibt sich aus der Systemtheorie?
6. Kann Soziale Arbeit Menschen und Gesellschaft erreichen?
7. Welchen potenziellen Nutzen kann die Systemtheorie der Sozialen Arbeit bringen?

Als Erstes wird kurz die allgemeine Bedeutung der Systemtheorie für die Soziale Arbeit in Theorie und Praxis vorgestellt. Danach wird ein Einblick in die wissenschaftliche Herkunft der Systemtheorie gegeben. Mit der dritten

Frage werden die erkenntnis- und wissenschaftstheoretischen Annahmen erschlossen. Begriffe wie ‚Geist', ‚Wirklichkeit', ‚Erkenntnis', ‚Wahrheit' und ‚Wissen' werden aus der Sicht der Systemtheorie behandelt. Sodann wird mit der vierten Frage die gesellschaftstheoretische Ebene beschritten. Hier steht das systemtheoretische Bild von Gesellschaft und Mensch im Mittelpunkt. Anschließend werden in der fünften Frage der Gegenstand Sozialer Arbeit, ihre gesellschaftliche Funktion sowie das sich hieraus ergebende Mandatsverhältnis behandelt. In der sechsten Frage werden die Konsequenzen für die handlungstheoretische Ebene in den Blick genommen. Dazu zählen die Schlussfolgerungen für die Reflexion der Handlungs- und Steuerungsebene Sozialer Arbeit. Mit der siebten Frage werden zusammenfassende Antworten auf die Frage nach dem Nutzen der Systemtheorie für die Soziale Arbeit in ihren Handlungskontexten und in der Entwicklung als Profession und Disziplin gegeben. Dabei sollte klar werden, dass die soziologische Systemtheorie von Luhmann zwar eine gewinnbringende, keineswegs aber eine hinreichende Grundlage für eine Theorie Sozialer Arbeit bietet.

Ziel dieses Buches ist, Soziale Arbeit in Theorie und Praxis mittels soziologischer Systemtheorie gewinnbringend reflektieren zu können. Dieser Gewinn liegt in der Bereitstellung von Orientierungspunkten, die Sozialer Arbeit – bildlich gesprochen – als Positionsleuchten dienen bei der Erfüllung ihrer programmatischen Anforderungen: das selbstreflexive Suchen nach und Durchführen von professionell vertretbaren Lösungen.

Das vorliegende Buch ist eine überarbeitete Fassung des 2010 erschienenen Titels „Systemtheoretische Grundlagen Sozialer Arbeit". Praktische Bezugnahmen zum sozialarbeiterischen Alltag und ein überarbeitetes sowie erweitertes Glossar mit den wichtigsten systemtheoretischen Begriffen sollen das Verständnis von Systemtheorie und die Bezugsetzung zur Sozialen Arbeit erleichtern. Begriffe, denen im Text ein Pfeil vorangestellt ist, werden im Glossar zum Schluss des Buches näher erläutert. Themenaspekte, deren weitere theoretische Entfaltung zu sehr vom Anliegen eines Einführungstextes wegführen, sind mit einem Vertiefungshinweis versehen. Sie tauchen als Vertiefungskommentar, auch hier teilweise überarbeitet und erweitert, im letzten Kapitel des Buches wieder auf.

Kapitel 1
Kontakt mit Systemtheorie

Frage: Weshalb Systemtheorie in der Sozialen Arbeit und wo taucht sie auf?

Soziale Arbeit befasst sich mit Menschen, nicht mit Systemen. Weshalb sollte sie sich dann mit Systemtheorie auseinandersetzen? Die Erkenntnis, dass der Mensch nicht isoliert, sondern immer in Austausch- und Wechselbeziehungen mit seiner Umwelt existiert, ist aus heutiger Sicht so banal wie geläufig. Dieses Beziehungsverhältnis von Mensch und →Umwelt kann man ganz allgemein als →System bezeichnen. Der Begriff ‚System' kommt aus dem griechischen und bedeutet im engeren Sinne so viel wie: das Zusammengestellte, Verbundene.[1]

Gehen wir in der Geschichte Sozialer Arbeit zurück, so fällt auf, dass sich diese Sichtweise erst einmal durchsetzen musste. Für die Unterstützung Hilfebedürftiger erwartete man ursprünglich, dass sich der Mensch mit seinen Verhaltensweisen und Einstellungen lediglich an die gesellschaftlichen Erwartungen und Erfordernisse anzupassen habe. Soziale Arbeit bemühte sich darum, Not zu lindern und den Einzelnen an die Erwartungen der Gesellschaft anzupassen. Es ging um Wohltätigkeit und Fürsorge. Dass dies im Bestreben um gesellschaftliche Konformität nicht ausreicht, hatte in der Sozialen Arbeit erstmals die amerikanische Sozialreformerin und spätere Nobelpreisträgerin Jane Addams (1860–1935) erkannt. Sie richtete ihr Augenmerk auf die Frage nach den Umweltbedingungen von hilfebedürftigen Menschen. Waren diese unzureichend, so hatte Soziale Arbeit nicht nur den Menschen, sondern auch seine Umweltbedingungen in den Blick zu nehmen und nicht nur auf den Menschen, sondern eben auf diese Bedingungen seiner Umwelt einzuwirken (Staub-Bernasconi 2007:49–82).

So darf bei der Bearbeitung eines sozialen Problems der Umgang des Einzelnen mit seinen materiellen Ressourcen und sozialen Beziehungen nicht isoliert betrachtet werden. Vielmehr müssen beide immer in ihren vielfälti-

1 Luhmann verortet den wissenschaftlichen Karrierebeginn des Wortes „System" um 1600. Er bezieht sich hierbei auf die Traktate des Philosophen und Theologen Bartholomäus Keckermann (1542–1608), (Luhmann 1998:543).

gen Abhängigkeitsverhältnissen und Wechselwirkungen gesehen werden. Diese allgemeine Vorstellung von System als Person-Umwelt-Beziehung macht systemisches Denken in der Sozialen Arbeit zunächst einmal aus. Soziale Arbeit bewegt sich in sozialen Systemen. Erkennt man dies als Ausgangsbedingung Sozialer Arbeit an, so wird man danach fragen müssen, wie es denn nun genau um die Beschaffenheit und Wirkungsweise von Systemen bestellt ist. Dann sind wir unmittelbar bei der Frage einer theoretischen Begründung des Systemgedankens: der Systemtheorie. Verschiedenartige Theorien und Konzepte wurden hierzu entwickelt.

Wenn wir die angloamerikanische Entwicklung mit einbeziehen, dienen Systemtheorien der Sozialen Arbeit bereits seit den 1950er Jahren als ein Bezugsrahmen

a) bei der Entwicklung von Handlungsmodellen in speziellen Handlungsfeldern der Praxis wie z.B. der Organisationsentwicklung und dem Organisationsmanagement, der Fallbearbeitung (Case Management), der Netzwerkarbeit, der Therapie, der Supervision, der Beratung und der Prävention und
b) in der Theorieentwicklung der Sozialen Arbeit als wissenschaftliche Disziplin, spätestens mit dem folgenreichen Buch „Theory Building in Social Work" von Gordon Hearn (1958). Mit ihm wurden systemtheoretische Konzepte für die Theoriefundierung von Social Work in den Blick genommen. Seitdem erfuhr der Systemgedanke nicht nur im angloamerikanischen Raum, sondern auch im hiesigen Diskurs eine breite Anerkennung als bedeutende basistheoretische Fundierung Sozialer Arbeit (Lowy 1983:99f).

Wie in der Einführung zu diesem Buch bereits zu erkennen ist, werden wir uns hier hauptsächlich mit der Systemtheorie des Soziologen und Gesellschaftstheoretikers Niklas Luhmann (1927–1998) befassen. 1960 bekam er während eines Studienaufenthaltes an der Harvard-Universität in Amerika Kontakt mit der Systemtheorie von Talcott Parsons (1902–1979). In den darauffolgenden Jahren fand Luhmann zu einer eigenen Systemtheorie und entwickelte sie ständig weiter. Im Gegensatz zu anderen Systemtheorien stellte Luhmann die Kommunikation in den Mittelpunkt seiner Betrachtungen. In der Sozialen Arbeit wird seine Systemtheorie bei uns verstärkt seit den 1980er Jahren beachtet.

1.1. Rezeption in der Praxis

Wenn sich die Praxis Sozialer Arbeit mit Person-Umwelt-Beziehungen befasst, sind damit zwei Ebenen angesprochen:

a) die Fall- bzw. Personenebene und
b) die Struktur- bzw. Organisationsebene.

Auf beiden Ebenen gibt es zahlreiche Beispiele, in denen Systemtheorie für die Gestaltung Sozialer Arbeit fruchtbar gemacht wird.

Ebene von Fall und Person

Hierunter versammeln sich unterschiedliche therapeutisch orientierte Modelle, die die Kommunikation und Beziehungsdynamik, besonders in Familien- und Paarbeziehungen, zum Gegenstand machen. Sie haben nicht immer etwas mit soziologischer Systemtheorie zu tun und beziehen sich oftmals auf unterschiedliche Theoriequellen und Menschenbilder.[2] Es taucht dort eine Reihe von Namen auf, die besonders in der Familientherapie bekannt und berühmt geworden sind, wie: Gregory Bateson (1904–1980), Paul Watzlawick (1921–2007), Virginia Satir (1916–1988), Salvador Minuchin (1923), Mara Selvini Palazzoli (1916–1999) und Helm Stierlin (1926). Die Praxisfelder erstrecken sich von der Einzel- über die Gruppen- bis hin zur Familientherapie.

Der Begriff ‚systemisch' taucht aber nicht ausschließlich im therapeutischen Kontext auf. Der systemische Ansatz hat auch in der Sozialen Arbeit immer mehr Anhänger gefunden, besonders dort, wo die Fallanalyse, Fallberatung und die soziale Diagnostik im Vordergrund stehen (Lüssi 1998, Ritscher u.a. 2013, c2002, Ritscher 2004, Milowiz 2009, c1998). Auf der Grundlage luhmannscher Systemtheorie wurden insbesondere Themengebiete wie Sozialberatung, Prävention und Konfliktbearbeitung beleuchtet (Uecker 2003, Hafen 2007, Glasl 2004). Darüber hinaus werden Wege nach einer system(theoret)isch begründeten Praxis Sozialer Arbeit gesucht (Hosemann/Geiling 2013).

2 Unterschiedliche Theoriequellen sind z.B. der Strukturalismus, die Psychoanalyse, die Humanistische Psychologie, die Sprachphilosophie, die postmoderne Philosophie. Meistens wird jedoch auf den radikalen Konstruktivismus, hier insbesondere auf die General System Theory und die Kybernetik 2. Ordnung, zurückgegriffen (s. Kap. 2.2.). Zum Thema Menschenbild vgl. Moldzio (2004).

Im Kontext von Beratung wird Systemtheorie ebenfalls herangezogen, wenn es um die ‚Beratung-der-Beratung' geht. Hier geht es um die systematische Reflexion des von außen beobachteten Professionshandelns. Fall- und Teamsupervision oder das Coaching von Führungskräften sind Beispiele hierfür (Kersting 2004, Kersting/Neumann-Wirsig 2004). Coaching und Supervision sind Grenzgänger zwischen Person und Organisation. Sie leiten mit ihren Reflexionsthemen oftmals auch zur Ebene von Struktur und Organisation über (z. B. Führungsstruktur). Neben den personen- und fallbezogenen Handlungsvollzügen Sozialer Arbeit wird Systemtheorie also auch auf die Struktur- und Organisationsebene Sozialer Arbeit bezogen.

Ebene von Struktur und Organisation

Hierunter fallen die organisationsbezogenen Handlungsfelder (→ Sozialmanagement), die Verbindungsstellen von Organisationen untereinander (Netzwerkmanagement) und die Verbindungsstellen von Fall und Organisation (Case Management).[3] Es geht also nicht um die konkrete Beziehungsarbeit mit dem Klienten, sondern vielmehr um das Managen des ‚Drumherums'. Die im → Management zu bewältigenden Steuerungs- und Entscheidungsaufgaben machen Systemtheorie dort besonders interessant und bestimmen den theoretischen und fachpraktischen Diskurs.[4] Organisationsfragen mussten schon vor dem Aufkommen der Systemtheorie in der Sozialen Arbeit behandelt werden. Sie orientierten sich dabei stärker an der klassischen Betriebswirtschaftslehre.[5] Das war ein Modell, das an Ziel-, Zweck- und Mittelrelationen gebunden war. Dieses lineare Denken, das einen bestimmten Input immer mit einem bestimmten erwartbaren Output verband (z. B.: Erfolg lässt sich programmieren, er hängt nur von der Einzelleistung ab), wurde durch die systemische Perspektive abgelöst (z. B.: Erfolg lässt sich nicht programmieren, wird aber durch Teamleistung begünstigt und wahrscheinlicher). Die zentralen Fragestellungen der Gestaltung, Entwicklung und Steuerung von Unternehmen werden

3 Vgl. zusammenfassend von Schlippe/Schweitzer (1998:216–261) und Hollstein-Brinkmann (1993:35). Zum Netzwerkmanagement vgl. z. B. Schubert (2008). Zum Case Management vgl. z. B. Kleve u. a. (2006), Löcherbach u. a. (2009), Neuffer (2009), Wendt (2008).

4 Auf der einen Seite ein kybernetisch-systemischer Zugang, wie der Klassiker Hans Ulrich (2001) und darauf aufbauend Fredmund Malik (2003), Knut Bleicher (2004), Johannes Rüegg-Stürm (2003), Günter Müller-Stewens und Christoph Lechner (2005) mit dem St. Galler Management-Modell, dessen Anknüpfungspunkte zum Non-Profit-Management diskutiert werden (Schwarz 2005; Theuvsen 2003), auf der anderen Seite Luhmanns Theorie Sozialer Systeme (Willke 2001, 2004, 2005, Baecker 2003).

5 Das Modell ist auf Erich Gutenberg (1897–1984) zurückzuführen. Gutenberg gilt als der Begründer der modernen Betriebswirtschaftslehre in Deutschland.

seither im Kontext von Organisation und Umwelt und ihrer Folgen für die innere Dynamik von Organisation betrachtet.[6]

1.2. Rezeption in der Theorieentwicklung

Systemtheorie wurde und wird nicht nur als ein theoretischer Bezugsrahmen in den Handlungsfeldern Sozialer Arbeit herangezogen. Schließlich geht es in der Sozialen Arbeit auch darum, sie als wissenschaftliche Disziplin zu entwickeln. In der Theoriebildung Sozialer Arbeit greift man dabei traditionell auf unterschiedliche theoretische Konzepte der Wissenschaften zurück. In den Anfängen kamen diese aus der Theologie, der Nationalökonomie[7] und später der Psychologie. Heute dominieren die Pädagogik, die Sozialphilosophie und die Soziologie (Engelke 2004:437–440). Mit der Soziologie hat seit den 1980er Jahren auch die soziologische Systemtheorie Eingang in den Diskurs um eine wissenschaftliche Reflexion Sozialer Arbeit gefunden.

Die Rezeption der Systemtheorie innerhalb der Sozialen Arbeit findet in einem breiten Spektrum unterschiedlicher Fragestellungen statt. So wird der luhmannsche Ansatz in unterschiedlichen Kontexten thematisiert. Sie reichen

a) von der Grundlegung einer Soziologie Sozialer Arbeit[8] über
b) handlungsfeldbezogene und empirische9 bis hin zu
c) system(theoret)isch reflektierten, handlungs- und praxisorientierten[10] und
d) professionstheoretischen[11] sowie
e) erkenntnis-, wissenschafts- und reflexionstheoretischen Fragestellungen Sozialer Arbeit.[12]

---

6 Eine interessante multimediale Übersicht findet sich bei Bardmann/Lamprecht (2003).

7 Nationalökonomie ist die alte Bezeichnung für die heutige Volkswirtschaftslehre.

8 Vgl. hierzu grundlegend Bommes/Scherr (1996, 2000, 2000b, 2012) und Scherr (2000, 2000b, 2003). Zu speziellen Fragestellungen von Intervention, Steuerung, Management, die sich auch auf Soziale Arbeit beziehen, vgl. zahlreiche Beiträge von Dirk Baecker und Helmut Willke.

9 Zum Beispiel Sommerfeld (2000), Hafen (2004, 2007), Krebs (2005), Uecker (2003).

10 Zum Beispiel Miller (2001), Hosemann/Geiling (2013).

11 Zum Beispiel Kleve 2000.

12 Zum Beispiel Baecker, Bardmann/Hermsen, Cleppien, Fuchs, Gängler, Kleve, Merten und Stichweh zus. in Merten (2000), Bendel (2005), Hillebrandt (1999), Hünersdorf (2009), Kraus (2002, 2013), Kraus/Krieger (2011), Maaß (2009) und Uecker/Krebs (2005), um nur einige wenige zu nennen.

Tilly Miller (2001) legt einen „Entwurf einer Handlungstheorie" Sozialer Arbeit vor, in der sie die Systemtheorie Luhmanns als Basis für das Erklärungswissen Sozialer Arbeit heranzieht. Systemtheorie hat hier ausdrücklich die Funktion einer reflexionstheoretischen Grundlage (→ Reflexionstheorie) für die Soziale Arbeit. Heiko Kleve geht etwas weiter. Ihm ist daran gelegen, eine Professions- und Wissenschaftstheorie Sozialer Arbeit auf der Grundlage luhmannscher Theorie sowie der Theorie der Postmoderne vorzulegen und als sozialarbeitswissenschaftliche Praxis- und Handlungsperspektive einzuführen (Kleve 1999, 2000, 2003b, 2009).[13]

Mit dem vorliegenden Lehrbuch wird – ähnlich wie bei Miller – die luhmannsche Systemtheorie als Reflexionsrahmen für die Theorie- und Praxisentwicklung Sozialer Arbeit in Anspruch genommen. Es soll aufgezeigt werden, dass konstruktivistische Systemtheorie eine sehr ertragreiche Grundlage für die Reflexion Sozialer Arbeit in Theorie und Praxis bietet.

1.3. Zusammenfassung

- Soziale Arbeit befasst sich nicht nur mit Menschen, sondern mit Person-Umwelt-Beziehungen, d. h. mit Systemen.
- Was ein System letztlich ausmacht, ist Gegenstand der Systemtheorie.
- Es gibt verschiedene Antworten auf die Bestimmung des Systembegriffs.
- Luhmann stellt in seiner Systemtheorie die Kommunikation in den Mittelpunkt.
- Soziale Arbeit als Praxis bezieht sich auf den Beziehungsebenen von Fall, Person, Struktur und Organisation auf Systemtheorien, um zu bestimmten Handlungsmodellen zu gelangen.
- Soziale Arbeit als wissenschaftliche Disziplin bezieht sich auf Systemtheorie in erster Linie als eine Grundlage reflexionstheoretischer Überlegungen.

13 Siehe Vertiefungskommentar ‚Postmoderne und Dekonstruktion'.

Kapitel 2
Herkunft

Frage: Woher kommt die Systemtheorie?

Nachdem wir nun einen Eindruck von der Bedeutung der Systemtheorie für die Soziale Arbeit bekommen haben, soll es im Folgenden darum gehen, Luhmanns Theorieverständnis zu verstehen. Dazu müssen wir uns mit einem zentralen Begriff aus der Erkenntnis- und Wissenschaftstheorie befassen: → Konstruktivismus.

Es wurde bereits angedeutet, dass es verschiedene Systemtheorien – besser gesagt: Entwicklungslinien – gibt. Sie haben alle eine gemeinsame Wurzel. Diese wird in der Wissenschaft mit dem Begriff ‚Konstruktivismus' bezeichnet. Von hier aus entwickelten sich unterschiedliche Systemtheorien: vom gemäßigten über den →radikalen Konstruktivismus bis hin zum → operativen Konstruktivismus.

2.1. Zum Begriff: Konstruktivismus

Vorab sei nicht verschwiegen, dass heute mit dem Begriff ‚Konstruktivismus' nicht mehr trennscharf bezeichnet werden kann, was eine Vielzahl von Autoren unter diesem Begriff publiziert und verstanden haben will (Hoyoung 2008:35 ff). Selbst diejenigen, die man wissenschaftstheoretisch dem Konstruktivismus zurechnen kann, haben bisweilen Schwierigkeiten mit diesem Begriff.[14] Trotz der vorhandenen begrifflichen Unschärfe hat er sich in der Fachwelt etabliert. Wir unterscheiden hierbei zwischen dem

- radikalen Konstruktivismus und dem
- operativen Konstruktivismus.

In der Soziologie hat mit Beginn der 1990er Jahre der Konstruktivismus verstärkt Anhänger gefunden. Manche sprechen sogar von einer „konstruktivis-

14 Siehe Vertiefungskommentar ‚Konstruktivismus als Begriff'.

tischen Wende in der Soziologie sozialer Probleme"[15] in den USA und in Deutschland. Ähnliches gilt im Übrigen für die Psychologie (von Schlippe/Schweitzer 1998:14). Ob man tatsächlich von einer Wende sprechen kann, sei dahingestellt. Sicher ist jedoch, dass der Konstruktivismus kräftig eingeschlagen hat und mit ihm eine Theoriefigur im Raume stand, die sich zunehmenden Interesses in sozialen Berufen erfreute.

Was bedeutet nun der Begriff ‚Konstruktivismus' und was erklärt das Interesse der Sozialen Arbeit an ihn?[16] Dieser Frage müssen wir zunächst nachgehen, da ja die theoretischen Wurzeln der Systemtheorie im Konstruktivismus liegen.

Wissenschaft ist nicht gleich Wissenschaft, und für die Philosophie gilt das Gleiche. In Philosophie und Wissenschaft kommen unterschiedliche Grundannahmen über das, was an Erkenntnis vom Menschen leistbar ist, zusammen. Wir müssen also unterschiedliche Verständnisse von Erkenntnis und Ansätze, wie man Erkenntnis gewinnt, annehmen (Erkenntnistheorie). Auch kann man sich fragen, weshalb überhaupt zwischen Wissenschaft und Philosophie unterschieden wird. Diese Frage und die Frage nach den unterschiedlichen Erkenntnistheorien können wir hier aber aus Raumgründen nicht befriedigend behandeln. Das ist auch nicht zwingend nötig um verstehen zu können, worum es beim Konstruktivismus im Grundsatz geht. Es reicht zunächst einmal, zu wissen, worin er sich von den Hauptströmungen in der Wissenschaft und Philosophie unterscheidet. Grob unterschieden, stehen sich dort zwei gegensätzliche Auffassungen gegenüber:

- die idealistische und
- die materialistische Auffassung.

Konstruktivismus folgt jedoch beiden nicht. Also handelt es sich bei ihm wohl um eine dritte Variante. Um diese im Grundsatz verstehen zu können, hilft es, wenn man sich zunächst einmal ein Bild davon macht, worum es beim Idealismus und beim Materialismus geht.

Nach idealistischer Auffassung wird dem Geist, nach materialistischer der Materie die beherrschende Stellung im Ganzen des Seins zugewiesen. Im Idealismus werden die Eigenschaften der Welt in Abhängigkeit von der Erkenntnistätigkeit des Menschen gesehen. Dem Menschen wird also im Idea-

15 Aus einer Analyse der Zeitschriften Journal of Social Problems (USA) sowie der Zeitschrift Soziale Probleme geht diese Wendeentwicklung, besonders in den Jahrgängen 1990–2001, deutlich hervor (Groenemeyer, zit. in Klassen 2004:218).

16 Ausführliche epistemologische Ausführungen sind gut belegt in zwei Bänden von Siegfried J. Schmidt (1991, c1987, 1992).

lismus infolge seiner geistbegabten Sonderstellung eine zentrale Rolle zugemessen. Der Materialismus sieht das völlig anders. Im Materialismus ist der Mensch das Produkt der realen, materialen Welt. Er kann diese Abhängigkeit von Materie zwar erkennen, weil er Teil dieser Welt und sein Geist Teil seiner selbst ist, aber ihm kommt deshalb keine zentrale Stellung in der Welt zu.

Idealismus und Materialismus sind demnach grundverschieden. Bei dem einen regiert der Geist, und folglich sind wir mit dem Idealismus wohl eher in der Welt der Philosophie. Bei dem anderen regiert die Materie, und folglich sind wir mit dem Materialismus wohl eher in der Welt der Wissenschaft.

Der Materialismus hält die Position und die Erkenntnismethoden des Idealismus für spekulativ und daher für unwissenschaftlich. Für ihn gibt es keinerlei Grund, von der Existenz des Geistes auszugehen. Der Idealismus wirft dem Materialismus wiederum eine unzulässige Verkürzung auf rein materielle Zusammenhänge und das Fehlen einer tieferen philosophischen Sicht der Dinge vor.

Trotz ihrer Grundverschiedenheit haben die idealistische und die materialistische Auffassung eines gemeinsam: Sie verfahren beide in der Regel ontologisch. Die → Ontologie behandelt die Fragen nach der Beschaffenheit von Welt und des darin Seienden. Idealismus und Materialismus kommen bei dieser Frage zwar zu unterschiedlichen Antworten, sie sind sich letztlich aber darin einig, dass diese Beschaffenheit durch irgendeine verborgene Anordnung der Teile im Ganzen bestimmt ist, also alles irgendeinem Bauplan unterworfen ist und sich nach wie auch immer gearteten Gesetzmäßigkeiten oder zumindest festgelegten Bestimmungen verhält.

Idealismus und Materialismus gehen von einer alles bestimmenden → Struktur aus. Daher können sie beide annehmen, dass entweder mit wissenschaftlichen Methoden und Theoriebildungen (Materialismus) oder philosophischen Betrachtungen (Idealismus) Licht in die Beschaffenheit der Welt und des Seienden gebracht und wenigstens annäherungsweise entweder erklärbar (Materialismus) oder verstehbar (Idealismus) gemacht werden kann. Man wird auf diese Weise zwar nicht die ganze Welt erklären oder verstehen können, aber entweder wissenschaftliche Wahrheit im Sinne überprüfbarer Objektivität (Materialismus) oder philosophische Wahrheit im Sinne erfahrbarer Plausibilität (Idealismus) dürfte für die meisten offenen Sachverhalte demnach möglich sein.

Im Gegensatz hierzu nimmt nun der Konstruktivismus eine ganz andere Position ein: Er geht davon aus, dass es eine ontologische Struktur nicht geben kann. Der Konstruktivismus bestreitet, dass der Mensch wissenschaftlich das abbilden kann, was ihn als Realität tatsächlich umgibt. Konstruktivismus lässt sich allgemein als eine philosophische Richtung bezeichnen, die davon ausgeht: Die vom Menschen erkannten Dinge und Sachverhalte existieren nicht unabhängig von ihrer Erkenntnis, sondern werden von ihm letztlich konstruiert. Das → Bewusstsein verlegt körperinterne Zustände nach außen und konstruiert damit eine äußere → Realität, die es dann für seine Gedanken und Vorstellungen verantwortlich machen kann.

> Die Ursachen z. B. von „abweichendem Verhalten", „Verhaltensauffälligkeit" und „Verhaltensstörung" sind begrifflich nicht aus einer gesetzmäßigen Struktur erklärbar, wie es der wissenschaftliche Materialismus nahelegt. Sie sind in ihrem inneren Wesen nicht bestimmbar und begrifflich nicht daraus verstehbar zu machen, wie es der philosophische Idealismus nahelegt. Letztlich handelt es sich bei den Begriffen um Bezeichnungen als Konstrukte von Menschen. Diese Konstrukte können ‚so' oder auch ‚anders' ausfallen (Konstruktivismus).

Von dieser konstruktivistischen Sicht ausgehend gibt es noch verschiedene Varianten. Zwei davon wurden bereits oben erwähnt:

a) der radikale und
b) der operative Konstruktivismus.

Diese beiden Richtungen muss man sich etwas näher anschauen, um zu einem Einstieg in die luhmannsche Theorie zu gelangen.

2.2. Radikaler Konstruktivismus

Der radikale Konstruktivismus geht ebenfalls davon aus, dass die Dinge keine festgelegte ontologische Struktur besitzen. Darüber hinaus – und deshalb nennt er sich radikal – geht er davon aus, dass unsere Sinne nicht vermögen, uns von den zu erklärenden Dingen und Sachverhalten ein deckungsgleiches Bild zu geben; zumindest keines, was die Dinge objektiv so zeigt, wie sie tatsächlich beschaffen sein könnten. Ernst von Glasersfeld (1917–2010) – ein amerikanischer Philosoph, der mit dem österreichischen Physiker Heinz von Foerster (1911–2002) als ‚Erfinder' des radikalen Konstruktivismus gilt – stolperte über einen Satz des Philosophen Ludwig Wittgenstein:

> „Um zu erkennen, ob ein Bild wahr oder falsch ist, müssen wir es mit der Wirklichkeit vergleichen."[17]

---

17 Satz 2.223 im „Tractatus logico-philosophicus. Logisch-philosophische Abhandlung" (Wittgenstein 1963, c1918:19).

Nun, nichts leichter als das, könnte man sagen. Aber ist es so einfach wie gesagt? Was ist die → Wirklichkeit wirklich? Wenn wir eingestehen müssen, dass das Bild, welches mit der Wirklichkeit verglichen werden soll, nicht unbedingt schon da ist, sondern erst einmal im Gehirn gebildet werden muss, ist diese Frage nicht so leicht zu beantworten. Erschwerend kommt hinzu, dass sich die vorfindbare Wirklichkeit nicht unbedingt allen Menschen in gleicher Weise darstellt. Die Bilder, die wir uns machen, fallen höchst unterschiedlich aus. Sich ein Bild von etwas zu machen, ist ja schon eine Konstruktion. Es gibt also gute Gründe anzunehmen, dass die Wirklichkeit nicht so wirklich ist, wie sie in Wirklichkeit vielleicht ist (Watzlawick 2005, c1976). Mit diesem Gedankengang befinden wir uns mitten im Konstruktivismus.

Ernst von Glasersfeld hat daraufhin die Position des radikalen Konstruktivismus deutlich beschrieben. Sie geht davon aus, dass der Mensch unfähig ist, mittels Erfahrung und → Beobachtung objektive Rückschlüsse auf die Struktur der Dinge und Sachverhalte zu ziehen. Eine wissenschaftlich abgesicherte, allgemeingültige Lehre vom „Sein der Dinge" (Ontologie) ist seiner Meinung nach nicht möglich. Von Glasersfeld drückte dies so aus:

> „Es gibt nicht nur keine guten Gründe anzunehmen, dass unsere Sinne uns die Dinge so zeigen, wie sie sind; es gibt auch keinen guten Grund zu der Annahme, dass die ontologische Realität etwas besitzt, was wir Struktur nennen könnten." (Richards/von Glasersfeld 1991, c1987:221).

Der radikale Konstruktivismus geht also davon aus, dass Erkenntnis nicht als eine bildgleiche Erklärung einer externen Realität möglich ist, sondern stets auf der Grundlage von niemals vollständigen und bildgleichen Beobachtungen und damit als Konstruktion zustande kommt. Mit den Worten von Foersters und Luhmanns: „Die Welt enthält keine Information, die Welt ist, wie sie ist" (von Foerster/Pörksen 2008, c1998:98).[18] Realität kann nicht enthüllt und damit objektiv entdeckt werden. Vielmehr ist Erkenntnis nur als Entdeckung einer subjektiven Beobachtung möglich. Überspitzt formuliert ist Erkenntnis lediglich eine Erfindung des Menschen. Mit „Erfindung" ist hingegen nicht gemeint, dass der radikale Konstruktivismus etwas mit Phantasterei oder einer Vorliebe für „Zauberei … und das Erfinden von Welten" (Engelke 2004, c2003:238) zu tun habe.[19] Die Rede von der „Erfindung" drückt lediglich drei Umstände aus:

18 In gleicher Weise formuliert Luhmann: „Welt kann … nur als Objektgesamtheit bezeichnet werden. Sie ist so, wie sie ist." (Luhmann 1998:897).

19 Gelegentlich wird dieser Vorwurf erhoben und der radikale Konstruktivismus – als

a) dem menschlichen Wahrnehmungsvermögen ist keine Möglichkeit der objektiven Erfassung von Realität gegeben,
b) Wissen über die soziale Welt wird durch den Versuch eines konsensuellen Beschreibens hervorgebracht, wobei das Erzielen von Konsens als letzte Wahrheit unmöglich erscheint und
c) das als Umwelt Beobachtete erschließt sich nicht als das unveränderbar Gegebene, sondern als das von Systemen Veränderte.

Diese drei Komponenten verweisen auf einen „Prozess der Erzeugung von Realitätskonstrukten" (Hejl 1991, c1987:304).[20]

Dem Grundgedanken des radikalen Konstruktivismus zufolge ist alle Erkenntnis nichts anderes als subjektive Beobachtung. Beobachtung muss aber immer und gleichzeitig mit → Unterscheidungen und → Bezeichnungen arbeiten (→ Formenkalkül), ansonsten wäre Beobachten nicht möglich (→ *marked space/unmarked space*). Letztlich operiert jedoch jede Beobachtung blind, da sie niemals alles beobachten kann (Beobachtung 1. Ordnung). Eine vollständige Beobachtung der Dinge ist für keinen Beobachter möglich. Bei jeder Beobachtung entsteht der sogenannte → blinde Fleck.[21]

Um nun diesen blinden Fleck ebenfalls beobachten zu können, braucht man eine zusätzliche Beobachtungsebene (Beobachtung 2. Ordnung), die sieht, was auf der ersten Beobachtungsebene nicht gesehen wird. Aber selbst diese Beobachtung würde nicht alles beobachten können und ihrerseits wieder einen blinden Fleck produzieren. Das verlangt nach einer dritten Beobachtungsebene, die ebenfalls ihren blinden Fleck nicht überwinden wird. Mit der Steigerung der Beobachtungsebenen ist das Problem daher im Grundsatz nicht vollständig vom Tisch. Für eine vollständige Lösung bräuchte man eine letzte, alles umfassende Beobachtungsebene, die praktisch alles sieht.

Letztbeobachtung aller Dinge ist dem Menschen bekanntlich nicht gegeben. Durch eine Erweiterung der Beobachtungsebenen kann er allenfalls die Größe, das Ausmaß des blinden Fleckes reduzieren. Wenn man also davon ausgehen muss, dass Beobachtung letztlich immer einen blinden Fleck enthält, sie aber dennoch weiter stattfindet – ja stattfinden muss, dann bleibt nur der Schluss übrig, dass jede Beobachtung ein Konstrukt ist. Der radikale Kon-

---

eine neben anderen möglichen wissenschaftlichen Positionen – aus Lehrbüchern der Sozialen Arbeit verbannt (ebd.).

20 Aus physikalischer Perspektive vgl. Schwegler (1992:257–274).

21 Analog dem Feld auf der Netzhaut des Auges, das keine Rezeptorenstellen für die Aufnahme von Licht hat. Den Begriff hat Heinz von Foerster eingebracht, und er wird von Luhmann übernommen.

struktivismus nimmt die individuell als unterschiedlich wahrgenommene Umwelt – das Erleben von Umwelt – und nicht die Realität, wie sie ‚objektiv' sein könnte, in den Blick, um zu einem Verständnis für menschliches Verhalten und Entwicklung zu gelangen. Im Zentrum steht hierbei das → Individuum (Esposito 2005:300). Von ihm hängt es letztlich ab, wie „die Welt" definiert wird. Etwas anders sieht dies Luhmann. Für ihn stehen nicht Individuen, sondern soziale Systeme im Vordergrund.

Luhmann hält die gedankliche Konsequenz „Alles ist Erfindung" für nicht hinreichend genug, um erklären zu können, welche Operationen diesen „Erfindungen" zugrunde liegen und soziale Ordnungsbildung möglich machen. Er kritisiert am radikalen Konstruktivismus, dass dieser „… seine Hausaufgaben noch nicht ausreichend erfüllt hat" (Luhmann 1992:521). Luhmann begnügt sich nicht mit der Feststellung, dass die Welt letztlich ein Produkt unserer Einbildung ist. Er bestreitet nicht, dass es Realität gibt. Eine Realität, in der dem Menschen zwar nichts anderes übrig bleibt, als zu beobachten, wie Realität konstruiert wird, aber immerhin eine Realität.[22] Wie dies jedoch geschieht, das ist die Frage, die Luhmann stellt und zu beantworten versucht. Es interessieren ihn also nicht die „Was-Fragen" (z. B. Was ist der Fall? oder: Was ist Gesellschaft?), sondern die „Wie-Fragen" (z. B. Wie ist es möglich? oder: Wie operiert Gesellschaft?

Zur Beantwortung dieser „Wie-Fragen" (Luhmann 1998:995, 2006c:315) sieht Luhmann nicht das → Subjekt als die entscheidende Instanz sozialer Wirklichkeit an. Vielmehr spielt für ihn ganz allgemein gesprochen die Kommunikation in → Gesellschaft die entscheidende Rolle. Subjekte operieren zwar über Kommunikation, dennoch stehen sie für Luhmann im Hintergrund. Nach Luhmanns Beobachtung ist nicht das Subjekt mit seinen jeweiligen Eigenschaften (Einstellungen, Fähigkeiten und Ausstattungen) für eine soziale Ordnungsbildung das Entscheidende, sondern die vielfältige, nicht mehr überschaubare Kommunikation, aus der Versuche einer sozialen Ordnung entstehen. Luhmann bezeichnet sich aus diesem Grund nicht als radikalen, sondern als operativen Konstruktivisten (Luhmann 1996:18).

Zentrum: Individuum

22 „Der operative Konstruktivismus bezweifelt keineswegs, dass es eine Umwelt gibt. Sonst hätte ja auch der Begriff der Systemgrenze, der voraussetzt, dass es eine andere Seite gibt, keinen Sinn. Die These des operativen Konstruktivismus führt also nicht zu einem ‚Weltverlust', sie bestreitet nicht, dass es Realität gibt. Aber sie setzt die Welt nicht als Gegenstand, sondern im Sinne der Phänomenologie als Horizont voraus. Also als unerreichbar. Und deshalb bleibt keine andere Möglichkeit als: Realität zu konstruieren und eventuell: Beobachter zu beobachten, wie sie Realität konstruieren." (Luhmann 1996:18 f).

Autopoiese

Ein weiteres Konzept des radikalen und des operativen Konstruktivismus ist die von dem Neurobiologen Humberto Maturana und dem Neurowissenschaftler Francisco Varela formulierte →Autopoiese (Selbstreproduktion). Demnach ist jede Zelle Ergebnis eines Netzwerkes innerer Operationen des Organismus, dessen Element sie ist.[23] Sie ist also nicht das Ergebnis externer Steuerung oder Eingriffe. Weiterhin besitzen lebende Systeme die Fähigkeit, die Elemente, aus denen sie bestehen, selber zu reproduzieren und damit ihre →Einheit zu definieren. Lebende Systeme verhalten sich energetisch offen zu ihrer Umwelt, schließen sich jedoch gegenüber ihrer Umwelt operationell ab. Dieses Prinzip der Selbstreproduktion und Selbsterhaltung wird als Autopoiese bezeichnet.

2.3. Operativer Konstruktivismus

Maturana wendet den Autopoiese-Begriff ausschließlich auf organische Systeme an. Die Feststellung, dass es eine wie auch immer geartete Außenwelt gibt und sich kein Nachweis einer Übereinstimmung von Erkenntnis und Wirklichkeit erbringen lässt, gibt allerdings noch nicht Auskunft darüber, wie soziale Wirklichkeit trotz alledem beobachtet und konstruiert wird (Luhmann 1992:518). Daher erweitert Luhmann den biologischen Bezugsrahmen auf das Soziale. Er überträgt das biologische Konzept Maturanas auf das Soziale. Demnach sind nicht nur organische Systeme in ihren inneren →Operationen selbstreproduzierend und zirkulär (→Zirkularität). Auch die psychische und die soziale Ebene operieren nach den Mechanismen der Selbstreproduktion. Diese sind nach innen geschlossen und nach außen offen. So wie das Organische über Zellbildung operiert, operiert die Psyche über Bewusstsein und das →Handeln über Kommunikation. So wie organische Zellen aus ihrer Zellstruktur heraus weitere Zellen erzeugen, erzeugt Bewusstsein weiteres Bewusstsein, und Handeln erzeugt weiteres Handeln.

Da Handeln über Kommunikation läuft, setzt Luhmann Handeln mit Kommunikation gleich (→Mitteilung, Mitteilungshandeln). So kommt er zu der Autopoiese des sozialen Handelns, die dann logischerweise lautet: Kommunikation erzeugt weitere Kommunikation. Entscheidend ist die Feststellung, dass diese → Prozesse selbstbezüglich und selbstreproduzierend sind. Soziale Systeme werden als nach innen geschlossene Systeme betrachtet. Man be-

---

23 „The living organization is a circular organization which secures the production or maintenance of the components that specify it in such a manner that the product of their functioning is the very same organization that produces them." (Maturana 1970: 48, vgl. auch Maturana 1991).

zeichnet dies als → operative Geschlossenheit. Gleichwohl sind sie nach außen offen, das heißt umweltoffen. Da sie jedoch selber entscheiden und selektieren, was sie von der Umwelt einbauen (→ Inklusion) und was sie außen vorlassen (→ Exklusion)[24], werden sie als operativ geschlossene Systeme betrachtet.

Wenn lebende Systeme nun operativ geschlossene, sich selbst steuernde Systeme sind, dann wird man fragen müssen, was eigentlich die Kriterien sind, nach denen sie ihre Steuerung ausrichten. Sie müssen ja irgendeine Vorstellung, irgendeinen Plan haben, wonach sie sich selbst steuern können.

Hier bringt Luhmann den Begriff → Sinn ins Spiel. Sinn ist besonders seit Max Weber ein Grundbegriff in der Soziologie. Handeln wird demnach erst durch Sinnzuschreibung als Handeln ins Leben gerufen und als solches erkennbar und wahrgenommen. Die Psyche und das Soziale werden damit als Systeme betrachtet, die von ihrem Sinnzusammenhang gesteuert werden. Dann bleibt die Frage offen, wie dieser Sinn zustande kommt.

Damit sind wir an einer Stelle angekommen, an der sich die Geister scheiden. In der Soziologie wird diese Frage unterschiedlich, in zweierlei Richtungen beantwortet. Die eine Richtung ist die Handlungstheorie, die andere ist die Systemtheorie.

1. Handlungstheorie

Die Handlungstheorie folgt der Annahme, dass das Handeln aus einer Kombination unterschiedlicher sinnhafter Orientierungen entsteht. Sie lenkt ihr Augenmerk auf die Handlungsabsichten und versucht, die angezielten, erwünschten Handlungsergebnisse aus einer möglichst optimalen Kombination von Handlungsoptionen zu erklären (Bendel 2005:127–150, 2009:69 f., Willke 2000:135).

Beispiel:	Die Kombination bestimmter sozialdiagnostischer Verfahren lässt die Aufstellung bestimmter Behandlungsziele (Handlungsabsichten) und die daran gebundenen Methoden der Problembearbeitung (Handlungsoptionen) zu, die dann einen erwarteten Handlungserfolg als Lösung des sozialen Problems wahrscheinlich machen sollen (Handlungsergebnis).
Das bedeutet:	An vorher feststehenden Kriterien ausgerichtetes Handeln bestimmt das Ziel.

24 Siehe Vertiefungskommentar ‚Inklusion/Exklusion'.

In der Handlungstheorie wird also das neu Hervorgebrachte in der Handlung selbst gesehen. Anders in der Systemtheorie Luhmanns.

Systemtheorie

In der Systemtheorie wird Handlung erst aus der Beobachtung ihrer Effekte erklärbar. Und diese Effekte sind nicht auf den einzelnen Menschen, sondern auf das sinnhafte Zusammenspiel vieler Handelnder zurückzuführen. Vereinfacht kann man sagen, dass nicht der einzelne handelnde Mensch (Subjekt), sondern nur ein System von Handlungen Neues hervorbringt (→ Emergenz). Wir werden darauf noch näher eingehen, wenn wir die einzelnen Bausteine luhmannscher Systemtheorie behandelt haben (Kap. 4.). Vorerst halten wir fest:

> Ein System besitzt die emergente Qualität der Kombination unterschiedlich bestimmten Handelns. So gesehen ist Handlung schon immer auch System. Nicht der einzelne Mensch, sondern sein Handeln im System und als System steht hier im Zentrum der Beobachtung.

Jeder, der schon mal ein Beratungsgespräch mit Klienten und ihren Angehörigen zu irgendeinem Problem geführt hat, stellt schnell fest, dass es zu ein und demselben Sachverhalt unterschiedliche Geschichten, unterschiedliches Erleben und damit auch unterschiedliche Handlungsfolgen gibt.

Aus der Sicht der Systemtheorie steht nicht das Interesse an Objektivierungen und gesetzesmäßig bestimmbaren Zusammenhängen von Ursache und Wirkung im Zentrum. Beziehen wir diese Aussage auf psychosoziale Sachverhalte, z. B. eine Alkoholsucht-Erkrankung, würde das bedeuten, dass statt der Ursache-Wirkungs-Frage das verschiedenartige Erleben der Dinge (hier also das Erleben der Suchterkrankung, ihrer Ursachen und auch ihrer Folgen) und die Suche nach gemeinsamen Lösungen in den Blick genommen werden müssen. Das eindeutige und objektiv zu bestimmende Wesen der Suchterkrankung (ontologische Sichtweise) ist in dieser Perspektive nicht vorrangiges Interesse. Vielmehr geht es um Personen, die unterschiedlich beobachten (→ System, psychisches) und vor allem um das → Erleben und → Handeln von Personen, die ihre unterschiedlichen Erwartungen miteinander kommunizieren. Diese Kommunikation bildet bereits ein Sozialsystem (→ System, soziales) und steht aus der Sicht des operativen Konstruktivismus im Mittelpunkt des Interesses, nicht jedoch das psychische System (→ Person) als isolierte Größe.

Kommunikation im Mittelpunkt
(über versch. Phänomene)

Beispiel:	Die Bildung eines Kommunikationssystems mit dem Klienten und seiner Umwelt führt zur Aufstellung gemeinsam gefundener Handlungsziele.
Das bedeutet:	An Sinnfindung orientiertes, nach Kriterien suchendes Handeln bestimmt das Ziel.

Erleben und Handeln sind nicht die Letztelemente sozialer Systeme, vielmehr ist es die Kommunikation. Die Beobachtung einer →Mitteilung eines Systems wird dem System als Handeln zugerechnet, während die Beobachtung eines Systems, dass dieses Handeln wahrnimmt, dem System als Erleben zugerechnet wird (Kap. 4.4.).[25] Kommunikation ist demnach das zentrale Thema des operativen Konstruktivismus. Man kann auch sagen: Kommunikation ist System.

2.4. Erste Systemtheorien

Die Frage der Kommunikation in, von und mit Systemen ist eine Frage, mit der sich die →Kybernetik beschäftigt. Die Kybernetik (Norbert Wiener, Ross Ashby u.v.a.) ist eine interdisziplinäre Wissenschaft. Sie beschäftigt sich sowohl mit technischen als auch mit lebenden, sprich organischen und kognitiven Systemen. Die Arbeiten zur Kybernetik gelten als „Schlüsselwerke der Systemtheorie" (Esposito 2005:291–302).[26]

Das Interesse der Kybernetik gilt der Steuerung einfacher – also trivialer – und vielschichtig zusammengefügter – also komplexer – Systeme. Eine Maschine wäre ein Beispiel für ein triviales System, während das Gehirn ein Beispiel für ein komplexes System ist. Bei der Frage nach der Steuerung trivialer und komplexer Systeme geht die Kybernetik vom Konzept eines Regelkreises aus. Die →Funktion eines Systems setzt sich dabei zusammen aus den Komponenten →Steuerung und →Regelung. Unter Steuerung ist die zielgerichtete Beeinflussung eines Systems zu verstehen, während mit Regelung ein Rückkoppelungsmechanismus gemeint ist, d.h. die Anpassung der Steuerung gemäß Rückmeldung des Systems zum Steuerungsversuch. Dieser Regelkreis, der ständige Kreislauf von Information und korrigierender Rückkoppelung, wurde von Norbert Wiener (1894–1964) als ein Grundmuster von Systemen entdeckt.

25 „Man kann nur über die Zuschreibung einer Handlung beobachten, dass jemand etwas gesagt hat" (Baraldi u.a. 1997:92).

26 Siehe Vertiefungskommentar ‚Konstruktivismus als Begriff'.

William Ross Ashby (1903–1972), ein englischer Psychiater, ging davon aus, dass das Gehirn – ein Fall eines lebenden, komplexen Systems – auch als ein geschlossenes System von veränderbaren Größen (Variablen) vorstellbar ist. Entscheidend ist jedoch, dass zu dem Organismus bedeutungsvolle Variablen der Umwelt existieren und der Organismus versucht, sich auf die für ihn oft unbekannten Variablen einzustellen. Dies geschieht durch den Versuch, die Umweltvariablen zu verändern und wenn dies nicht möglich ist, durch Änderungen der eigenen Variablen. Ein komplexes System kann man sich als ein lernendes System vorstellen.

Auch in der Biologie wurde diese Sichtweise bekannt. Der Biologe und Systemtheoretiker Karl Ludwig von Bertalanffy (1901–1972) wandte die Erkenntnisse der Kybernetik auf lebende System an. Er nannte seine Theorie „General System Theory". Er vermied dabei den Begriff Kybernetik, da er ihm zu technisch erschien. Nach von Bertalanffy adaptieren lebende Systeme ihre innere Organisation gemäß den Umweltbedingungen. Sie haben insofern die Fähigkeit der →Selbstorganisation. Hierbei tendieren sie dazu, sich ständig selbst zu stabilisieren und dabei aktive Abweichungskorrekturen vorzunehmen, sobald sie destabilisierende Veränderungen registrieren (Fließgleichgewicht, Homöostase). System ist hier also gleichbedeutend mit Anpassung mittels Selbstorganisation. Hier wird System als ein umweltoffenes System gedacht. In der Sprache der Kybernetik würde man sagen, dass diese Systemvorstellung einer Kybernetik 1. Ordnung entspricht. Sie ist deshalb eine Systemvorstellung 1. Ordnung, weil sie Systeme als in sich geschlossene Regelkreise betrachtet. Diese geschlossenen Regelkreise dienen ausschließlich dem Zweck der Stabilisierung des Systems. Diese Sichtweise nimmt jedoch nicht in den Blick, dass Systeme offensichtlich noch eine weitere Fähigkeit besitzen: Sie können sich nicht nur selber gemäß den Umwelterfordernissen stabilisieren. Sie sind auch in der Lage, Umwelt zu verändern und sich selber auf höhere Entwicklungsstufen zu bringen. Die Betrachtung von Systemen hinsichtlich ihrer laufenden Veränderungen in Interaktion mit der Umwelt erfordert eine erweiterte Kybernetik, die Kybernetik 2. Ordnung.

Heinz von Foerster, ein österreichischer Physiker, der in Amerika lebte und arbeitete, sprach daher vom Erfordernis einer Kybernetik der Kybernetik. Damit ist gemeint, dass Systeme nicht nur die Fähigkeit haben, ihr Gleichgewicht zu erhalten, sondern außer diesem Lernvorgang offensichtlich auch in der Lage sind, sich weiterzuentwickeln. Zur Weiterentwicklung bedarf es jedoch der Funktion von Beobachtung. Wenn ein lebendes System die Umwelt nicht beobachten könnte, würde es auch nicht lernen, sich weiterzuentwickeln und einer sich verändernden Umwelt nicht nur anzupassen, sondern diese auch zu modifizieren. Es geht also nicht um ein passives, reagierendes Fortschreiten in der →Evolution, sondern um ein aktives, agierendes Verhältnis zur Evolution.

Die grundsätzliche Beobachtungsfähigkeit von Systemen überführt die Perspektive von Systemtheorie in die Perspektive von Theorien offener Systeme. Mit der General System Theory von Bertalanffys sowie der Kybernetik 2. Ordnung von Foersters ist somit der Übergang zu einer Systemtheorie 2. Ordnung markiert. Hierbei müssen wir jedoch zwischen dem radikalen Konstruktivismus (von Glasersfeld) und dem systemtheoretischen bzw. operativen Konstruktivismus Luhmanns unterscheiden.

2.5. Andere Systemtheorien

Wie bereits in Kapitel 1. angemerkt, versammeln sich unterschiedliche Theorieansätze unter dem Begriff ‚Systemtheorie'. Neben den Theorien, die entweder dem radikalen oder dem operativen Konstruktivismus zuzurechnen sind, hat sich auch die ökologische und die ontologische Systemtheorie in der Sozialen Arbeit etabliert. Zu nennen sind in diesem Zusammenhang vor allem zwei Ansätze:

a) die ökosystemische Theorie und
b) die systemische Ontologie.

Die systemische Ontologie steht im Gegensatz zu Luhmanns Theorie sozialer Systeme. Insbesondere das „Autopoiesis-Theorem" wird abgelehnt (Staub-Bernasconi 2007:268). Die ökosystemische Theorie bezieht hingegen den Autopoiese-Gedanken in ihre Theorie ein, reduziert aber nicht alles auf Kommunikation (Wendt 1982:86). Die beiden genannten Theorieansätze werden in diesem Buch nicht weiter verfolgt. Ihre Relevanz für die Soziale Arbeit ist an anderer Stelle ausführlich dokumentiert und wird daher hier nur kurz skizziert.[27]

Ökosystemische Theorie

Die ökologische Perspektive hat in der Sozialen Arbeit schon eine etwas längere Tradition. Sie wird bereits bei Jane Addams (1860–1935), eine der größ-

27 Vgl. zur ökosystemischen Theorie besonders Bronfenbrenner (1976, 1989), Filipp (1979, 1981), Germain/Gitterman (1999, c1983), Wendt (1982, 1990). Vgl. zur systemischen Ontologie besonders Obrecht (1996, 2000, 2000b, 2001, 2005, 2008), Obrecht/Zwicky (2002), Staub-Bernasconi (1995, 2007). Vgl. auch zusammenfassend Hollstein-Brinkmann (1993) und Hollstein-Brinkmann/Staub-Bernasconi (2005) und die Beiträge in Schmocker (2006).

ten amerikanischen Sozialreformerinnen, ausgemacht. Auch bei der österreichischen Fürsorgetheoretikerin Ilse von Arlt (1876–1959) ist sie zu finden (Staub-Bernasconi 2007:21–82). Im Amerika der 1950er Jahre thematisierte Gordon Hearn die Ökologie für die Sozialarbeit (Ecosystems Theory). Der Diskurs war von der General System Theory Karl Ludwig von Bertalanffys inspiriert (Kap. 2.4.). Auch die Feldtheorie Kurt Lewins spielte eine beträchtliche Rolle.

Vertreter des ökologischen Ansatzes in der Sozialen Arbeit sind besonders Carel B. Germain und Alex Gitterman (1983) mit ihrem Konzept des Lebenslaufes (*life model*). Dieses amerikanische Modell ist auch in Deutschland bekanntgeworden. Hier wird es besonders von Wolf Rainer Wendt genutzt und durch einen eigenen ökosozialen Ansatz ergänzt. Während sich der amerikanische Ansatz als ‚ökologisch' oder ‚ökosystemisch' bezeichnet, bevorzugt Wendt den Begriff ‚ökosozial'. Wie in Luhmanns Theorie sozialer Systeme geht es beim ökosystemischen Modell auch um einen Ansatz, in dem von Autopoiese, Zirkularität und „Unvorhersagbarkeit komplexer menschlicher Phänomene" (Germain/Gitterman 1999, c1983:8) ausgegangen wird.

Auch in die Psychologie hat ökologisches Denken Eingang gefunden. Insbesondere in der Sozialpsychologie (P.G. Zimbardo) und der Entwicklungspsychologie ist sie anzutreffen (z.B. bei H.S. Fillipp und U. Bronfenbrenner). Einen der auch bei uns bekanntesten Entwürfe einer „ökologischen Sozialisationsforschung" legte der amerikanische Entwicklungspsychologe Uri Bronfenbrenner (1917–2005) vor. Bronfenbrenners „Ökologie der menschlichen Entwicklung" (1976, 1989) stellt einen Versuch dar, ökologisches Denken für die Entwicklungspsychologie fruchtbar zu machen. Es handelt sich weniger um eine geschlossene Theorie als um eine theoretische Betrachtungsweise über die Entwicklung des Menschen. Dabei lehnt er sich nur lose an den radikalen Konstruktivismus an (Bronfenbrenner 1989:20).

Systemische Ontologie

Neben der ökologischen Perspektive macht seit den 1990er Jahren ein Ansatz von sich reden, der sich als systemische Handlungswissenschaft Sozialer Arbeit versteht (Staub-Bernasconi 1995, 2007). Er wird vor allem von den schweizerischen Sozialarbeitswissenschaftlern Silvia Staub-Bernasconi und Werner Obrecht vertreten. Man spricht von einem „systemtheoretische(n) Paradigma der Sozialarbeitswissenschaft und der Sozialen Arbeit" (Obrecht 2008:1)[28] und einer „systemisch konzipierten Handlungstheorie" (Staub-Bernasconi 1995:

28 Ein Paradigma ist ein wissenschaftliches Denkmuster, eine Art Denkfigur, die das wissenschaftliche Weltbild einer Zeit im Sinne einer Leitorientierung prägt.

133).[29] In ihren wissenschaftstheoretischen Überlegungen greifen Obrecht und Staub-Bernasconi auf die „systemische Ontologie" des argentinischen Physikers und Wissenschaftstheoretikers Mario Bunge (1919) zurück. Die systemische Ontologie[30] rechnet sich einem „gemäßigten Konstruktivismus" (Bunge/ Mahner 2004:125) zu.[31]

Ebenso wie Luhmann entwirft Bunge seine Theorie als universalistische Systemtheorie (Klassen 2004:28). So soll der Mensch aus den ontologischen Strukturen von Individuum und System erklärt werden können. Im Gegensatz zum radikalen Konstruktivismus geht man in der systemischen Ontologie davon aus, dass der Mensch Gewissheit über die Seins- und Wesensbestimmung des Menschen erlangen kann. Bezogen auf den Gegenstandsbereich Sozialer Arbeit würde die ontologische Gewissheit darin deutlich, dass alle Menschen im Grunde die gleichen Bedürfnisse haben, aus deren Nichtbefriedigung soziale Probleme entstehen können.

Der von Staub-Bernasconi und Obrecht für die Soziale Arbeit weiterentwickelte Ansatz Bunges führt zu einem normativen Professionsmodell, das der universalen Herstellung sozialer Gerechtigkeit und gleicher Menschenrechte verpflichtet ist (Staub-Bernasconi 1995:413ff, 2007:168, 200–204, 419ff). Staub-Bernasconi verortet ihren Ansatz im Übrigen auch als ökologisch (Staub-Bernasconi 1995:70). Ihr Ziel ist dabei nicht allein die Erhaltung, sondern auch die positive Veränderung von Welt.

Die Vertreter der systemischen Ontologie distanzieren sich sehr deutlich von Luhmanns Theorie sozialer Systeme (Obrecht/Zwicky 2002).[32]

---

29 Staub-Bernasconi spricht in der Weiterentwicklung ihres Buches „Soziale Arbeit als Handlungswissenschaft. Systemtheoretische Grundlagen und professionelle Praxis" (1995) von einem „systemischen Paradigma". Gemeint ist damit nicht die Systemtheorie Luhmanns, die sie als holistische Theorie ablehnt (→ Holismus), sondern die systemische Ontologie von Mario Bunge (1979, 1984, c1980) (Staub-Bernasconi 2007:168ff.).

30 Ontologie = die Lehre vom Sein.

31 In Anwendung auf eine Handlungswissenschaft Sozialer Arbeit (Staub-Bernasconi 2007:167, 237).

32 Siehe Vertiefungskommentar ‚Verhältnis Systemtheorie und systemische Ontologie'.

2.6. Zusammenfassung

Was bedeutet Konstruktivismus?

- Der Konstruktivismus geht davon aus, dass die Dinge und Sachverhalte nicht unabhängig von ihrer Erkenntnis existieren, sondern vom Menschen konstruierte Bilder sind.
- Für den radikalen Konstruktivismus ist die Welt mit all ihren Erscheinungen letztlich ein Produkt menschlicher Einredung.
- Für den operativen Konstruktivismus ist die Welt mit all ihren Erscheinungen letztlich ein Produkt menschlicher Kommunikation. Im Gegensatz zum radikalen Konstruktivismus bestreitet Luhmanns Theorie hingegen nicht eine reale Wirklichkeit.
- Die soziologische Systemtheorie Luhmanns greift auf Konzepte der Kybernetik und auf das Autopoiese Konzept des Biologen Maturana zurück.
- Komplexe Systeme werden – anders als in der Kybernetik 1. Ordnung – als nach innen geschlossene, hinsichtlich ihres Umgangs mit den Umweltvariablen aber als umweltoffene Systeme gedacht (Kybernetik 2. Ordnung). Systeme organisieren sich selber (Autopoiese).
- Neben den beiden Konstruktivismusrichtungen (radikal und operativ) gibt es weitere Systemtheorien, in erster Linie den ökosystemischen Ansatz und den systemisch-ontologischen Ansatz.
- Mit dem ökosystemischen Ansatz liegt ein Ansatz vor, der eine geistige Verwandtschaft mit der luhmannschen Theorie sozialer Systeme und mit Positionen des radikalen Konstruktivismus aufweist (Wendt 1990:32ff).
- Mit der systemischen Ontologie liegt ein Ansatz vor, der den radikalen und operativen Konstruktivismus ablehnt. Systemische Ontologie verfährt ontologisch und realwissenschaftlich.
- Im operativen und im radikalen Konstruktivismus wird das Vorliegen einer ontologischen Struktur für unmöglich gehalten und nur das infolge Kommunikation und Bewusstsein sich Entwickelnde in der Kommunikation beobachtet (Staub-Bernasconi 1991:27ff).
- Luhmanns Systemtheorie ist unabhängig vom radikalen Konstruktivismus zu sehen. Sie liegt als hoch ausdifferenzierte, eigenständige Theorie Sozialer Systeme vor. Sie macht sich die konstruktivistische Sichtweise zu eigen, beschränkt sich jedoch nicht auf ihre radikale Sicht des Subjektiven. Vielmehr untersucht sie deren operative Ausformung als Kommunikation.

Mit unserer Frage nach der Herkunft der Systemtheorie haben wir ihre erkenntnistheoretische Basis – den Konstruktivismus – in Augenschein genommen. Systemtheorie folgt im Grundsatz dem Wissenschaftsverständnis des Konstruktivismus. Man muss aber einschränken: der Konstruktivismus bietet sich – zumindest in der Lesart Luhmanns – als Alternative zur Erkenntnistheorie an (Luhmann 1992:493–508).

Zu Luhmanns Systemtheorie können wir vorerst festhalten:

1. Luhmanns Theorie folgt im Grundsatz dem Konstruktivismus.
2. In seiner Systemtheorie steht die Kommunikation und nicht das Subjekt im Zentrum.

Luhmanns Verständnis von Wissenschaft ist damit schon etwas deutlich geworden. In seinem Buch „Die Wissenschaft der Gesellschaft" (1990) wird seine Analyse hierzu noch sehr viel deutlicher.

Ökosystemischer Ansatz:

Soz. Systeme + radikaler Konstruktivismus

Kapitel 3
Wissenschaftsverständnis

Frage: Welchem Wissenschaftsverständnis folgt die Systemtheorie Luhmanns?

Zum Verständnis jeder Theorie sind zu klären:

a) das ihr zugrunde liegende Wissenschaftsverständnis und
b) die methodologischen Folgen.

Methodologie behandelt die Frage, was zuverlässige Erkenntnis ist und wie sie gewonnen werden kann. Da bereits die Frage, was zuverlässige Erkenntnis ist, unterschiedlich beantwortet wird, sind unterschiedliche Methodologien die Folge. Methodologie behandelt daher genauer gesagt die Frage, auf welche Weise Erkenntnis bezogen auf einen bestimmten Wissenschaftsstandpunkt überhaupt möglich ist.

Der Methodologie eines realwissenschaftlichen Standpunktes (dem Gegenteil von Konstruktivismus) würde z. B. entsprechen, dass wissenschaftliche Erkenntnis nur über bestimmte begründete Forschungsthesen (Hypothesen) und deren Überprüfung mittels wissenschaftlich allgemein anerkannter, nachvollziehbarer und wiederholbarer Forschungsmethoden unter gleichen Ausgangsbedingungen zu erzielen ist. Die Frage ist nun, ob das auch in der Systemtheorie so geht. Vermutlich nicht, da sie ja dem Konstruktivismus zuzurechnen ist.

Was bedeutet also Erkenntnis und Wissen im Licht der Systemtheorie? Wir wollen uns Antworten auf diese Frage verschaffen, indem wir als Erstes Luhmanns wissenschaftlich-theoretischen Blick auf Gesellschaft nachzeichnen. Als Zweites werden wir seine Auffassung von Gesellschaftstheorie und ihre Auswirkungen auf eine Methodologie anhand der Grundbegriffe ‚Geist', ‚Wirklichkeit', ‚Erkenntnis', ‚Wahrheit' und ‚Wissen' verdeutlichen.

3.1. Wissenschaftlicher Blick auf Gesellschaft

Wie wir schon feststellen konnten, hat sich Luhmann als operativer Konstruktivist bezeichnet. Für ihn sind die Operationen der Systeme das entscheidende Thema. In seiner Theorie der Gesellschaft geht es ihm um die Leitdifferenz ‚System/Umwelt' und um die ‚operativen Eigenschaften' der Systeme. Was heißt das?

In den 1960er Jahren standen sich zwei Wissenschaftskonzepte gegenüber; auf der einen Seite der Kritische Rationalismus, auf der anderen Seite die Kritische Theorie. Es wurde ein „Streit zur Logik in den Sozialwissenschaften"[33] ausgetragen. Der Kritische Rationalismus wurde begrifflich und inhaltlich von Karl Popper (1902–1994) vertreten. Er forderte zum einen ein werturteilsfreies Zugehen auf den Forschungsgegenstand und zum anderen eine hypothesengeleitete, empirische Forschungsweise. Die Wissenschaft habe nur zu forschen. Die Frage nach der Verwertung ihrer Ergebnisse hingegen sei eine normative Frage und damit Sache der Politik, nicht aber der Wissenschaft. Die Kritische Theorie lehnte dieses Verständnis von Wissenschaft strikt ab. Sie wurde insbesondere von Max Horkheimer (1895–1973), Theodor W. Adorno (1903–1969) und bis heute von Jürgen Habermas (*1929) vertreten. Gegen empirische Forschung bestand zwar kein genereller Einwand, allerdings nur so lange, wie sie nicht als der einzig anzuerkennende Zugang zur wissenschaftlichen Wahrheit betrachtet wurde.

Gegen den Positivismus der empirischen Wissenschaften lehnte sich die Kritische Theorie auf. Ihr Zugang zum →Verstehen war nicht das Erklären mittels hypothesengeleiteter Empirie, sondern die Hermeneutik und Phänomenologie.[34] Man machte also einen Unterschied zwischen Erklären und Verstehen: Erklären allein reicht nicht, man muss die Dinge auch in ihrer tieferen Wesenseigenschaft verstehen. Empirie hatte hierbei nur einen untergeordneten Stellenwert.

Mehr noch als dieser erkenntnistheoretische Streit um die Frage „Verstehens versus Erklären" richtete sich die Kritik auf die Forderung nach der Werturteilsfreiheit. Die Kritische Theorie geht davon aus, dass Werturteilsfreiheit eine leere Fiktion ist. Zum einen würde sie schon auf der forschungspraktischen Ebene scheitern, da jeder Forscher – selbst wenn er sich noch so sehr anstrenge – seine eigenen normativen Vorstellungen im Forschungspro-

---

33 Eine gesellschaftstheoretische Auseinandersetzung, die auch als „Positivismusstreit" bezeichnet wurde.

34 Sehr vereinfacht ausgedrückt kommen mit Hermeneutik und Phänomenologie die interpretierenden, verstehend nachvollziehenden, abstrahierend deutenden Verfahren zum Tragen.

zess nicht völlig „draußen“ lassen könne. Zum anderen sei es auch Aufgabe von Wissenschaft, auf normativer Basis zu forschen, und nicht allein der Politik zu überlassen, was mit Forschung und ihren Ergebnissen geschieht. Eine Werturteilbasis sei also in der Wissenschaft nicht als zu vermeidender, sondern als ausgesprochen erwünschter Sachverhalt zu fordern (Topitsch 1984, Adorno u.a. 1980, c1969).

Luhmann geht in Distanz zu beiden Positionen. An der Kritischen Theorie missfällt ihm, dass nach dieser Logik das Urteil schon vor der Untersuchung feststeht. Am Kritischen Rationalismus wiederum kritisiert er – zumindest im Kontext von Gesellschaftstheorie – dies: Ihre Denkweise, eine „Distanz zum Gegenstand in Erkenntnisgewinn“ transformieren zu können, ignoriere die Tatsache, dass Gesellschaft ein „polykontexturales System“ ist. Das heißt also: Die Zusammenhänge von Gesellschaft sind derart vielfältig, dass jeder Beobachter von Gesellschaft – auch der Forscher – selber völlig darin verwickelt ist und somit keine neutrale, objektive Sicht der Dinge und geschweige denn Erkenntnis über sie gewinnen könne. Das wiederum lasse den Schluss zu, dass keine „monokontexturellen Beschreibungen“ möglich sind (Luhmann 1998:36f). Bezogen auf die Erziehungssysteme spricht Luhmann daher auch von einem → Technologiedefizit der Erziehungssysteme (Luhmann/Schorr 1982:11–40, Luhmann 1982:41–50, Luhmann 2002:157).[35] Im Gegensatz zu den technologischen Wissenschaften kann → Erziehung und Pädagogik nicht bestimmte Ausgangsbedingungen benennen, die dann zwingend bestimmte Ergebnisse, z.B. Erziehungserfolge, nach sich ziehen werden.

Gleichwohl ist offensichtlich, dass Menschen versucht sind, → soziale Ordnung herzustellen. Luhmann stellt nun die Frage, wie die Entstehung sozialer Ordnung dennoch möglich ist. Hierbei greift er auf Talcott Parsons' Handlungstheorie zurück. Nach Parsons besteht Handeln aus:

a) dem Handelnden,
b) Ziel und Zweck des Handelnden,
c) Kontrollierbarkeit (Bedingungen und Mittel der Handlung) und
d) normativer Orientierung.

35 Der Begriff ‚Technologiedefizit‘ ist etwas missverständlich, da er als Mangel interpretiert werden kann. Luhmann meinte hingegen völlig wertfrei die Nichttechnologisierbarkeit von Erziehung und Pädagogik.

Ein System von vier Bedingungen oder Elementen (Bausteinen) sowie ihr Zusammenwirken ergeben nach Parsons „Handlung". Dieses Modell ist unter der Bezeichnung „AGIL-Schema" (Parsons 1971:20) in der Soziologie bekannt geworden:

Adaption (Anpassung) = Verhaltenssystem
Goal-Attainment (Zielerreichung) = Persönliches System
Integration (Eingliederung) = Soziales System,
Latent pattern-maintenance (Strukturerhaltung) = Kulturelles System

Handeln entsteht demnach im Zusammenwirken der vier genannten Bedingungen. Handlung vollzieht sich in einem System von Handlungsbedingungen und ist daher schon System. Auch Parsons ging demnach von einem Systembegriff aus: Handlung ist System und letztlich von den strukturellen Bedingungen des Systems abhängig (Fuchs 2005:51 ff, Willke 2000:134). Die Bedingungen bestehen im Kern aus den normativen Orientierungen des Handelns, die durch internalisierte und institutionalisierte Wertemuster stabilisiert und legitimiert werden. Die funktionalen Leistungen für die Erhaltung eines Systems sind demnach von seinen strukturellen Vorgaben abhängig und bestimmbar. Daher nennt man den Ansatz Parsons' auch →Strukturfunktionalismus.

Der parsonsche Strukturfunktionalismus geht von der Differenzierung „System/Umwelt" aus. Allerding orientiert er sich hierbei noch stark an der Leitdifferenz „Teil/Ganzes". Das Ganze ist die Gesellschaft, die Teile sind die Handlungen ihrer Mitglieder. Dabei setzt Parsons voraus, dass das Ganze in seiner Struktur bereits wesensmäßig festgelegt ist (z.B. Gesetze des Zusammenlebens). Luhmann schließt die Möglichkeit eines allgemeingültigen, wahren Seins hingegen aus. Gesellschaften können sich auf unterschiedliche Weise – so oder auch anders – entwickeln. Es ist nichts erkennbar, was sie strukturell darin festlegt, sich zu einer bestimmten Seins-Weise hin zu entwickeln. Seinswissenschaftliche (ontologische) Methoden sind Beobachtungen 1. Ordnung, das heißt, sie sehen nur das, was sie sehen. Hieraus kann man aber nicht schließen, dass das Bild des Beobachters identisch mit der Erscheinung des Bildes ist. Kein Beobachter sieht alles (→ blinder Fleck). Ebenso ist nicht sicher zu sagen, dass sich hinter der Erscheinung der Dinge und Sachverhalte ein tieferliegendes, die Dinge bestimmendes Wesen verberge.

Luhmanns Einwand – oder besser: Beobachtung – lautet, dass die Leitdifferenz „Teil/Ganzes" zur Beschreibung sozialer Ordnungsbildung nicht ausreicht. Statt von der Was-Frage (z.B. Was ist soziale Ordnung? Was ist das Ganze?) müsse man von der Wie-Frage (z.B. Wie entsteht soziale Ordnung?) ausgehen. Was-Fragen landen schnell bei der Einführung regulativer Ideen (z.B. wir brauchen Menschenrechte, wir brauchen mehr soziale Gerechtigkeit), d.h., sie geben schon im Vorfeld Antworten auf das, was eigentlich zu klären ist, nämlich die Frage, wie es zu solchen regulativen Ideen kommen kann. Die Entwicklung und Einführung regulativer Ideen in Gesellschaft sind Gegenstand von Politik und sozialen Bewegungen, nach luhmannschem Theorieverständnis jedoch nicht Aufgabe der Soziologie.

Luhmann geht davon aus, dass soziale Systeme nicht nur auf normative Orientierungen wie auf vorfabrizierte Bausteine (Strukturen) zurückgreifen. Bevor ein Rückgriff hierauf möglich ist, müssen diese Bausteine erst einmal vom System selbst sinnhaft erzeugt worden sein. Dieser sinnbildende Prozess geschieht im Wechselspiel von System und Umwelt.

Sinnbildung ist für Luhmann nicht nur ein subjektbezogener Vorgang. Man darf nicht beim Subjekt stehen bleiben, wenn man die Frage beantworten will: „Wie ist soziale Ordnung möglich?“ (Luhmann 2006c:315). Aus Luhmanns Sicht ist Sinnbildung vor allem ein Vorgang sozialer Systeme (→Konstruktivismus, operativer). Das heiß: nicht die Subjekte, sondern die gesellschaftlichen Teilsysteme selber sind diejenigen, die bei der Bildung sozialer Ordnung sinnhaft aufeinander bezogen operieren. Das heißt zudem, dass nicht nur Subjekte beobachten (→Konstruktivismus, radikaler); nach Luhmann besitzen vielmehr die Systeme diese Fähigkeit und sind die entscheidenden operativen Einheiten bei der Ausbildung und Ausdifferenzierung von Gesellschaft. Das heißt, soziale Systeme sind ‚diejenigen‘, die beobachten, beschreiben, erwarten, erleben usw. Den Subjektbegriff ersetzt Luhmann entsprechend durch den Begriff der →Selbstreferenz (Luhmann 1987:595).

Nach unserem Alltagsverständnis zielen diese Begriffe auf psychische Systeme ab. Nun gehen wir mit Luhmann davon aus, dass die sozialen Systeme die entscheidende →Referenz hierfür sind. Weiterhin geschieht alles, was sie ‚tun‘, selbstreferenziell, d.h. unter Bezugnahme auf sich selbst. Das ist eine Denkbelastung“, wie Luhmann selber zugibt, „aber eine, die sich im Ergebnis lohnt“ (Luhmann 1992:64).

Für Luhmann steht also fest, dass weder die Trennung von Handeln und Gesellschaft (Parsons) noch die Anschauung des Subjekts als Ursprung für Sozialität (von Foerster) geeignet sind, um gesellschaftliche Entwicklung beschreiben zu können (Esposito 2005:300). Luhmann ersetzt die Leitdifferenz „Teil/Ganzes“ durch die Leitdifferenz „System/Umwelt“ (→ System/Umwelt-Differenz). Den Begriff des Subjektes ersetzt er durch den Begriff der Selbstreferenz der Systeme.

Ein anderes Verständnis von System wurde von Habermas eingebracht. Er führte die Leitdifferenz „System/Lebenswelt“ ein. Habermas teilt in seiner kritischen Gesellschaftstheorie die Gesellschaft in „Systemwelt“ und „Lebenswelt“ auf. Die Systemwelt repräsentiert die über Macht, Recht und Geld operierenden großen Systeme der Gesellschaft (Politik, Recht, Wirtschaft, Verwaltung usw.). Dort herrscht instrumentelle Kommunikation vor, die an eine Zweck-Rationalität gebunden ist. Die Lebenswelt repräsentiert die privaten, vertrauten zwischenmenschlichen Beziehungen. Dort herrscht verständigungsorientierte, wertegebundene Kommunikation vor. Das Gesellschaftssystem dringt immer mehr mit eigenen Steuerungsmedien wie Geld und Macht in die Lebensbereiche der Menschen ein, die zu gestalten zuvor dem Individuum überlassen waren. Hierdurch werden Lebensbereiche des Menschen zerstört, da sie nicht mehr verständigungsorientiert zwischen System und Lebenswelt ausgetragen werden (Habermas 1981, 1985:189).

Auch die Systemvorstellung von Habermas konnte Luhmann nicht überzeugen. Luhmann weist darauf hin, dass die Bildung sozialer Systeme bereits auf der Ebene von Lebenswelt einsetzt (Interaktion), mithin alles als System und Umwelt zu beobachten sei und sich Lebenswelt und Systemwelt nicht mehr trennen lasse. Es lasse sich nur zwischen System und Umwelt trennen, wobei die Umwelt für jeden etwas anderes ist und nicht wie bei Habermas von den großen gesellschaftlichen Systemen festgelegt sei. Wie wir später sehen werden, handelt es sich bei der Umwelt nicht um eine für alle Systeme gleiche Umwelt, sondern um die jeweilige Umwelt, die das System durch seine eigene Grenze schafft. Für ein System sind andere Systeme demnach ebenfalls Umwelt. In Gesellschaft ist somit alles Umwelt und System zugleich. Für Luhmann sind daher die sozialen Systeme und ihre jeweilige Abgrenzung von Umwelt ausschlaggebend für gesellschaftliche Entwicklung und letztlich für ihr Bestreben, soziale Ordnung herzustellen. Das erklärt, warum die eben zitierte Leitdifferenz „System/Umwelt“ für die luhmannsche Theorie zentraler Ausgangspunkt ist.

Der kritischen Gesellschaftstheorie von Habermas konnte Luhmann also nicht folgen. Ebenso nicht der allgemeinen, „strukturell-funktionalen Systemtheorie“ Parsons'. Luhmann versuchte aus ihr eine „funktional-strukturelle Theorie“ zu entwickeln. Gesellschaftliches Handeln ergibt sich nicht als eine Funktion aus den strukturellen Vorgegebenheiten von Systemen (strukturell-funktionale Differenzierung) und auch nicht aus einer Ethik kommunikativen Handelns (Verstehen durch Verständigung bei Habermas). Vielmehr ergeben sich die Handlungsstrukturen aus der → funktionalen Differenzierung von Gesellschaft. Wir werden uns diese Differenzierungsform von Gesellschaft später noch etwas genauer anschauen (Kap. 4.1.). Zunächst einmal haben wir den Ausgangspunkt markiert, von dem sich Luhmanns theoretischer Blick auf Gesellschaft beschreiben lässt.

Wissenschaftlicher Blick Luhmanns auf Gesellschaft

- Gesellschaft besteht nicht aus „Teil und Ganzem".
- Gesellschaft besteht nicht aus „System und Lebenswelt".
- Gesellschaft besteht aus „System und Umwelt". Alles ist zugleich Umwelt und System.

Demnach lässt sich in der Analyse von Gesellschaft

- eine Gesellschaftstheorie nicht durch wertfreie, empiristische Forschung entwickeln (weil sie damit bereits vorher festlegt, was sie sehen kann),
- eine Gesellschaftstheorie nicht durch wertgebundene Deutungen entwickeln (weil sie damit bereits vorher festlegt, was sie herausfinden will).

Gesellschaftstheorie lässt sich nur anhand der Beobachtung von Effekten von Kommunikation in der Gesellschaft entwickeln. Diese Beobachtung muss versuchen, frei von empirischen Verkürzungen und normativen Orientierungen zu sein.

Damit ist Luhmanns theoretischer, wissenschaftlich auszurichtender Blick auf Gesellschaft umrissen. Nicht geklärt ist damit, wie mit Luhmanns Ansatz neues Wissen zur Frage „Wie ist soziale Ordnung möglich?" entstehen kann.

Wenn – wie in der Wissenschaft üblich – Aussagen über die Wirklichkeit (a) im Sinne sicherer Erkenntnis (b) als Wahrheitsaussagen (c) in wissenschaftlich gesichertes Wissen (d) überführt werden sollen, dann müssen wir wissen, wie Luhmann über diese Sachverhalte gedacht hat.

a) Von welchem Wirklichkeitsbegriff geht er aus?
b) Was ist für ihn wissenschaftliche Erkenntnis?
c) Wie sieht es mit dem Wahrheitsanspruch aus?
d) Was bedeutet dies für die Entstehung wissenschaftlichen Wissens?

3.2. Realität und Wirklichkeit

Man muss zwischen Wirklichkeit und Realität unterscheiden. Im Alltag wird eine Trennung von Realität und Wirklichkeit vollzogen. Ein heute alltagssprachlich in Mode gekommener Umgang mit dem Wort „wirklich" veranschaulicht das gut.

Sozialarbeiter:	„Ist es realistisch, dass Sie bis zum Monatsende mit dem Trinken aufhören?"
Antwort des Klienten:	„Nicht so wirklich ..."

Man könnte zunächst meinen, dass die beiden Begriffe gleichbedeutend sind. Wirklichkeit ist aber das Bewirkte, die vom Menschen konstruierte Wirklichkeit. Realität bezeichnet hingegen das Erkannte, das dem Erkennenden durch die Realität so und nicht anders zu erkennen vorgegeben ist. In der Philosophie wird daher auch zwischen beiden Begriffen unterschieden.

Wenn wir uns nach der Realität fragen, dann gehen wir davon aus, dass alles um uns herum eindeutig bestimmbar ist, auch wenn wir auf den ersten Blick nicht genau verstehen, wie es ist. Wir haben die Vorstellung von einer uns umgebenden, objektiv erklärbaren Realität. Weiterhin haben wir die Vorstellung, dass dieser Realität irgendwelche Gesetzmäßigkeiten zugrunde liegen und dass es Aufgabe des Menschen ist, diese Gesetzmäßigkeiten aufzuspüren, zu erklären und damit als wissenschaftlich gesichertes Wissen in den Korb seiner Welterkenntnis zu legen. Wie schon oben angedeutet, entspricht diese Sicht der Dinge nicht Luhmanns Auffassung von Realität. Hier ist er eins mit dem radikalen Konstruktivismus, der die Annahme einer ontologischen Struktur für falsch hält, denn: Die Aussagen „Das ist Realität", „Das ist Sein" können nur Bezeichnungen sein für das, was innerhalb dessen liegt, was als Realität und Sein angenommen und beobachtet wird, denn: „Der Beobachter ... ist der Welt, die er erkennt, ausgeliefert" (Luhmann 1998:1118). Er kann nicht so tun, als würde er nicht dazugehören (→Selbstexemptionsverbot). Damit ist jede Bezeichnung von Realität und Sein das Konstrukt von Beobachtung.

Paul Watzlawick, ein österreichischer Kommunikationswissenschaftler und Psychotherapeut, der in Amerika wirkte und lebte (Palo-Alto-Schule), hat die Erkenntnisse des radikalen Konstruktivismus auf die Psychotherapie bezogen. Er sprach von zwei Wirklichkeiten, der Wirklichkeit 1. Ordnung (z. B. ein Kuss = Beobachtung 1. Ordnung) und der Wirklichkeit 2. Ordnung (z. B. die subjektiv unterschiedliche Zumessung der Bedeutung des Kusses = Beobachtung 2. Ordnung) (Watzlawick 2005, c1976:142ff). Diesen dem subjektiven Ermessen überlassenen Wirklichkeitsdefinitionen widmete er seine Aufmerksamkeit, da genau diese die Probleme in den zwischenmenschlichen Beziehungen ausmachen. So fragte er in der Beratung von Ehepaaren bei Erstkontakten niemals die Partner danach, was denn nun Ursache ihres Problems sei. Das Ergebnis sind in der Regel immer sehr unterschiedliche Geschichten über die Wirklichkeit, sodass es „also absurd (sei), darüber zu streiten, was ‚wirklich' wirklich ist" (Watzlawick 2005, c1976:143). Im Kontext paartherapeutischer Sachverhalte sei aus diesem Grund eine „Sowohl-als-auch-Perspektive“, also der Versuch der Gleichberechtigung unterschiedlicher Wirklichkeitskonstruktionen vorzuziehen. Andernfalls müsste man sich für eine der Geschichten entscheiden und sich einer unendlichen Kette von Schuldzuschreibungen ergeben.

Diese „Sowohl-als-auch-Perspektive“ ist nicht nur in der Therapie, sondern auch in der Sozialen Arbeit ein interessanter Handlungsansatz. Er bringt Sichtweisen und Informationen für alle Beteiligten hervor, an die jeder Einzelne zunächst gar nicht gedacht hat. Man bekommt einen Blick für die Sicht des anderen. In der Sozialen Arbeit hingegen wird diese Perspektive manchmal missverstanden. Man wirft der Haltung einer „Sowohl-als-auch-Perspektive“ vor, dass man sie nicht generalisiert durchhalten könne. Täte man es dennoch, gingen diese Wirklichkeitskonstruktionen zu Lasten Dritter, wie z. B. beim Missbrauch und der Kindeswohlgefährdung.

Das Missverständnis dieser Lesart liegt darin, dass sie nicht zwischen Erleben und Handeln unterscheidet. Die „Sowohl-als-auch-Perspektive“ soll lediglich der Tatsache Rechnung tragen, dass die Sichtweisen über Realität subjektiv höchst unterschiedlich sind. Jeder ist von der Richtigkeit seiner Sichtweise überzeugt, da er sie so erlebt. Und nur dies, die Abklärung unterschiedlichen Wirklichkeitserlebens, ist mit der „Sowohl-als-auch-Perspektive“ gemeint. Auf der Ebene des Handelns wird hingegen eine →Entscheidung zu treffen sein, welche Programme auf den ‚Fall‘ angewendet werden sollen. Im idealtypischen Fall läuft dies in einem gemeinsamen Kommunikationsprozess mit allen Beteiligten unter Einbeziehung ihrer unterschiedlichen Perspektiven auf den Fall.

Wirklichkeit und Realität

- Es gibt kein beobachtungsunabhängiges Erkennen von Realität, da es keine vom Beobachter unabhängige Wirklichkeit gibt.
- Die soziale Welt besteht abhängig davon, wie man sie denkt.
- Handeln und Erleben sind verschiedene Sachverhalte.
- Erleben ist Ausdruck der eigenen Wirklichkeitsauffassung.
- Handeln ist Ausdruck gemeinsamer Kommunikation.

Wenn wir nun davon ausgehen müssen, dass es Wirklichkeit im Sinne einer Bestimmung einer wie auch immer gearteten realen Außenwelt gar nicht gibt, müssen wir uns fragen, ob es dann so etwas wie Erkenntnis noch geben kann.

3.3. Erkenntnis

Die grundlegenden Themen menschlichen Wissensbedarfes hat der Philosoph Immanuel Kant (1724–1804) auf den Punkt gebracht. Die vier Grundfragen seiner philosophischen Arbeiten lauteten:

- Was kann ich wissen? (Erkenntnistheorie)
- Was soll ich tun? (Ethik)
- Was darf ich hoffen? (Religionsphilosophie)
- Was ist der Mensch? (Anthropologie)

Erkenntnis ist Gegenstand von Erkenntnistheorie. Die heutige Wissenschaftstheorie weist nun darauf hin, dass Erkenntnisse als Menschenwerk nicht nur individueller und kollektiver Fehlbarkeit unterliegen, „sie unterliegen wegen ihrer Zweckgebundenheit auch einem Wandel an Erkenntnisbedarf. Ewige, absolute oder absolut unverbrüchliche Erkenntnisse sind nicht nur nicht zu haben, sie versprechen auch nicht, für Lebensbewältigung immer tauglich, geschweige denn die bestmögliche zu sein" (Janich 2000:158).

Demnach empfiehlt es sich, die für gültig erklärten Erkenntnisse stets wieder neu zu überprüfen, ihre Falsifizierbarkeit in den Blick zu nehmen. Wissenschaftliche Systeme müssen lernfähig und zur Selbstkorrektur fähig sein. Erkenntnis kann hiernach nur das sein, was bewirkt werden konnte. Der Physiker Werner Karl Heisenberg (1901–1976) hat das einmal so ausgedrückt: „Schließlich aber muss man sich immer wieder klar machen, dass die Wirklichkeit, von der wir sprechen können, nie die Wirklichkeit ‚an sich' ist, sondern eine gewusste Wirklichkeit oder sogar in vielen Fällen eine von uns gestaltete Wirklichkeit. Wenn gegen diese letzte Formulierung eingewandt wird, dass es schließlich doch eine objektive, von uns und unserem Denken völlig unabhängige Welt gebe, die ohne unser Zutun abläuft oder ablaufen kann, und die wir eigentlich mit der Forschung meinen, so muss diesem zunächst so einleuchtenden Einwand entgegengehalten werden, dass schon das Wort ‚es gibt' aus der menschlichen Sprache stammt und daher nicht gut etwas bedeuten kann, das gar nicht auf unser Erkenntnisvermögen bezogen wäre. Für uns ‚gibt es' eben nur die Welt, in der das Wort ‚es gibt' einen Sinn hat" (Heisenberg 1984:236).

Hier haben wir es mit einer konstruktivistisch anmutenden Argumentation zu tun, die aus der Feder eines Physikers etwas überraschend anmutet. Aber der radikale Konstruktivismus und mit ihm Luhmann gehen noch einen Schritt weiter. Jedes Mal, wenn eine Erkenntnis für sich beansprucht, einen wahren Punkt des Seins ausgemacht zu haben, und sagt „es gibt" (z.B. das Ding x, und es hat die Eigenschaft y), verfährt sie ontologisch. Luhmann bezeichnet diese Art von Erkenntnis als eine Beobachtung 1. Ordnung. Da jedoch Beobachtung nicht Letztbeobachtung sein kann, also immer auch einen blinden Fleck hat (Kap. 2.2.), kann grundsätzlich nicht die Möglichkeit eines wahren Seins behauptet und die Annahme alternativer Seinsmöglichkeiten daher nicht ausgeschlossen werden. Ontologie ignoriert demnach ihre eigenen blinden Flecken.

Was ist Erkenntnis dann wirklich? Die Frage ist falsch gestellt, es sei denn wir beziehen sie auf das Adjektiv „wirklich" und verstehen Erkenntnis als bewirkte Wirklichkeit dessen, was wir üblicherweise mit Realität bezeichnen. Dem luhmannschen Realitätsverständnis folgend, kann es kein beobachtungsunabhängiges Erkennen von Realität geben. Es bleibt stets subjektiv. Luhmann hat das etwas kompliziert beschrieben, indem er sagt, dass das Subjekt die Selbstreferenz des Bewusstseins ist und sich selbst „ … als Quelle der Erkenntnis und als Quelle der Erkenntnis der Bedingungen der Erkenntnis zugleich …" (Luhmann 1987:649) benennt. Ernst von Glasersfeld (radikaler Konstruktivismus) hat dies origineller, und zwar paradox formuliert: „Objektivität ist die Illusion, dass Beobachtungen ohne einen Beobachter gemacht werden können" (von Glasersfeld 2002:17). Damit wird bestritten, dass es Erkenntnis mit einer „letztgewisse(n) Außenfundierung" (Luhmann 1987:649) geben kann, und Kant widersprochen, der davon ausging, dass trotz aller Begrenzung der menschlichen Sinne und Vernunft dem menschlichen Denken eine Art Erkennungsmuster zugrunde liegt.[36]

Wir sehen also: Der Konstruktivismus versucht nicht, Erkenntnistheorie fortzuschreiben und zu verbessern. Vielmehr macht er deutlich, dass es überhaupt nicht möglich ist, Erkenntnistheorie zu optimieren. Erkenntnis ist an Selbstreferenz gebunden und gleichzeitig Ausgangs- und Endpunkt von Erkenntnisfähigkeit (Luhmann 1987:647 ff). Konstruktivismus ist damit eher ein Versuch, klassische Erkenntnistheorie zu ersetzen (Krause 2005:181). An die Stelle der zu erkennenden Realität (Erkenntnistheorie) tritt die wirklichkeitserzeugende Beobachtung (Konstruktivismus).

---

36 Nach Kant entspringt nicht alle Erkenntnis der Erfahrung, sondern es gibt auch eine von der Erfahrung und der Wahrnehmung unabhängige und damit vor ihr liegende Erkenntnis (apriorische Erkenntnis). Vgl. Kants „Kritik der reinen Vernunft" (1966, c1781).

Erkenntnis

- Mit Beobachtung 1. Ordnung kann nicht allumfassend beobachtet werden, Beobachtung ist stets selektive Beobachtung (blinder Fleck).
- Um den blinden Fleck der Beobachtung erkennen zu können, bedarf es einer weiteren Unterscheidung auf der Ebene der Beobachtung 2. Ordnung.
- Eine Letztunterscheidung aller Unterscheidung ist aber nicht möglich, da es eine Letztbeobachtung aller Beobachtungen nicht geben kann.
- Allumfassende Erkenntnis ist daher nicht möglich und damit ist auch der Anspruch, Wirklichkeit im Sinne von absoluter ‚Realität an sich' zu erfassen, verfehlt.

Wenn nun Erkenntnis als selbstreferenzieller Sachverhalt anzusehen ist, dann dürfte eigentlich schon die Frage beantwortet sein, ob Wahrheit im Sinne wissenschaftlich abgeleiteter Wahrheit überhaupt möglich ist.

3.4. Wahrheit

„Bis ins 19. Jahrhundert hinein wurde Wahrheit als etwas absolut Gegebenes angesehen – unabhängig von der menschlichen Fähigkeit, Wahres zu erkennen. Heute stellt sich die Frage nach der Wahrheit in der Lebenswelt, der Wissenschaft und in der Philosophie neu: Die Wahrheit wird vom Selbstzweck zum Mittel" (Janich 2000:2). Mit anderen Worten, Wahrheit befindet sich im Wandel und wie der Kabarettist Georg Ringsgwandl zu sagen pflegt: „guat g'logn is aa wahr".[37] Ganz so einfach ist es zum Glück aber nicht. Auch Lügen, als eine →Form der Beobachtung, wird zum Gegenstand von Beobachtung. Das heißt, die Feststellung, ob etwas als wahr oder unwahr gilt, ist selber wieder das Ergebnis von Beobachtung. Die Unterscheidung „wahr/unwahr" ist immer das Ergebnis von beobachtungsabhängigen Aussagen. Gleiches gilt für die Wissenschaft.

In der Wissenschaft geht es ausschließlich um die Frage: Ist etwas wahr oder unwahr? Hierbei kann erwartet werden, dass die Antwort durch Bearbeitung der Frage entweder den Wert ‚wahr' oder ‚unwahr' annehmen kann. Ein bisschen wahr oder unwahr gibt es nicht. Luhmann bezeichnet dies als zweistelligen →Code. Dieser Code soll eine Übereinkunft darüber ermög-

37 „gut gelogen ist auch wahr".

lichen, was nun als wahr oder unwahr beobachtet wird. Das System schließt sich über die Anwendung seines Codes. Die Beobachtungen, die das Wissenschaftssystem anstellt, führen zum Einschluss (Inklusion) dessen, was zum Wissenschaftssystem oder Ausschluss (Exklusion) dessen, was nicht dazu gehört. Aber Codes allein reichen hierfür nicht aus. Um einen Code anzuwenden, benötigen die Systeme →Programme, mit deren Hilfe sie feststellen können, welche Seite des Codes zutrifft. Für die Wahrheitsfrage der Wissenschaft sind dies wissenschaftliche Theorien und Forschungsmethoden. Für andere gesellschaftliche Teilsysteme, z. B. das Rechtssystem, gilt ein anderer Code: „recht/unrecht". Gesetze und Rechtsnormen bilden hierfür die entsprechenden Programme zur Ausführung des Codes. Wir werden später noch weitere gesellschaftliche Teilsysteme kennenlernen und auf die Begriffe ‚Code' und ‚Programm' näher eingehen (Kap. 4.1. und 4.5.3.).

In der Wissenschaft führt die Aussage „Das ist wahr" nicht zur Beendigung von Kommunikation. Ebenso führt die Aussage „Das ist unwahr" nicht zwangsläufig zum Ausschluss (Exklusion). Beides ermöglicht ja Anschlusskommunikation allein dadurch, dass mehrere Beobachter an der Wahrheitsfrage arbeiten. Das, was für den einen wahr ist, beobachtet der andere als unwahr und umgekehrt. Der positive Codewert (wahr) zeigt an, was zum System Wissenschaft gehört. Der negative Codewert (unwahr) zeigt einerseits an, wovon man offenbar nicht mehr ausgehen kann. Andererseits bietet die Reflexion des Negativwertes viel Spielraum für die Fortsetzung der wissenschaftlichen Kommunikation in der Wahrheitsfindung und macht sie im Sinne letzter, objektiver Wahrheitsfindung unmöglich (Luhmann 1992:412). Der Negativwert des Codes „wahr/unwahr" ist sozusagen der Reflexionswert von Wissenschaft. Die Unmöglichkeit von Objektivität soll nicht heißen, dass Luhmann die Möglichkeit von →Kausalerklärungen und Vorhersagen durch Wissenschaft völlig ausschließt. Er zeigt jedoch sehr nachvollziehbar auf, dass das Kausalschema in der Wissenschaft nur begrenzt verwendbar ist. Es steht unter dem Vorbehalt, dass stets gleiche Bedingungen bei der Unterscheidung von Ursachen und Wirkungen herrschen müssen. Die Unterscheidungen von Ursachen und Wirkungen sind jedoch ihrerseits Konstruktionen von Beobachtern. Diese Konstruktionen gelingen den wissenschaftlichen Beobachtern im Fall von Technologien bis zu einem gewissen Grad sehr gut. In nichttechnologischen Wissenschaften fallen die Konstruktionen der wissenschaftlichen Beobachter hingegen sehr unterschiedlich aus. Aussagen über Objektivität, Kausalerklärungen und Vorhersagen weichen dort erheblich voneinander ab.

Neben dem Zustandekommen von Wahrheit müssen wir einen weiteren Aspekt in den Blick nehmen: die Frage nach dem Erfolg von Wahrheit in der Kommunikation. Kommunikation ist das Letztelement sozialer Systeme. Alles ist praktisch Kommunikation. Nun ist kommunikativer Erfolg, wie

Luhmann sagt, höchst unwahrscheinlich (Luhmann 1987:217). Wir werden das im Zusammenhang von Kontingenz und Komplexität noch näher untersuchen (Kap. 4.3. und 4.4.2.). Vorerst gehen wir schlicht davon aus, dass sich soziale Systeme der Schwierigkeit von Kommunikation ausgesetzt sehen und folglich nach bestimmten Lösungen suchen müssen, die die Kommunikation erfolgreicher machen. Erfolgreicher heißt vor allem, Anschlusskommunikation zu ermöglichen, um festzustellen, was zum System gehört und was nicht.

Wahrheit

- Die Unterscheidung „wahr/unwahr" ist das Ergebnis von beobachtungsabhängigen Aussagen.
- Die codegeführte Unterscheidung „wahr/unwahr" ermöglicht sowohl Anschlusskommunikation als auch die operative Schließung des Systems.
- Für die operative Umsetzbarkeit von Codes benötigt das System Programme.
- Im Fall des Codes „wahr/unwahr" sind Theorien und Methoden die entsprechenden Programme im Bemühen um wissenschaftliche Wahrheitsfindung.

Damit haben wir Wahrheit zunächst ganz allgemein als einen Sachverhalt gekennzeichnet, der den Sinn von Wissenschaftssystemen ausmacht. Wissenschaft ist der Versuch, kommunikative Verständigung über Wirklichkeit zu erzielen (→Intersubjektivität). Das führt zu der Frage, welche Wissensbereiche Wissenschaft in den Blick nimmt, um ihren Beitrag zur Wahrheitsfindung leisten zu können.

3.5. Wissenschaftliches Wissen

Sozialwissenschaft stehen zwei Möglichkeiten der Erkenntnisweisen und Wissensproduktion zu Verfügung: Verstehen (Hermeneutik) und Erklären (Empirie). Es gibt zahlreiche Versuche, wissenschaftlich zu begründen, was wissenschaftliches Wissen ist, wie es zustande kommt und in unterschiedliche Arten zu klassifizieren ist. Eine der ältesten Klassifikationen stammt von Max Scheler (1874–1928) (Abb. 1). Er unterschied Wissen auf den Ebenen

- Entwicklung der Person,
- Welt und
- Wissenschaften (Scheler 1980, c1926).

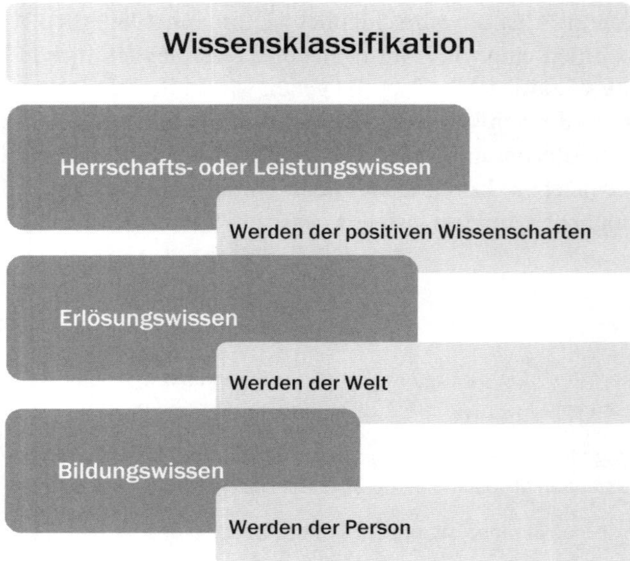

Abb. 1: Wissensklassifikation nach Scheler (1926)

Etwas anschaulicher differenziert Jürgen Mittelstraß zwischen Handlungs-, Orientierungs- und Verfügungswissen als – und das ist hervorzuheben – miteinander verschränkte Wissenskategorien (Mittelstraß 1989:19f).

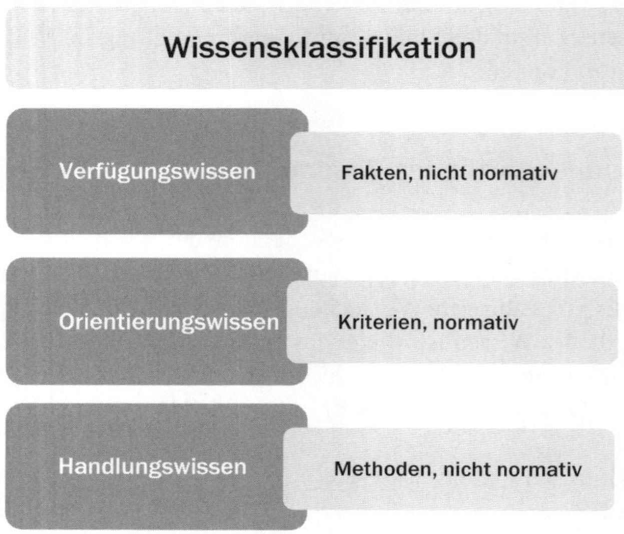

Abb. 2: Wissensklassifikation nach Mittelstraß (1989, 1998)

Nach allem, was wir über Luhmanns Wissenschaftsauffassung und die Begriffe von Realität, Erkenntnis und Wahrheit aus konstruktivistischer Sicht festgestellt haben, können wir zum Begriff →Wissen aus systemtheoretischer Sicht schlussfolgern: Verfügungswissen und Orientierungswissen im Sinne ontologischer Gewissheiten sind aus Sicht des operativen Konstruktivismus nicht herstellbar. Sie gelten als wissenschaftliche Konstrukte. Zum Thema wissenschaftliches Handlungswissen hingegen schlug Luhmann vor, generell von anwendungsorientierter statt von angewandter Wissenschaft zu sprechen (Luhmann 1992:640ff). Damit soll der Beobachtung Rechnung getragen werden, dass eine vollständige Abbildung der Realität im Sinne ihr zugrunde liegender Gesetzmäßigkeiten nicht gelingen kann. Da Soziale Arbeit eine Handlungswissenschaft ist, ist dieser Hinweis schon bedeutsam für ihr Grundverständnis. Wissenschaftliches Wissen, das der Sozialen Arbeit als Handlungswissenschaft zur Verfügung steht, ist niemals Technologiewissen oder, wenn es denn so verstanden wird, niemals Wissen im Sinne ewiger Gewissheit und Gültigkeit.

Wissenschaftliches Wissen

- Wissenschaftliches Wissen ist ein Konstrukt der Personen, die an einer wissenschaftlichen Kommunikation im wissenschaftlichen System beteiligt sind.
- In den Handlungswissenschaften sollte man daher besser von anwendungsorientierter als von angewandter Wissenschaft sprechen.

Welche Bedeutung hat wissenschaftliches Wissen nun in der Sozialen Arbeit, wenn wir doch mit Luhmann davon ausgehen müssen, dass es gesichertes Wissen nicht geben kann?

Es empfiehlt sich an dieser Stelle sehr, Luhmanns Theorie nicht noch mehr zu radikalisieren, als er es mit seinen Fragen nach der Wissenschaft der Gesellschaft selbst getan hat. Wie wir schon hörten, ist auch nach Luhmann nichts gegen positives Wissen einzuwenden, wenn wir es denn als Ergebnis anwendungsorientierter und nicht angewandter Wissenschaft verstehen. Luhmanns Frage, die er an die Pädagogik richtete, ist für die Soziale Arbeit 1:1 übertragbar: „Wie stellt sich das Erziehungssystem (in unserem Fall das Hilfesystem der Sozialen Arbeit, H.L.) in seinen Interaktionen und seinen Organisationen und in seinem Professionsbewusstsein auf die Tatsache ein, dass es die angestrebten Effekte nicht quasi gesetzesförmig bewirken, also auch nicht mit hinreichender Zuverlässigkeit kontrollieren kann?" (Luhmann/Schorr 1988:61).

Wie eben schon angemerkt, kann eine Theorie Sozialer Arbeit nicht aus technologischem Instruktionswissen bestehen, das der Sozialen Arbeit zum direkten Transfer in die Praxis zur Verfügung gestellt wird. Der Gegenstand Sozialer Arbeit entzieht sich dieser technischen Handhabung. Egal, wie wir den Gegenstand Sozialer Arbeit definieren wollen (soziale Probleme, Lebensbewältigung, Subjektentwicklung usw.), es bleibt immer die Schwierigkeit, dass dieser Gegenstand an Menschen gebunden ist. Nach Luhmann würden wir etwas genauer formulieren und nicht von Menschen, sondern von Personen sprechen. Und da dies ein komplexes Thema ist, müssen wir uns im nächsten Schritt mit dem Thema: „Mensch in Gesellschaft" befassen. Vorab noch eine Gesamtübersicht über die luhmannschen Ergebnisse zum Thema: „Erkenntnis und Wissenschaft".

3.6. Zusammenfassung

	Wissenschaftsverständnis
Erkenntnistheorie	◢ (operativer) Konstruktivismus ◢ postontologische Theorie
Wissenschaftstheorie	◢ Theorie sozialer Systeme
Leitdifferenz	◢ System/Umwelt ◢ Schließt die Möglichkeit eines allgemeingültigen, wahren Seins aus. ◢ Seinswissenschaftliche (ontologische) Methoden sind Beobachtungen 1. Ordnung.
Wirklichkeit – Realität	◢ Die soziale Welt besteht abhängig davon, wie man sie denkt. ◢ Es gibt keine vom Beobachter unabhängige soziale Wirklichkeit. ◢ Es gibt kein singuläres, alle gesellschaftlichen Teilbereiche strukturierendes Grundprinzip.
Erkenntnis	◢ Erkenntnis ist abhängig von Beobachtung. ◢ Beobachtung geschieht selektiv, sieht, was sie sieht (Beobachtung 1. Ordnung). ◢ Jede Beobachtung erzeugt einen blinden Fleck. ◢ Um den blinden Fleck erkennen zu können, bedarf es einer weiteren Unterscheidung: der Beobachtung der Beobachtung (Beobachtung 2. Ordnung, d. h. Metakommunikation). ◢ Der blinde Fleck lässt sich durch Einführung weiter Beobachtungsebenen (Beobachtung 3. Ordnung und darüber hinaus) nicht beseitigen, allenfalls reduzieren, denn:

	◢ Eine Letztunterscheidung aller Unterscheidung ist nicht möglich, da es eine Letztbeobachtung aller Beobachtungen nicht geben kann. ◢ Allumfassende Erkenntnis ist daher nicht möglich und damit auch der Anspruch verfehlt, Wirklichkeit als objektive Realität zu erfassen.
Wahrheit	◢ Die Unterscheidung „wahr/unwahr" ist das Ergebnis von beobachtungsabhängigen Aussagen und Codes, die Anschlusskommunikation ermöglichen. Der Code findet Anwendung in entsprechenden Programmen (Theorien, Forschung).
Wissenschaftliches Wissen	◢ Konstrukt der an Kommunikation im wissenschaftlichen System beteiligten Personen (psychischen Systeme).

Kapitel 4
Gesellschaft, Mensch und System

Frage: Welches Bild von Gesellschaft und Mensch hat die Systemtheorie?

Nachdem wir nun einen allgemeinen Einblick in das Denken Luhmanns über Gesellschaft und Wissenschaft bekommen haben, wollen wir im zweiten Schritt seine Systemtheorie in den Blick nehmen. Systemtheorie ist ja quasi eine Anwendung der konstruktivistischen Sicht. Zum Verständnis luhmannscher Systemtheorie ist zunächst die Klärung der von ihm vorgeschlagene Systembegriff zu klären.

Wie wir eingangs festgestellt haben, gibt es verschiedene Systemtheorien, die mit dem Systembegriff keine einheitliche Vorstellung verbinden. Radikaler und operativer Konstruktivismus stimmen zwar in den Grundannahmen über Realität, Erkenntnis, Wissenschaft und Wissen überein. Dennoch wurden schon Unterschiede deutlich. Der radikale Konstruktivismus betrachtet das Subjekt und sein Geschick, erfolgreich zu kommunizieren, als die entscheidende Instanz sozialer Ordnungsbildung. Der operative Konstruktivismus hingegen sieht in der Kommunikation der sozialen Systeme die entscheidende Grundlage für die Bildung sozialer Ordnung. Es geht bei Luhmann also nicht um das Subjekt, sondern um die sozialen Systeme und ihre Kommunikation.

Um zu verstehen, weshalb für Luhmann die Kommunikation sozialer Systeme und nicht das Subjekt für die Entstehung sozialer Ordnung verantwortlich sind, macht es wenig Sinn, mit Luhmanns Systembegriff einzusteigen. Das wäre zu komplex und an dieser Stelle noch nicht nachvollziehbar. Daher wollen wir uns zunächst anschauen, wie Luhmann überhaupt zu seinem Systembegriff gekommen ist. Luhmann hat einmal gesagt, dass sein Forschungsprogramm ausschließlich daraus bestehe, Gesellschaft zu beobachten. Das ist für ihn naheliegend, ist doch alles, was Wissenschaft tut, Beobachtung. Um seinen Systembegriff verstehen zu können, ist es daher sinnvoll, erst einmal die Beobachtungen Luhmanns zur Gesellschaft zu betrachten. Danach werden wir uns bzw. Luhmann fragen müssen, welche Konsequenzen der beobachtete Wandel von Gesellschaft für die Menschen und ihre Verständigung untereinander hat (Kommunikation). Mit der Frage nach dem Menschen in Gesellschaft sind wir dann beim zentralen Thema der Systemtheorie angelangt: Kommunikation. Kommunikation ist System, System ist Kommunikation, und hierbei entsteht Neues (Emergenz). Die Geschichte geht bei der Beobachtung von Gesellschaft los.

4.1. Gesellschaftlicher Wandel und Wandel des Helfens

Luhmanns Interesse galt dem anspruchsvollen Vorhaben, eine universale Gesellschaftstheorie zu entwickeln. Er ging hierbei von einem Grundbegriff der Philosophie und Soziologie aus: →Sinn. Diesen untersucht er in seinen zeitlichen, sachlichen und sozialen Dimensionen. Dem gesellschaftlichen Wandel unterliegt auch ein Wandel der Formen des Helfens. Was das im Einzelnen heißt, schauen wir uns jetzt näher an.

4.1.1. Die Dimensionen von Sinn

In der phänomenologischen Philosophie Edmund Husserls stehen die Begriffe ‚Sinn', ‚Intention' und ‚Lebenswelt' im Zentrum. Demnach begegnet alles auf der Welt dem Menschen in einem bestimmten Sinn, d.h. in einer typischen Gestalt, einer geregelten Struktur. Menschen erleben Sinn und verhalten sich hierzu. Das geschieht nicht als einfache Reaktion auf erlebten Sinn, sondern auf ein Umgehen mit Sinn, da sich der Sinn des Erfahrenen nicht zwangsläufig dem Menschen erschließt. Es geht also immer um Sinnverstehen in Verbindung mit Sinnhandeln. Dieses alltägliche, intentionale Geschehen ist eingebunden in die Lebenswelt von Menschen. Unter Lebenswelt sind die sozialen Zusammenhänge des Alltags zu verstehen, in den Sinn eingebettet ist. Diese haben eine zeitliche, eine sachliche und eine soziale Dimension. Luhmann nennt sie auch → Sinndimensionen (Luhmann 1987:112).

Wie schon erwähnt, verfolgte Luhmann das Interesse, eine universale Gesellschaftstheorie zu entwickeln. Daher hat er die Vergesellschaftung des Menschen in der Zeit-, der Sach- und der Sozialdimension (Sinndimensionen) untersucht. In der →Zeitdimension wird die gesellschaftliche Evolution untersucht.[38] Damit ist der Wandel der Gesellschaftsformen gemeint. Es werden archaische, hochkultivierte und moderne Gesellschaften voneinander unterschieden. So wie sie zeitlich auseinander hervorgehen, unterscheiden sie sich

38 „In der Zeitdimension geht es um die Unterscheidung von vorher und nachher; heute um die Unterscheidung von Vergangenheit und Zukunft" (Luhmann 1998:1136).

auch in ihrem strukturellen Aufbau. Diese →Differenzierung bezeichnet Luhmann als die →Sachdimension.[39] Entweder bestehen Gesellschaften aus

- einfachen Einheiten (Segmente), wie in den archaischen Gesellschaften,
- aufeinander aufbauenden Schichten oder Klassen (Stratifikationen), wie in den hochkultivierten Gesellschaften oder aus
- selbständigen Funktionssystemen, wie in den modernen Gesellschaften.

In der →Sozialdimension schließlich verortet Luhmann die Kommunikation.[40] Sie ist in zeitlicher, sachlicher und sozialer Hinsicht die Operationsweise sozialer Systeme. Wir werden uns die drei Dimensionen luhmannscher Theorie nun etwas genauer anschauen.

In den drei genannten Dimensionen ist das Erleben von → Sinn die Voraussetzung für menschliches →Verhalten, egal ob wir es als konformes oder abweichendes Verhalten wahrnehmen. Gleiches gilt für die Gesellschaft in allen ihren Versuchen sozialer Ordnungsbildung. Entscheidend ist nun, dass Luhmann Sinn zwar als Voraussetzung für gesellschaftliche Ordnungsbildung sieht, ihn jedoch nicht für ontologisch vorstrukturiert hält. Luhmann geht nicht vom Vorausgesetztsein des Sinns (Ontologie), sondern von seinem Erzeugtsein aus: Das Gedächtnis des Menschen konstruiert Sinn nur für den momentanen Gebrauch und nicht für ewig überdauernde Zeiten. Natürlich nimmt der Mensch dies anders wahr. Er geht im Regelfall davon aus, dass der Sinn eine eindeutige, zeitüberdauernde Identität hat. In der subjektiven Zeitdimension betrachtet ist dies in der Regel richtig. Dennoch ist es eine „Selbstillusionierung“ (Luhmann 1998:45), andernfalls wäre nicht der Wandel von gesellschaftlicher Identität beobachtbar.

Die Untersuchung des gesellschaftlichen Wandels ist somit die erste Säule luhmannscher Gesellschaftstheorie. Mit ihr beschreitet er die erste, die evolutive Dimension von Sinn (Zeitdimension). Hier geht es darum, die Evolution der gesellschaftlichen Entwicklung zu rekonstruieren. Es werden die evolutiven Mechanismen von →Variation, →Selektion und →Stabilisierung in den Blick genommen und auf gesellschaftliche Entwicklung bezogen.[41]

---

39 „In der Sachdimension ... gibt es das ‚innen‘ im Unterschied zum ‚außen‘ der Form. Die systemtheoretische Fassung spricht von System und Umwelt“ (ebd.).

40 „In der Sozialdimension schließlich ... geht es um die Unterscheidung von Ego und Alter, wobei wir als Ego den bezeichnen, der eine Kommunikation versteht, und als Alter den, dem die Mitteilung zugerechnet wird“ (ebd.).

41 Durch Variation werden die Elemente (Operationen, Kommunikation) des Systems variiert. Kommunikation wird immer unerwarteter, überraschender. Selektion betrifft die Strukturen des Systems. Das sind die Erwartungen, die Kommunikation ‚steuern‘,

In einem zweiten Schritt werden die Formen gesellschaftlicher Differenzierung von ihren Anfängen bis zur Moderne untersucht. Die Entwicklung sozialer Systeme wird besonders unter dem Aspekt der sinnkonstruierenden Sachebene aufgezeigt. Mit diesem zweiten Schritt wird die Sachdimension von Sinn reflektiert. Er stellt sich in der Ausdifferenzierung von Gesellschaft dar, angefangen von den Differenzierungsformen einfacher Stammesgesellschaften archaischer Zeiten über die Schichten- und Klassengesellschaften von Mittelalter, Absolutismus, Aufklärung und Industrialisierung bis hin zu den modernen Gesellschaften, die nach Funktionen differenzieren.

In der Sozialdimension von Sinn schließlich untersucht Luhmann, auf welche sinnkonstituierenden Operationsweisen eine Gesellschaft zurückgreift, um soziale Ordnung möglich zu machen. Diese Operationsweise macht er in der Kommunikation aus.

Mit dieser hier nur kurz umrissenen dreidimensional angelegten Vorgehensweise verbindet Luhmann

- Evolutionstheorie,
- Differenztheorie und
- Kommunikationstheorie

zu einer universalen Gesellschaftstheorie (Tab. 1).

Zeitdimension	Sachdimension	Sozialdimension
archaische Gesellschaft	segmentäre Differenzierung	
hochkultivierte Gesellschaft	stratifikatorische Differenzierung	Kommunikation
moderne Gesellschaft	funktionale Differenzierung	
Evolutionstheorie	Differenztheorie	Kommunikationstheorie

Tab. 1: Dreidimensionales Theoriekonzept

die sich für eine wiederholte Verwendung als Richtlinie für die weitere Kommunikation zu eignen scheinen. Stabilisierung bzw. Restabilisierung bezeichnet den Zustand eines Systems nach erfolgter Selektion. (Luhmann 1998:454f).

Wir müssen uns Luhmanns dreidimensional angelegte Überlegungen nun etwas genauer anschauen. Wie wir festgestellt haben, ist Gesellschaft für Luhmann ein Funktionszusammenhang, der sich über Kommunikation erschließt. Somit kann Gesellschaft als ein Kommunikationszusammenhang beschrieben werden. Was heißt das genau?

Luhmann hat sich Prozesse sozialer Ordnungsbildung in Gesellschaft unter dem Blickwinkel ihres Wandels angeschaut. Damit gewinnt er Erkenntnisse über die Beschaffenheit unserer heutigen, modernen Gesellschaft. Gesellschaft war im Laufe ihrer Geschichte nicht immer gleich strukturiert. Luhmann macht dies an den drei gesellschaftlichen Entwicklungsstadien deutlich:

1. der segmentär differenzierten Gesellschaftsform,
2. der stratifikatorisch differenzierten Gesellschaftsform und
3. der funktional differenzierten Gesellschaftsform.

Diese drei sachlich unterscheidbaren Gesellschaftsformen sind mit bestimmten kulturellen Merkmalen und einem Wandel dieser Merkmale verbunden. Hinsichtlich ihrer Zeitdimension lassen sich wiederum drei Kulturepochen einteilen und ihnen jeweilige sachliche Eigenschaften zuordnen:

1. archaische Gesellschaft (= segmentär differenziert),
2. hochkultivierte Gesellschaft (= stratifikatorisch differenziert) und
3. moderne Gesellschaft (= funktional differenziert).

Nun wurde bereits gezeigt, dass für Luhmann nicht die →Differenz „Teil/Ganzes“ (Parsons), sondern die Differenz „System/Umwelt“ leitend in diesen drei ‚Epochen‘ der Menschheitsgeschichte war (Kap. 2.3.). Luhmann fragte also, wie sich Gesellschaften als System von Umwelt abgrenzten bzw. wie sich Gesellschaften durch Systembildung ihre eigene Umwelt geschaffen haben. Fangen wir mit der →segmentären Differenzierung an.

4.1.2. Segmentär differenzierte Gesellschaft

Hierunter fallen die sogenannten archaischen, tribalen Gesellschaften (Stammesgesellschaften, Urgesellschaften). Der Mensch in den archaischen Gesellschaften lebte in Verhältnissen, die insgesamt recht überschaubar, also von geringer Komplexität für jeden Einzelnen waren. Kleine verwandtschaftliche, wohngemeinschaftliche Einheiten lebten in Dorf- bzw. Stammesgemeinschaften zusammen. Die Kommunikationsform war die Sprache; Schriftzeichen wurden hier und dort entwickelt, waren aber nicht das dominante Kommunikationsmedium.

Die Arbeitsteilung geschah auf der Basis von Geschlechts- und Altersrollen. Insgesamt war die Herrschaft im Sinne einer anführenden Schicht nur sehr gering ausdifferenziert. Der Einzelne war voll und ganz Mitglied seines Stammes. Vorstellungen über eine besondere Individualität des Einzelnen waren für das Stammesleben nicht erforderlich und daher noch nicht bekannt. Die Identität des Einzelnen wurde über seine Stammesgesellschaft begründet. Er hatte nicht, wie es in modernen Gesellschaften der Fall ist, verschiedene Rollen zu spielen bzw. Funktionen zu übernehmen (z. B. als Arbeiter, als Bankkunde, als Wähler, als Patient, als Konsument, als braver Bürger, als Demonstrant). Der Mensch gehörte vielmehr mit all seinen Eigenschaften zum Stamm.

Im Stamm sind alle Menschen integriert, denn Integration meint immer den ganzen Menschen und nicht nur ein paar Eigenschaften von ihm. Allerdings erfordert das Stammesleben nur solche Eigenschaften, die für sein Überleben nützlich sind. Fehlen diese Eigenschaften, kann der Stamm nur den ganzen Menschen aus seinem Stammesverband ausschließen (Ausgrenzung, Abstoßung) (Luhmann 1998:836), es sei denn, der Stamm würde sich weiter ausdifferenzieren und z. B. bei Regelverstößen ein Gericht bauen (Gefängnisse und Polizei wären dann auch erforderlich), bei Krankheit Krankenstationen usw. Diese Ausdifferenzierung ist erst dann nötig, wenn sich die Umweltbedingungen des Stammes derart ändern, dass er neue Wege zum Leben und Überleben suchen muss. Stammesgesellschaften mussten sich mit stets komplexer werdenden Bedingungen ihres Lebens auseinandersetzen. Diese Herausforderungen des Alltags, der Umgang mit den Naturverhältnissen, brachte schließlich das hervor, was wir Kultur nennen. Kultur, kultureller Fortschritt und Wandel bedeuten eben auch eine Zunahme gesellschaftlicher →Komplexität.

Archaische Gesellschaftsformen kann man also als Lebensformen auf geringer Entwicklungsstufe beschreiben, die in relativ gleichen Einheiten (Segmenten) in voneinander relativ unabhängigen Abschnitten lebten. Luhmann nannte diese Form der Ausdifferenzierung von Gesellschaften daher „segmentäre Differenzierung“. Diese Form gibt es stellenweise heute noch, wenn wir an die Stammesgesellschaften und Urvölker denken, die fernab der modernen Zivilisation leben. Selbst in der modernen Gesellschaft leben solche segmentären Differenzierungen weiter, wenn auch in rudimentärer Form. Zu denken ist hierbei an stark familien- und clanbezogene Orientierungen in traditions- und interessengeleiteten Familien (z. B. im Adel, in der Industrie, in der organisierten Kriminalität, in Seilschaften, ethnischen Minderheiten) (Luhmann 1995:251 f).

Kennzeichen archaischer Gesellschaft

- geringe Komplexität
- relativ gleiche, voneinander unabhängige Einheiten
- verwandtschaftliche, wohngemeinschaftliche, kleine und überschaubare Einheiten (Dorf-, Stammesgemeinschaften) mit oraler Kommunikation
- relativ gleiche Einheiten auf geringer Entwicklungsstufe
- Arbeitsteilung auf der Basis von Geschlechts- und Altersrollen
- geringfügige Ausdifferenzierung politischer Herrschaft
- geringe Individualisierung

Im Kontext Sozialer Arbeit müssen wir uns nun fragen, wie Hilfe in dieser Gesellschaftsform strukturiert war. In archaischen Gesellschaften gehörten Hilfs- und Dankeserwartungen unmittelbar zur Gesellschaftsstruktur. Sie dienten der Konstitution des Zusammenhanges gesellschaftlichen Lebens (Luhmann 1973:32). → Helfen war also die wesentliche, den Erhalt von Gesellschaft ermöglichende Bedingung. Die Lebensführung drehte sich um die Befriedigung von relativ wenigen, allen bekannten Grundbedürfnissen von Personen, die sich kannten. Das erleichterte das Auslösen von Hilfehandlungen und erklärt die Einführung zeitnaher, reziproker (wechselseitiger), persönlicher Hilfe als Gabe und wechselseitige Hilfs-, Abgabe- und Dankesverpflichtung.

Ausgelöst wurde Hilfe aber nur, wenn für die Dankesverpflichtung Überschüsse vorhanden waren (wirtschaftliche Gegenleistung, Arbeit, Kampfeshilfe, Unterwerfung, Prestigezuweisung usw.). Wer Hilfe annahm, musste sich unvorhersehbarer Gegenerwartungen aussetzen. Die Unbestimmtheit der Dankesverpflichtung erhöhte aber die Unvorhersehbarkeit von Gegenerwartungen für den, der Hilfe annahm. Je mehr Möglichkeiten von Dankbarkeit die Gesellschaft schuf, desto gedehnter erschien der Begriff von ‚Dankbarkeit', und je gedehnter sie erschien, desto unberechenbarer griff sie in das Leben ein. Der Bedarf nach einer Präzisierung und Begrenzung von Hilfe, zum Beispiel durch moralische Bindung, wurde offensichtlich. Ein Beispiel hierfür ist ein „Vertrag" mit dem Bettler, dass dieser als Gegenleistung der Almosengabe für das Seelenheil des Gebenden betet. Diese Form wurde in den nachfolgenden, hochkultivierten Gesellschaften lange praktiziert: im Bettlerstand, in der Armenfürsorge ab dem frühen Mittelalter.

Festzuhalten ist, dass sich der →Bedarfsausgleich in archaischen Gesellschaften durch unmittelbare Gegenseitigkeit oder Wechselseitigkeit der Hilfe- und Dankesverpflichtungen gestaltete. Soziale Arbeit, wie wir sie heute kennen, war also nicht gefragt.[42] Das reziproke Verhältnis von Hilfe hat sich in der Weiterentwicklung archaischer Gesellschaften zu kultivierten Gesellschaften verändert. Luhmann spricht von einer „Dehnbarkeit der Dankbarkeit“ (Luhmann 1973:27), die schließlich den Bedarf nach vertraglich präzisierter Hilfe begründete.

Merkmale des Bedarfsausgleichs archaischer Gesellschaftsformen

- Hilfe wird als wechselseitige (reziproke) Gabe für den Zusammenhalt gesellschaftlichen Zusammenlebens erbracht.
- Je größer und unübersichtlicher sich Gesellschaft weiterentwickelt, desto unbestimmter wird die Form der Hilfe- und Dankeserwartung.
- Ein Wandel von der reziproken zur moralisch-vertraglichen Hilfe ist die Folge.

Aus der Analyse gesellschaftlichen Wandels
in der Zeitdimension = archaische Gesellschaft
und der Sachdimension = segmentäre Differenzierung
und der Sozialdimension = reziproker Bedarfsausgleich
fassen wir nun zusammen:

Segmentäre Differenzierung bedeutet:

Archaische Gesellschaften sind durch das Ziehen von System/Umwelt-Differenzen (Grenzen) unter dem Gesichtspunkt der Bildung gleicher Segmente (Stämme, Clans usw.) gekennzeichnet. Der Mensch gehört mit seinen Gesamteigenschaften zu diesem Segment und wird bei Nichtpassung oder Nichtanpassung vollständig aus dem Segment (Stamm, Clan) ausgeschlossen. Sein Platz in der Gesellschaft wird ihm durch gleichartige Zugehörigkeit zu einem Ganzen zugewiesen. Er ist Teil eines subjektiv wahrgenommenen Ganzen. Dies gibt ihm seine Identität und kann sie ihm im Fall des Ausschlusses wieder nehmen. Gegenseitiges Helfen ist dabei ein konstitutives Element für den Zusammenhalt und das Zusammenleben dieser Gesellschaftsform.

42 Und auch heute kann man in den rudimentären Formen segmentärer Differenzierung (Familienclans) eine gewisse Scheu und Abneigung gegenüber organisierter, professioneller Sozialarbeit beobachten. Dort wird gegenseitige Hilfe unter den Familienmitgliedern im Gegensatz zu professioneller Hilfe oftmals noch als ehrenhafter empfunden.

Archaische Gesellschaften lösten sich zunehmend auf bzw. gingen über in große Stammesgesellschaften mit eigener Herrschaftsordnung. Aus den archaischen Lebensformen entwickelten sich Gesellschaftsformen größeren Ausmaßes mit jeweils eigenen kulturellen Eigenheiten. Wichtig ist hierbei, dass der Bedarf nach einer ‚Vertraglichung' von Hilfe erst mit dem Übergang archaischer Gesellschaften in höher entwickelte Gesellschaftsformen entstehen konnte. An dieser Stelle wird deutlich, dass das Helfen immer komplexer wurde.

Mit der Weiterentwicklung der Gesellschaften im Prozess der Zivilisation wurden alle Bereiche des Lebens zunehmend komplexer und verloren an Überschaubarkeit. Es entstanden neue Bereiche des Lebens (z.B. Handel) mit neuen Erfordernissen der Ausdifferenzierung (Herrschaft, Politik, Recht). Aus segmentären wurden zunehmend schichtendifferenzierte Gesellschaften. Diese Entwicklung von ungleichen Einheiten auf höherer Entwicklungsstufe (Schichten, Stände, Klassen) bezeichnete Luhmann als stratifikatorisch differenzierte Gesellschaft (→stratifikatorische Differenzierung).

4.1.3. Stratifikatorisch differenzierte Gesellschaft

Mit der stratifikatorisch differenzierten Gesellschaft sind die hochkultivierten Gesellschaften in einer weiten Spanne der Epochenzählung gemeint: die Zeit von der frühmittelalterlichen Gesellschaft bis zur Industrialisierung. Diese Gesellschaftsform ist allgemein durch eine höhere Komplexität gekennzeichnet. Nicht mehr einzelne gesellschaftliche Segmente nebeneinander, sondern gesellschaftliche Schichten und Klassen über- und untereinander prägen nun die weitere Ausdifferenzierung von Gesellschaft.

Für den Einzelnen gestaltete sich diese Gesellschaft in Form großer, wenig überschaubare Einheiten (Städte, Fürstentümer, Reiche) mit oraler und auch zunehmend schriftlicher Kommunikation. Nicht mehr die überschaubare Komplexität der täglichen Subsistenzsicherung (Jagen, Sammeln, Nutztierhaltung), sondern die Auseinandersetzung mit zunehmender Komplexität infolge produktiver und wirtschaftlicher Arbeitsteilung (Landwirtschaft, Gewerbe und Handel), schließlich auch Entfremdung durch Arbeit (Industrialisierung, Kapitalismus) kennzeichnen die gesellschaftliche Entwicklung. Die Ausdifferenzierung von Herrschaft, Rollen, Religion, Glaube, Recht, Ämtern, Verfahren und zunehmender Klasseneinteilung waren die Folge. Vorstellungen von einer Individualität des Menschen nahmen entsprechend zu (Individualisierung).[43]

43 Etwa mit Beginn der Neuzeit (15. Jhdt.) und besonders dann mit der europäischen Aufklärung des 17. und 18. Jahrhunderts.

Kennzeichen hochkultivierter Gesellschaft

- höhere Komplexität
- ungleiche, voneinander abhängige Einheiten
- Schichten- und Klassenaufbau
- große, wenig überschaubare Einheiten (Städte, Fürstentümer, Reiche) mit oraler und schriftlicher Kommunikation
- ungleiche Einheiten auf höherer Entwicklungsstufe (Schichten, Stände, Klassen)
- produktive und wirtschaftliche Arbeitsteilung (Landwirtschaft, Gewerbe und Handel)
- Ausdifferenzierung von Herrschaft, Rollen und Religion, Glaube, Ämtern und Verfahren
- Individualisierung
- Wandel von der moralisch vertraglichen Hilfe zur Hilfe mittels Programmen und Organisationen

Nun ist auch hier zu fragen, wie Hilfe in dieser Gesellschaftsform strukturiert war. Ein wesentliches Merkmal von Hilfe in hochkultivierten Gesellschaften war die Hilfeerbringung in Form der Ausdifferenzierung spezieller Hilfeorganisationen einerseits sowie der stetigen Ausdifferenzierung ebenso spezieller Programme und Funktionen andererseits.

Die Umkehrbarkeit der Hilfelagen, wie sie archaische Gesellschaften noch kannten, wurde infolge von Arbeitsteilung und Schichtendifferenzierung immer seltener möglich. Die Motivation zur unmittelbaren Hilfe stellte sich damit immer weniger dar (Entpflichtung) und musste zunehmend kulturell vermittelt werden (Verpflichtung). Insgesamt wurde so vom Helfen die reziproke Form der Hilfeleistung allmählich abgetrennt und durch die Form des Vertrages ersetzt. Damit wurde die Motivation zur mittelbaren Hilfeleistung stabilisiert (Almosengabe gegen Seelenheil).

Das unmittelbare Helfen wurde auf diese Weise zur guten Tat und zur Tugend (freiwillige Pflicht, ritterliche Freigebigkeit, aristokratische Fürsorge). Das mittelbare Helfen hingegen geschah auf der Basis moralisch generalisierter Wertgrundlagen, in alltäglicher Form durch Erlangung des Seelenheils, ohne Frage nach Wirksamkeit für die jeweilige Schicht oder darüber hinaus. Hilfe wurde fortan nicht mehr reziprok vergolten, sondern honoriert und in professionalisierten Formen durch Geld (Ärzte, Priester, Juristen) erbracht. Geld bzw. Hilfe gegen Geld wurde zum generalisierten Hilfsmittel.

Geld trat an die Stelle von Dankbarkeit, und die Bedarfsdeckung reduzierte sich auf ein Problem der Geldverteilung.

Geld als Hilfe geriet jedoch zunehmend in Misskredit. Zum einen wurde Armut immer weniger als gottgegebenes Schicksal gesehen. Zum anderen geriet das Almosen in Konflikt mit der wirtschaftlichen Kapitalbildung. Die zunehmende Liquidität des Geldes führte dazu, dass Hilfe von überall her kommen konnte und damit vergleichbar wurde. Es gab aber noch keinen allgemeingültigen Maßstab für jeweils angemessene Hilfe. Es gab immer andere, die mehr Hilfe benötigten, und andere, die mehr Geld geben konnten. Diese Vergleichbarkeit drückte Geld als Hilfe auf ein Minimum herunter. Mildtätigkeit wurde in den Augen der Menschen zunehmend als Zumutung und Selbstausbeutung wahrgenommen. Allenfalls im privaten Raum konnte sie noch in der Form von Generosität eine Rolle spielen. Die allgemeine, fremde „Hilfe brauchte eine neue, von individuellen Entschlüssen unabhängige Form“ (Luhmann 1973:31) des Bedarfsausgleiches. Organisationen und Hilfeprogramme ergaben diese Form.

Merkmale des Bedarfsausgleichs hochkultivierter Gesellschaftsformen

- Helfen beruht noch auf einer moralisch generalisierten, schichtenmäßig geordneten Erwartungsstruktur.
- Helfen drückt einen schichtenmäßig gefestigten Status aus und wird zur Standespflicht.
- Das Motiv zur Umkehrbarkeit von Hilfelagen wird infolge Arbeitsteilung und Schichtendifferenzierung seltener.
- Die Motivation zur Hilfe stellt sich immer weniger unmittelbar dar (Entpflichtung) und muss daher zunehmend kulturell vermittelt werden (Verpflichtung).
- Vom Helfen wird die reziproke Form der Hilfeleistung abgetrennt und durch die Form des Konsensualvertrages (Hilfe gegen Seelenheil) ersetzt.
- Armut wird immer weniger als von Gott gegebenes Schicksal aufgefasst.
- Geld als Hilfe gerät dadurch zunehmend in Misskredit.
- Fremdhilfe benötigt deshalb eine von den individuellen Entschlüssen unabhängige Form.
- Der Bedarf nach Organisationen und Hilfeprogrammen wird größer. Sie sind unabhängig vom Hilfeentschluss Einzelner und damit stets verfügbar.

Aus der Analyse gesellschaftlichen Wandels

in der Zeitdimension	=	hochkultivierte Gesellschaft
und der Sachdimension	=	stratifikatorische Differenzierung
und der Sozialdimension	=	vertraglicher Bedarfsausgleich

fassen wir nun zusammen:

Stratifikatorische Differenzierung bedeutet:

Hochkultivierte Gesellschaften sind durch das Ziehen von System/Umwelt-Differenzen (Grenzen) unter dem Gesichtspunkt der Schaffung von Ungleichheit zwischen Oben und Unten (Stände, Schichten, Klassen) gekennzeichnet. Der Mensch gehört als Mitglied seines Standes (seiner Schicht, seiner Klasse) mit seiner gesamten Identität dazu oder wird bei Regelverstoß in untere Schichten, Stände, Klassen verwiesen. Karriereaufstieg ist die Ausnahme, nicht die Regel. Sein Platz in der Gesellschaft wird dem Menschen durch Zugehörigkeit zu einer sozialen Schicht zugewiesen. Er ist immer weniger Teil von einem Ganzen. Der Teil (Stand, Schicht, Klasse) wird zu seinem Ganzen. Dies gibt ihm seine Identität und zwingt ihn im Fall des Ausschlusses (Abstieg oder Aufstieg) zu einer neuen Identität. Konsensuales Helfen ist immer weniger geeignet, den Zusammenhalt und das Zusammenleben der Schichten zu stützen. Der Bedarf nach Hilfeformen, die unabhängig vom Entschluss Einzelner erbracht werden, wird größer.

Mit der stratifikatorischen Differenzierung sind wir an einer Stelle angelangt, an der sich die Geister im Diskurs luhmannscher Theorie scheiden. Luhmann stellt fest, dass sich die heutige Gesellschaft mittels stratifikatorischer Differenzierung nicht mehr angemessen beschreiben lässt. Salopp gesagt hat für Luhmann das Schichten- und Klassenmodell – so wie es noch von Karl Marx (1818–1883) und Friedrich Engels (1820–1895) beschrieben wurde – ausgedient. Statt von einer weiteren Ausdifferenzierung der Gesellschaften in hierarchische Schichten auszugehen, könne man beobachten, dass sich moderne Gesellschaften von dieser Differenzierungsform zunehmend verabschieden, und zwar weltweit. Luhmann beobachtet eine eher horizontale Ausdifferenzierung verschiedener gesellschaftlicher Teilsysteme, die jeweils für sich unterschiedliche gesellschaftliche Probleme bearbeiten. Er nennt diese Form die funktional differenzierte Gesellschaft (funktionale Differenzierung).

4.1.4. Funktional differenzierte Gesellschaft

Aus den hochkultivierten Lebens- bzw. Gesellschaftsformen heraus entwickelten sich die industrialisierten Gesellschaften. In der Folge von Technologisierung, Ökonomisierung und damit auch Globalisierung erreichten sie ein hohes Maß gesellschaftlicher Differenzierung. Sie haben nunmehr eigene, relativ autonome gesellschaftliche →Funktionssysteme zur Bearbeitung ungleicher gesellschaftlicher Aufgaben ausgebildet. So können die Aufgabenbearbeitungen wie z. B. aus den Bereichen Recht, Wirtschaft, Politik, Gesundheit, Erziehung, Wissenschaft, Religion, Kunst und Massenmedien als eigene gesellschaftliche Teilsysteme beobachtet werden. Moderne Gesellschaften differenzieren sich immer weniger stratifikatorisch, sondern zunehmend funktional aus. Diese Ausdifferenzierung dient dem Versuch der → Komplexitätsreduktion von Gesellschaft.

In modernen Gesellschaften macht das Setzen von System/Umwelt-Differenzen über einzelne Segmente (Stämme, Sippen) oder über Stratifikationen (Schichtungen) keinen Sinn mehr. Vielmehr müssen sich Systeme angesichts spezialisierter Problembearbeitungen für das Gesamtsystem bilden. Die Komplexität von Gesellschaft hat einen Grad angenommen, mit dem die Bearbeitung der gesellschaftlichen Themen nur noch über relativ autonome gesellschaftliche Teilsysteme, man nennt sie besser →Funktionssysteme, möglich wird.

So werden gesellschaftliche Teilsysteme für rechtliche, andere wiederum für wirtschaftliche, wiederum andere für religiöse, pädagogische oder politische Problembearbeitungen benötigt und mittels eigener Organisationen weiter ausdifferenziert. Der Mensch nimmt hierbei nicht mehr mit seiner ganzen Person an den Teilsystemen teil, sondern nur noch mit den jeweils vom System erforderten Eigenschaften (Inklusion). Diese Teilnahme geschieht über Kommunikation. Moderne Gesellschaften erleben mithin einen Prozess der Ausdifferenzierung in voneinander getrennte Funktionssysteme und ihren jeweils zugehörigen Organisationssystemen. Diese haben jeweils eigenständige Aufgaben für die Gesellschaft zu bearbeiten. Die Funktionssysteme besitzen eine gewisse →Autonomie.

Kennzeichen moderner Gesellschaft

- hochkomplex
- voneinander unabhängige Einheiten ungleicher Problembearbeitung
- nicht mehr überschaubare Vielfalt des Erlebens und Handelns (Politik, Wirtschaft, Wissenschaft, familiärer Intimbereich) mit oraler, schriftlicher und medialer Kommunikation

- relativ gleiche, voneinander unabhängige Einheiten auf hoher Entwicklungsstufe
- Sicherung ungleicher und spezialisierter Problembearbeitung für das Gesamtsystem.
- Ausdifferenzierung in autonome gesellschaftliche Funktionssysteme mit relativ gleicher Macht, Welt als gigantisches Sozialsystem (Weltgesellschaft).
- Hilfe wird zur erwartbaren Leistung als Vergleich von Tatbestand und Programm.

Auch an dieser Stelle müssen wir uns wieder fragen, wie Hilfe in modernen Gesellschaften strukturiert ist. Wie wir schon festgestellt hatten, differenzierten hochkultivierte Gesellschaften spezielle Hilfeorganisationen mit speziellen Programme und Funktionen aus. Diese Entwicklung setzt sich in modernen Gesellschaften fort.

Die offizielle Armenpflege geht endgültig an den Staat über, und unterschiedliche Hilfe wird in Form organisierter und spezialisierter Sozialsysteme geleistet. Die Daseinsvorsorge wird von der Wirtschaft übernommen, während die Daseinsnachsorge Sache organisierter Hilfeleistungen wird. Hilfe wird damit zur erwartbaren Leistung als „Vergleich von Tatbestand und Programm" (Luhmann 1973:33) und damit zur mittelbaren Hilfe. Aus ‚Hilfe' wird ‚Anspruch' (Luhmann 1981:14). Die Organisationen, die mit der Bereitstellung von Hilfe befasst sind, arbeiten aber nicht an der Änderung von Strukturen, die Hilfebedürftigkeit erzeugen; damit wären sie letztlich überfordert. Hierfür gibt es andere Orte der Problembearbeitung (Funktionssystem Politik und die sozialen Bewegungen). Hilfeorganisationen verhindern nicht die „Problemfälle", sondern arbeiten aus Sicht der gesellschaftlichen Teilsysteme an deren „Beseitigung" (Luhmann 1973:35).

Das unmittelbare, persönliche Helfen wird in modernen Gesellschaften zunehmend Privatsache. „Mit dem Pathos des Helfens ist es vorbei. Man kann es tun, oder man kann es lassen, wenn man gerade anderen Zielen nachjagt. Die Gesellschaft konzediert die Freiheit des individuellen Entschlusses" (Luhmann 1973:37) (→Freiheit). Luhmanns Sprache und Begriffswahl mag auch hier Irritationen auslösen. Man muss sich jedoch stets in Erinnerung rufen, dass seine Sprache Ergebnis seiner Beobachtung ist und nicht Mittel zur Darstellung dessen, wie seiner Meinung nach Gesellschaft aussehen sollte.

Merkmale des Bedarfsausgleichs moderner Gesellschaftsformen

- Armenpflege geht an den Staat über.
- Hilfe wird in Form organisierter und spezialisierter Programme geleistet.
- Daseinsvorsorge wird von der Wirtschaft übernommen, Daseinsnachsorge ist Sache organisierter Hilfeleistungen.
- Organisationen arbeiten nicht an der Änderung von Strukturen, die Hilfebedürftigkeit erzeugen.
- Sie verhindern daher nicht die „Problemfälle“, sondern arbeiten an deren „Beseitigung“.
- Hilfe wird zur sicher erwartbaren Leistung.

Aus der Analyse gesellschaftlichen Wandels
in der Zeitdimension = moderne Gesellschaft
und der Sachdimension = funktionale Differenzierung
und der Sozialdimension = organisationaler Bedarfsausgleich
fassen wir nun zusammen:

Funktionale Differenzierung bedeutet:

Moderne Gesellschaften sind durch das Ziehen von System/Umwelt-Grenzen unter dem Gesichtspunkt der Sicherung ungleicher, spezialisierter Problembearbeitung für das Gesamtsystem gekennzeichnet. Der Mensch ist in den Teilsystemen nur noch mit den Eigenschaften gefragt, die diese jeweiligen Teilsysteme zur Bearbeitung ihrer Problemstellungen benötigen. Sein Platz in der Gesellschaft wird ihm durch potenziellen Einschluss in die gesellschaftlichen Teilsysteme zugewiesen (Inklusion). Seine Identität ist nicht durch die Zugehörigkeit zum Stamm (Clan, Familie) oder zum Stand (Schicht, Klasse) gegeben. Diese Identitätsmodelle brechen in modernen Gesellschaften weg. Identität wird zur Privatsache in der Suche nach Individualität. Der Mensch kommt nur noch als Träger von Eigenschaften vor (Person). Gegenseitiges Helfen – wie in der archaischen Gesellschaft – und moralisch vertragliches Helfen – wie in der hochkultivierten Gesellschaft – reichen nicht mehr aus, um den Zusammenhalt zur (unübersichtlichen) Gesamtgesellschaft zu stützen. Helfen wird zur zweckgebundenen Aufgabe von Gesellschaft. Um Helfen als gesellschaftliche Funktion zuverlässig und auf Dauer abzusichern, wird es an staatliche Programme und Organisationen abgegeben. Aus Helfen wird mittelbares Helfen.

Zwischenruf!

Wie gerade erwähnt, ruft Luhmanns Feststellung von einer Ablösung der Schichtendifferenzierung durch eine funktionale Differenzierung viel Widerspruch hervor. Ist Schichtendifferenzierung denn wirklich überwunden?

Antwort: Mit dem Konzept der funktionalen Differenzierung ist nun nicht gesagt, dass es keinerlei Schichtungs- und Klassendifferenzierung mehr gäbe. Sie ist noch überall auf dieser Welt anzutreffen: „Mit dem Umbau von Stratifikation auf funktionale Differenzierung wird zwar die Differenzierungsform der Gesellschaft geändert, keineswegs aber soziale Schichtung beseitigt. Nach wie vor gibt es immense Unterschiede zwischen reich und arm, und nach wie vor wirken diese Unterschiede sich auf Lebensformen und auf Zugang zu Sozialchancen aus“ (Luhmann 1998:772). Ebenso wie segmentäre Formen in Rudimenten vorkommen, so sind auch Schichtendifferenzierungen in modernen Gesellschaften noch anzutreffen. Luhmanns Beobachtungen gehen aber davon aus, dass die stratifikatorische Differenzierung nicht mehr in das Anforderungsprofil moderner Gesellschaften passt.

Moderne Gesellschaften differenzieren sich weltweit funktional aus. Daher geht Luhmann davon aus, dass die funktionale Differenzierung die einzige gesellschaftsprägende Strukturform der Gegenwart und Zukunft ist. Hinzu kommt, dass die Gesellschaft nicht vorschreibt, wie ihre gesellschaftlichen Teilsysteme auszusehen haben, da es die Gesellschaft als strukturelle Einheit nicht mehr gibt. Vielmehr operieren die gesellschaftlichen Teilsysteme selbstreproduzierend (autopoietisch) und von außen, von anderen Systemen, nicht steuerbar. Was das bedeutet, werden wir bald noch genauer untersuchen (Kap. 4.5.).

Zunächst aber ist festzuhalten, dass der Mensch, so wie wir ihn uns in seiner Vielfalt und Individualität vorstellen, in modernen Gesellschaften einen schweren Stand hat. Er ist mit einer Fülle von Teilsystemen konfrontiert, die sich gar nicht für ihn als Ganzheit interessieren können, sondern nur für bestimmte Eigenschaften, die das Teilsystem benötigt. So ist er mal in der Rolle des Bankkunden, mal in der des Konsumenten, mal Wähler, mal Student, mal Protestgänger, mal Anklagender, vielleicht auch mal Angeklagter, mal Sünder, mal Beichtender, mal Single, mal Partner u.v.m. Er ist aber niemals und nirgendwo alles zusammen, weil es keinen Ort gibt, an dem sich jemand dafür – geschweige denn für das, was er sonst noch so ist – interessieren kann (Ausnahme: Familie, Intimbeziehungen = Vollinklusion). Vollinklusion steht zwar als postulierte Forderung und Erwartung im Raum, ist aber in funktional differenzierten Gesellschaften eine Illusion: „Denn funktionale Differenzierung kann, anders als die Selbstbeschreibung der Systeme es behauptet, die postulierte Vollinklusion nicht realisieren. Funktionssysteme schließen, wenn sie rational operieren, Personen aus oder marginalisieren sie so stark, dass dies Konsequenzen hat für den Zugang zu anderen Funktionssystemen“ (Luhmann 1996b:228).

Marx hatte in seinen gesellschaftlichen Analysen zum Kapitalismus bereits festgestellt, dass die Verkürzung des Menschen auf seine Rolle als Lohnarbeiter Folge und Forderung ökonomischer Prozesse ist. Der Fabrikbesitzer interessiert sich vornehmlich für die Eigenschaften des Menschen als Produktionsfaktor (Ware Arbeitskraft), nicht hingegen für seine subjektiven Bedarfe oder sonstigen Qualitäten, wie z.B. als Familienvater oder Mieter einer Wohnung, es sei denn diese Einbeziehung fördert die ökonomischen Interessen des Fabrikbesitzers. In dem Fall würde er sich z.B. überlegen, ob das Angebot günstiger Werkswohnungen seinem System (Wirtschaft) nutzen wird. Für den Fabrikarbeiter könnte sich einerseits daraus ein wirtschaftlicher Vorteil ergeben, andererseits würde es ihm den Rollenzwang abverlangen, mit seiner Familie in einer Arbeitersiedlung leben zu müssen. Was Luhmann mit seiner Theorie der funktionalen Differenzierung beobachtete, ist im Grunde eine Radikalisierung dieser Marx'schen Analyse. Nicht nur in und mit der Ökonomie, sondern in allen gesellschaftlichen Bereichen haben sich Teilsysteme ausdifferenziert, die einen bestimmten Rollenzwang erfordern; als Bankkunde, Studierender, Wahlgänger, Patient, Angeklagter, Konsument und so weiter und so fort (Bommes/Scherr 1996:113). Der Unterschied zwischen Marx und Luhmann liegt allerdings darin, dass Luhmann den Prozess für nicht steuerbar hält.

Nun hatten wir bereits festgestellt, dass eine moderne Gesellschaft, die nicht mehr über Segmentierung oder Stratifikation aufgebaut ist, für den Menschen eine ziemlich unüberschaubare Lebensform darstellt. Die gewohnten Identifikationen und Zugehörigkeiten sind nicht mehr gefragt. Die Gesellschaft ist zu einer offenen Gesellschaft geworden. Sie scheint dem Menschen – mit naiv amerikanischem Pathos gesagt – vom Tellerwäscher bis zum Millionär offenzustehen. Das ist aber nur scheinbar so. Der Mensch ist zunächst exkludiert. Seine Individualität ist sozusagen eine →Exklusionsindividualität (Luhmann 1993:160, Hillebrandt 1999). Inklusion setzt Exklusion voraus, anders gesagt: Inklusion bedeutet gleichzeitig auch Exklusion. Der Inklusion folgt gleichzeitig Exklusion des in der Beobachtung Unmarkierten (z.B.: das Wirtschaftssystem inkludiert die Zahlungsfähigkeit von Personen als Teilnahmebedingung von Kommunikation. Zahlungsfähigkeit ist das in der Beobachtung Markierte (*marked space).* Das Wirtschaftssystem exkludiert hingegen die für die Teilnahme nicht relevanten Eigenschaften wie z. B. politische oder moralische Einstellung, Religionszugehörigkeit, Bildungs- oder Gesundheitsstatus. Diese Eigenschaften sind das in der Beobachtung Unmarkierte (*unmarked space*).

Individuen müssen sich um Inklusion bemühen und ihren Anspruch auf Inklusion geltend machen (Luhmann 1995:139). Sie können also potenziell an allen relevanten sozialen Systemen teilnehmen und dies – ebenso potenziell – mit gutem, schlechtem oder mit gar keinem Erfolg. Funktionale Differenzierung bedeutet für den Einzelnen damit einerseits eine Zunahme von Wahlmöglichkeiten, z. B. die Entwicklung der eigenen Individualität nach bestimmten Karrieremustern auszurichten; sie bedeutet andererseits aber auch eine Zunahmen von Erwartungsunsicherheit. Damit ist jeder Mensch in Gesellschaft mit Vielfalt und Unübersichtlichkeit konfrontiert, soll heißen: Komplexität. Diese Komplexität muss bearbeitet, d. h. für die eigene Lebensplanung nutzbar gemacht werden. Das Thema moderner Gesellschaft ist demnach: Komplexitätsreduktion. Dazu gleich mehr (Kap. 4.3.).

Gesellschaft

- Den Wandel gesellschaftlicher Entwicklungen kennzeichnet ein stetiger Anstieg ihrer Komplexität.
- Moderne Gesellschaften sind hochkomplex.
- Die Bearbeitung dieser Komplexität erfordert die funktionale Ausdifferenzierung verschiedener Orte der Problembearbeitung (Funktionssysteme).
- Funktionale Differenzierung bedeutet einerseits Komplexitätssteigerung, andererseits folgt sie dem Erfordernis von Komplexitätsreduktion.
- Organisationen übernehmen für die gesellschaftlichen Funktionssysteme die Aufgabe der Komplexitätsreduktion.
- Der Mensch kommt in den Funktionssystemen nur noch mit den Teileigenschaften vor, die das jeweilige System zur Komplexitätsbearbeitung benötigt.

Nachdem wir nun Luhmanns Gesellschaftstheorie in den Grundzügen nachgezeichnet haben, müssen wir uns fragen, wo hier eigentlich der Mensch bleibt. Nach allem, was wir bis hierin über Luhmanns Theorie nachvollzogen haben, werden die Aussagen zum Thema ‚Mensch und Subjekt' vermutlich ziemlich nüchtern ausfallen. Das ist auch so.

4.2. Mensch, Subjekt, Person

Der aufgezeigte Wandel gesellschaftlicher Differenzierungsformen zeigt schon sehr deutlich, dass der Mensch als Ganzheit in modernen Gesellschaften nicht mehr vorkommt. Entsprechend wird das Subjekt als für die Funktionssysteme untergeordnete Größe betrachtet. Nicht die Subjekte, sondern die Systeme operieren.

Wie wir festgestellt haben, wird das selbst im Formenwandel der Hilfe sehr deutlich. Hans Scherpner (1898–1959), einer der ersten Theoretiker und Historiker der Sozialen Arbeit, hatte das bereits erkannt. Helfen, als individuelle Hinwendung des Helfers an den Hilfebedürftigen, wurde mit fortschreitendem Wachstum der Gesellschaft durch institutionelle, organisierte und damit entindividualisierte Formen des Helfens ersetzt. Während in der mittelalterlichen städtischen Gesellschaft beide Hilfeformen noch nebeneinander vorhanden waren, geriet im Laufe der Neuzeit und spätestens im 19. Jahrhundert die organisierte Hilfe in den Vordergrund (Scherpner 1962: 168). Hilfe wurde fortan zu einem Vergleich von „Tatbestand und Programm", wie Luhmann es gewohnt nüchtern ausdrückt (Luhmann 1973:34).

Luhmanns Theorie der funktionalen Differenzierung von Gesellschaft lässt vermuten, dass der Mensch – ein Subjekt als Denkfigur des Humanismus – keinen Platz mehr in modernen Gesellschaften findet. Das entspricht Luhmanns Beobachtungen. Er spricht von der „Flucht ins Subjekt" (Luhmann 1998:1016) als eine Erscheinung der Neuzeit. Während der Subjektbegriff schon in der Antike entstand, erhielt er in der Neuzeit im Begriff des ‚Individuums' eine Verschiebung von „Unteilbarkeit" auf „Einzigartigkeit". Individualität wird zunehmend zum „Darstellungsmittel" (ebd. 1020). Dies führt Luhmann darauf zurück, dass verstärkt mit Beginn der Neuzeit gesellschaftliche Veränderungen (Ausdehnung des Handels, Geldkrisen, Karrieremöglichkeiten an den Höfen) zu einer Selbstgestaltung des Möglichen führten. Angesichts der Autonomie der Funktionssysteme moderner Gesellschaften kann der Mensch aber nicht mehr über feste soziale Bezugspunkte individuiert werden, wie etwa Religionszugehörigkeit, Herkunft und Familie, Schichtung und Klassenaufstieg. Die Inklusionskriterien sind nicht mehr gesamtgesellschaftlich vorgegeben, sondern ihren Funktionssystemen überlassen. Zu dieser Intransparenz passt die Vorstellung von autonom handelnden Subjekten, die sich quasi individuell die nötige Transparenz für die Teilnahme an den Funktionssystemen verschaffen und passgenaue Individualitätsmuster dazu entwickeln. Individualität ist aber nicht mehr das Unteilbare, sondern das auf Darstellung abzielende Einzigartige, was Inklusion erst möglich macht und eben nur die Inklusion dieser Eigenschaft meint. Der ganze Mensch ist in den Funktionssystemen nicht gefragt, er bleibt Exklusionsindividualität.

Aus der Sicht Sozialer Arbeit als eine Handlungswissenschaft sind im Konstruktivismus die Beziehungen zum Subjekt problematisch. Während der radikale Konstruktivismus dem handelnden Subjekt vielleicht zu viel und dem erkennenden zu wenig zutraut, kommt das Subjekt im operativen Konstruktivismus Luhmanns gar nicht mehr vor. Droht im ersten Fall die Gefahr der Individualisierung gesellschaftlicher Probleme, verschwindet im zweiten Fall – so könnte man kritisch einwenden – das handelnde Subjekt in einer Wolke aus Kommunikation. Dem Subjekt scheint kein Handeln mehr zurechenbar zu sein, vielmehr ist es das soziale System, das handelt und sich selber steuert. Die Sichtweise der Nichtsteuerbarkeit, so kritisiert z.B. Staub-Bernasconi, enthebe jeden Einzelnen von der Verantwortung für sein Handeln und berge somit auch für die Akteure in der Sozialen Arbeit die Gefahr einer großen Entlastung. Auf diese Weise ließen sich Misserfolge schnell „erklären", ohne sie auf „fehlendes theoretisches Wissen wie professionelles Können zurückführen zu müssen" (Staub-Bernasconi 2007:269).

Die Kritik an der luhmannschen Systemtheorie, aus unterschiedlichen Theorieperspektiven vorgetragen, macht deutlich, was von allen im Kern beklagt wird: die Bedrohung oder gar der Verlust des Subjekts (Ameln 2004: 160f).[44] Luhmann belegt in seiner Analyse, dass der Mensch als integrierte Ganzheit in modernen Gesellschaften nicht mehr vorkommt. Das Subjekt als Denkfigur des Humanismus findet in einer funktional differenzierten Gesellschaft offensichtlich keinen Platz mehr. Luhmann hebt die Begriffe ‚Subjekt' und →‚Objekt' gänzlich auf: „Mit dem Subjekt fällt … auch das Objekt" (Luhmann 1998:877). Dies ist die folgerichtige Konsequenz seiner Theorie der funktionalen Differenzierung. Luhmann ersetzt ‚Subjekt' durch ‚Selbstreferenz'[45] (Kap. 3.1).

Die Idee, das menschliche Individuum als Subjekt zu bezeichnen, analysiert Luhmann als Folge einer Säkularisierung und Auflösung der Ständegesellschaft und traditioneller Lebenszusammenhänge. In den autonomen Funktionssystemen moderner Gesellschaften ist die unteilbare Individualität nicht mehr gefragt. Vielmehr wird Individualität zum Darstellungsmittel, was allein nicht reichen kann. Um hier Sinn nachzufüllen, entwickelte sich eine Theorie des Subjekts, „und Reflexion (Selbstreferenz) ist die Figur, der man zumutet, dies zu leisten" (Luhmann 1998:1020). Die Ständegesellschaft hatte die Inklusionsvorgaben noch weitgehend in ihrer eigenen Hand. In funktional differenzierten Gesellschaften hingegen sind Inklusion/Exklusion der Eigendynamik der Funktionssysteme überlassen: Die Funktionssysteme entwickeln die Inklusionskriterien, die dem Subjekt erst einmal transparent werden müssen, um sich hierzu entsprechend verhalten zu können. Die Notwendigkeit zur Selbstthematisierung nimmt auf diese Weise in modernen Gesellschaften zu. Aber

---

44 Siehe Vertiefungskommentare ‚Luhmannkritik' und ‚Subjekt'.

45 „Man kann, will man die Subjekt-Terminologie retten, noch sagen: ein Bewusstsein sei ein Subjekt der Welt, neben dem es andere Subjektarten gibt, vor allem soziale Systeme. Oder: psychische und soziale Systeme seien Subjekte der Welt. Oder: sinnhafte Selbstreferenz sei Subjekt der Welt. Oder: Welt sei ein Sinnkorrelat" (Luhmann 1987:595).

nicht mehr die Gesellschaft selbst, sondern das operative Zusammenspiel ihrer sozialen Systeme macht gesellschaftliche Entwicklung aus.

Moderne Gesellschaften bieten keine Identitätsmodelle mehr, da sie nicht mehr segmentär oder stratifikatorisch differenziert sind. Das Individuum muss sich vielmehr an sich selbst und den unterschiedlichen Erfordernissen der gesellschaftlichen Funktionssysteme orientieren (Luhmann 1995:135–141).[46] So gesehen wird Individualität zu einer gesellschaftlichen Zumutung, in der jeder Mensch sich angesprochen fühlen muss, sich für etwas Besonderes zu halten und dies als „Anspruch, Individuum zu sein und als Individuum zugelassen zu sein" (Luhmann 1993:244) geltend machen muss. Luhmann spricht daher von „Anspruchsindividualität" (ebd.) als eine Art ‚Ware von der Stange', dass „auf schönen Schein, auf Mit-der-Mode-Gehen angewiesen" (Luhmann 1998: 1020) ist. Auch Organisationen haben dieses Thema für sich entdeckt. Mittlerweile kennen dort alle die moderne Thematik der *corporate identity* und des *corporate design*, die nicht von ungefähr aus Problemstellungen der Gewinn- und Absatzmaximierung freiwirtschaftlicher Unternehmen entstanden ist.[47]

Identität kann in archaischen Stammesgesellschaften als Problem nicht auftauchen, weil dort jeder einfach ist, was er ist. Spätestens mit dem Prozess der Zivilisation, sprich der Entwicklung der Kultur und Bildung ausprägenden hochkultivierten Gesellschaft, ist dieser paradiesische Zustand bekannterweise aufgehoben, d. h. Identitätsbildung zwangsläufig in Gang gesetzt und vonnöten. In funktional differenzierten Gesellschaften – von anderen postmodern genannt (Jacques Derrida) – gerät die Identifikationsbildung des Subjekts zu einem scheinbar beliebigen Unterfangen.[48]

So sehr Luhmann das Subjekt in beeindruckenden Analysen demontiert, so wenig hat dies Konsequenzen für die Handlungsebene. Luhmanns entsubjektivierendes Vorgehen zeigt lediglich auf, dass die Vorstellung vom Subjekt im Wandel von Gesellschaft ebenfalls einem Wandel unterliegt und offensichtlich nicht das strukturprägende Moment moderner Gesellschaften ist. Hieraus den Schluss zu ziehen, dass das vermeintliche Subjekt nun die Hände

---

46 Ausführlicher in Luhmann (1993:149–258).

47 Mit dem Begriff ‚corporate identity' wird so getan, als könne ein Unternehmen eine Unternehmenspersönlichkeit besitzen und diese weiterentwickeln. Diese ‚Persönlichkeit' dient der Organisation für ihre Organisationsmitglieder als identitätsbildend im Innenverhältnis und der Umwelt (Kunden) der Organisation als vertrauensbildend im Außenverhältnis. *Corporate design* oder auch *corporate imagery* soll diese Funktion mittels Marken, Logos etc. bildhaft transportieren (siehe hierzu z. B. die Publikationen von Herbst/Scheier 2004 und Herbst 2009). Systemtheoretisch gesehen geht es hierbei um Versuche der Komplexitätsreduktion durch Bildung von ‚Vertrauen'.

48 Siehe Vertiefungskommentar ‚Subjekt'.

in den Schoß legen und auf einen guten Verlauf der Evolution bauen sollte, wäre aber auch im Sinne luhmannscher Theorie falsch gedacht.

Dort, wo Luhmann Evolution beobachtet, befinden sich nicht Menschen, die sich der Realität von Evolution blind fügen. Vielmehr lösen sie Evolution durch Ethik ab. Natürlich ist es der für Systeme konstitutive Mensch, der mit seinem Bewusstsein (psychisches System = Person) bestimmte Vorstellungen des Sozialen in soziale Systeme einbringt – durch Kommunikation. Hierzu gehören auch die regulativen Ideen von Moral, Normen und Werten (z.B. Menschenrechte, Solidarität) sowie die Übernahme von Verantwortung. Verantwortung und Verantwortungsethik wird in der Systemtheorie jedoch aus der Perspektive sozialer Systeme gedacht. Hier hat Verantwortung eine selbstreferenzielle Funktion. Die Übernahme von Verantwortung dient dem potenziellen Ausschluss von Risiken für das System. Luhmann spricht in diesem Zusammenhang von „Unsicherheitsabsorption" (Luhmann 1998:837) und der Notwendigkeit sozialer Systeme, sich selbst vor eintretenden Gefahren und Widersprüchen „alarmieren" zu können (Luhmann 1987:525–529). So sind z.B. Organisationen – aus ihrer Innenansicht betrachtet – „ein riesiges Netzwerk zur Kleinverteilung von Risiken und Verantwortungen" (Luhmann 1994:311). „Verantwortung" ist ein zentraler Bestandteil der Autopoiese sozialer Systeme. Die eingangs zitierte Kritik, dass Luhmanns Theorie sozialer Systeme den Einzelnen von der Verantwortung seines Handelns enthebe, ist nicht gerechtfertigt.

Entsprechend dieser hier nur kurz angerissenen Analyse des Subjektbegriffes bezeichnete Luhmann seine Untersuchungen als das Wagnis, den „Übergang zu einem radikal antihumanistischen … Gesellschaftsbegriff" (Luhmann 1998:35) einzugehen. Wichtig ist hierbei festzuhalten, dass sich dieses Plädoyer für den Übergang auf den Analyseansatz bezieht, nicht aber auf eine wünschbare Gesellschaftsform. Daher ist es nicht als Plädoyer für eine antihumane Gesellschaft misszuverstehen. Der oft erhobene Vorwurf, die luhmannsche Theorie sei antihuman, rührt daher, ist jedoch nicht haltbar.

Luhmann nahm stets verwundert jene systemtheoretischen Ansätze zur Kenntnis, die mit der Vorstellung vom ganzen Menschen arbeiten. Hierzu nennt er u.a. auch Mario Bunges Ansatz (ebd., Fußnote 14:24), auf den sich Silvia Staub-Bernasconi in ihrem Entwurf einer Handlungswissenschaft Sozialer Arbeit bezieht (Staub-Bernasconi 2007). Die von Bunge dargelegte Vorstellung von Ganzheitlichkeit ist Luhmann fremd. Soziale Systeme bestehen für ihn nicht aus Menschen oder Individuen, sondern ausschließlich aus Kommunikation und aus deren Zurechnung als Handlung. Das bedeutet: Menschen werden der Umwelt von sozialen Systemen zugerechnet. Damit ist nicht gesagt, dass der Mensch unwichtiger als das System ist. Im Gegenteil, er ist konstitutiv für jedes System. Aber: Die Teilsysteme moderner Gesellschaften integrieren die Menschen nicht als Ganzheit, sondern beobachten lediglich die für sie erforderlichen oder nicht erforderlichen Aspekte der Person als Kommunikationszusammenhang. Die Folgen sind Ein- oder Ausschluss (Inklusion/Exklusion). Menschen nehmen an sozialen Systemen teil, aber nicht als Ganzheit, sondern als Person mit bestimmten Kommunikationsmerkmalen. Eine Person wird sozusagen zu einer „sozialen Adresse“ (Luhmann 1993:251 f) oder besser gesagt: zu einer Vielzahl sozialer Adressen für soziale Systeme. Daher können Personen nicht die Systeme determinieren, es sei denn, sie würden das System beherrschen können. Das ist in funktional differenzierten Gesellschaften allerdings ausgeschlossen, wie wir noch sehen werden (Kap. 4.5.). Die Zerlegung der Person in eine Vielzahl sozialer Adressen bringt hingegen das Problem der „Exklusionsindividualität“ (Hillebrandt 1999) hervor (Kap. 4.1.4.).

Wenn Luhmann feststellt, dass der Mensch nur als Kommunikationszusammenhang vorstellbar ist, bedeutet dies also nicht, dass es den Menschen nicht gäbe oder dass dieser weniger wichtig sei. Die Frage ist, wie Menschen mit der Gesellschaft verbunden sind. Luhmann spricht in diesem Zusammenhang von →Penetration (Durchdringung) und →Interpenetration (wechselseitige Durchdringung) (Luhmann 1987:286, 290 f). Penetration meint z. B. den Versuch der Durchdringung eines Systems durch ein anderes System. Sie tritt dann ein, wenn ein System seine eigene Komplexität zum Aufbau eines anderen Systems zur Verfügung stellen will. So nimmt beispielsweise eine Person (psychisches System) eine Gefahr wahr, und sie entschließt sich, jemanden anderen davor zu warnen: Die Sozialarbeiterin weist den Klienten eindringlich darauf hin, dass sein Erziehungsverhalten zur Verschlechterung des Sozialverhaltens seines Kindes führen wird. Mit dem Begriff der ‚Interpenetration‘ wird eine wechselseitige Durchdringung der Systeme bezeichnet (z. B. zwei Bergsteiger, die sich gegenseitig vor auflauernden Gefahren warnen oder ein Erziehungsberater und Eltern, die sich gemeinsam Gedanken über die Wirkung bestimmter Erziehungsmethoden machen).

Durch die Inanspruchnahme von Bewusstsein eines anderen psychischen Systems ist Kommunikation entstanden. Die Interpenetration psychischer Systeme wirkt also auf die Struktur beim Aufbau eines sozialen Systems, hier der Interaktion der Bergsteiger oder der Familienberatung, zurück. Das heißt: Psychische Systeme übernehmen in Interaktionssystemen die Funktion von externen Sensoren für die Gesellschaft. Das ist nicht nur bei Bergsteigern oder Sozialarbeitern so, sondern betrifft alle gesellschaftlichen Bereiche und kann auf die Gesamtgesellschaft übertragen werden. Mittels Interpenetration differenzieren sich Gesellschaften im Laufe der Geschichte weiter aus. Das Thema wird uns bei der Frage, was soziale Systeme sind, erneut begegnen (Kap. 4.5.). Doch zunächst die Zusammenfassung zu den Begriffen: Mensch und Subjekt.

Mensch und Subjekt

- Der Mensch als integrierte Ganzheit kommt in der Kommunikation moderner Gesellschaften nicht mehr vor. Er kann nur als Person an gesellschaftlicher Kommunikation teilnehmen.
- Eine Person ist ein Träger von Kommunikationseigenschaften in sozialen Systemen und Voraussetzung für einen Kommunikationszusammenhang.
- Menschen werden der Umwelt von sozialen Systemen zugerechnet. Sie können an Systemen teilnehmen, aber nicht determinierend auf sie einwirken.

Begriffe wie ‚Mensch', ‚Subjekt', ‚Individuum' kommen bei Luhmann also nicht mehr vor. Er bietet hierfür einen Ersatzbegriff an: →Person. Bei der Person handelt es sich um das psychische System und letztlich um eine Art ‚Einrichtung' des sozialen Systems. Soziale Systeme brauchen diese ‚Einrichtungen' für die Ordnung von Verhaltensmöglichkeiten. Nur so wird Kommunikation möglich. Dennoch läuft sie nicht reibungslos ab. Kommunikation ist nicht immer eindeutig und in der Regel überraschend, unsicher, unverhofft. Jeder Mensch kennt aus seinem Alltag, dass er sein Verhalten auf das des anderen einstellen muss, um einigermaßen erfolgreich kommunizieren zu können, und er weiß, dass umgekehrt das Gleiche gilt. Ob und wie erfolgreich das gelingt, zeigt sich erst, wenn Kommunikation zustande kommt. Es gibt eben jeweils viele Möglichkeiten der Kommunikation, ihres Verlaufes und ihres Ausganges.

Nun haben wir sehr viel darüber gehört, wie der Mensch in modernen Gesellschaften von Luhmann gesehen wird. Infolge der stets zunehmenden Aufgaben gesellschaftlicher Komplexitätsbewältigung ist der Mensch zur Person geworden. Damit sie überhaupt gesellschaftlich agieren kann, bleibt ihr nur die Kommunikation. Damit Kommunikation gelingen kann, muss mit ihrer Unvorhersehbarkeit und ihrer relativen Erwartungsunsicherheit umgegangen werden. Luhmann hat hierzu eine eigene Theorie entwickelt. Bevor wir uns mit seiner Kommunikationstheorie befassen, klären wir aber einen Begriff, der hier schon sehr häufig gefallen ist, ohne dass wir ihn bislang näher präzisiert haben: →Komplexität.

4.3. Komplexität

Der Begriff ‚Komplexität' ist uns alltagssprachlich bekannt. Allgemein verstehen wir darunter „Vielschichtigkeit" oder die Gesamtheit aller Merkmale eines Zustandes oder Gegenstandes. In der Systemtheorie hat der Begriff jedoch eine besondere Bedeutung. Bevor wir uns dem Begriff ‚Komplexität' aus der Sicht der Systemtheorie nähern, schauen wir uns an, wie der Mensch mithilfe seines Gehirnes mit Komplexität umgeht. Dazu unternehmen wir ein kleines Experiment.

Wir betrachten einen unlesbar erscheinenden Text und versuchen dennoch, ihn einfach abzulesen (Abb. 3). Auf den ersten Blick denken wir: ‚Welch ein Buchstabenchaos, das kann ich nicht entziffern!' Doch weit gefehlt. Wir entspannen uns, versuchen nicht, die durcheinander gebrachten Buchstabenfolgen zu entziffern, sondern schauen auf die ganzen Wörter. Wir fangen nun einfach an, laut zu lesen, und siehe da: Der Text lässt sich ohne Probleme flüssig und schnell lesen.

Ein Leseexperiment

Gmäeß eneir Sutide eneir elgnihcesn Uvinisterät ist es nchit witihcg in wlecehr Rneflogheie die Bestachuebn in eneim Wrot snid, das ezniige was wcthiig ist, ist, dsas der estre und der leztte Bstabchue an der ritihgcegn Pstoiion snid. Der Rset knan ein ttoaelr Bsinöldn sein, tedztorm knan man ihn onhe Pmoblre Iseen. Das ist so, weil wir nicht jeedn Bstachuebn enzelin leesn, snderon das Wrot als Gseatems. Ehct ksras! Das ghet wcikilrh! Was Irnet der Popolihsh druaas?

Abb. 3: Leseexperiment

Woran liegt es, dass wir mit der Komplexität eines Sachverhaltes, hier in Form eines Textes, so problemlos fertig werden können? Eine mögliche Antwort: Unser Bewusstsein ist infolge einer irritierten Wahrnehmung seiner Erwartung nachgegangen, dass sich hinter der komplexen Leseaufgabe eine Regel verbergen muss, wenn behauptet wird, dass man den Buchstabensalat problemlos und fließend lesen kann. Wenn wir nun aus verschiedenen denkbaren Regeln die passende Regel auswählen, müssen wir damit rechnen können, dass wir die Leseaufgabe lösen werden. Es ist also eine Frage der Selektion; in diesem Fall der Selektion aus denkbaren Regeln. Bei genauerem Hinschauen entdecken wir in dem Text eine einfache Regel. Sie lautet: „Wenn ich die Buchstaben von Wörtern so durcheinander würfeln will, dass ich sie anschließend noch problemlos lesen kann, muss mindestens jeder Anfangs- und Endbuchstabe eines Wortes an seiner Stelle verbleiben". Diese Regel reduziert die Komplexität. Das bedeutet aber auch, dass wir zur Reduktion von Komplexität erst einmal die Komplexität erhöhen mussten, um erfolgreich reduzieren zu können. Es scheint paradox: „Nur Komplexität kann Komplexität reduzieren" (Luhmann 1987:49). Vielleicht stellt dieses Lesexperiment auch die Eigenkomplexität des Gehirns unter Beweis. Unser Gehirn kennt die Lösung möglicherweise schon, bevor sie unser Bewusstsein erreicht. Das zu ergründen ist allerdings ein Thema der Neurowissenschaften und Hirnforschung (Singer 2008).

Wir können das Thema der Komplexitätsreduktion problemlos auf die Soziale Arbeit übertragen. Wenn wir z.B. einen Teamkonflikt bearbeiten wollen, stehen wir vor einem komplexen Problem. Durch die Hinzunahme von externer Beratung und Reflexionshilfe (Supervision) wird diese Komplexität zunächst einmal erhöht. Gleichzeitig wird dadurch erst die Möglichkeit geschaffen, mit der Komplexität des Teamkonfliktes fertig zu werden, sie also zu reduzieren. Dennoch verhält sich der Sachverhalt hier anders als im Beispiel mit dem Leseexperiment. Bei dem Experiment war die Komplexität des zu lösenden Problems an eine einfache Regel gebunden und daher für uns überschaubar. In modernen Gesellschaften ist hingegen die Gesamtkomplexität nicht mehr überschaubar. Das gilt auch für die Soziale Arbeit, wie wir noch sehen werden. Was bedeutet nun Komplexität aus systemtheoretischer Sicht?

Mit Komplexität wird in der Systemtheorie die Gesamtheit der Möglichkeiten des Erlebens und Handelns bezeichnet. Die Geschichte der gesellschaftlichen Differenzierung hat uns gezeigt, dass Komplexität stets zunimmt und dass die Menschen gezwungen sind, mit Komplexitätssteigerungen umzugehen. Aber warum geht es immer nur um Reduktion von Komplexität? Wäre es nicht viel besser, die gesamte Komplexität zu beherrschen, so, wie in dem Leseexperiment? Dann müsste man doch auf nichts verzichten. Dies ist aber dem Menschen nicht gegeben, da Letztbeobachtung, wie wir schon feststellen konnten, nicht möglich ist (Kap. 3.3.). „Komplexität bedeutet also Selektionszwang" (Luhmann 1987:291). Man könnte auch sagen, dass wir erst dann von Komplexität sprechen können, wenn die Elemente eines Sachverhaltes nur noch selektiv zueinander in Beziehung treten können (Luhmann 1986:267). Wir fassen die Merkmale von ‚Komplexität' zusammen:

Komplexität

- Komplexität ist die Gesamtheit der Möglichkeiten des Erlebens und Handelns in Gesellschaft.
- Nur Komplexität kann Komplexität reduzieren.
- Komplexitätsbearbeitung erfordert Selektion, da die Gesamtkomplexität nicht überschaubar ist.

Die Frage ist nun, womit Komplexitätsbewältigung durch Selektion in modernen Gesellschaften vollzogen wird. Die Antwort klingt banal: durch Kommunikation. Die gesamte gesellschaftliche Entwicklung (Kap. 4.1.) kann man letztlich als „Steigerung von Kommunikationsleistungen" (Luhmann 1981: 20)[49] begreifen.

4.4. Kommunikation

Da Komplexität mittels Kommunikation bewältigt werden muss, scheint Kommunikation selber auf Selektionen angewiesen zu sein. Selektion ist ja, wie gezeigt wurde, das einzige Mittel, um der Komplexität einigermaßen Herr zu werden. Wenn Kommunikation nun selbst ein selektiver Vorgang ist, ist mit ihr eine hohe Erwartungsunsicherheit verbunden, denn: Kommunikation differenziert sich mit aufeinander bezogenen Selektionen aus und realisiert jeweils nur eine von unzähligen Möglichkeiten. Was kann man dann in der Kommunikation noch an Sicherheit erwarten? Luhmann hat mit seiner Systemtheorie auch eine Kommunikationstheorie entwickelt, die uns hierüber Auskunft gibt. Bevor wir darauf kommen, unternehmen wir einen kleinen Ausflug in die Welt der Satire und Karikatur.

4.4.1. Kommunikationsmodell

Der Karikaturist Vicco von Bülow (1923–2011) alias „Loriot" ist in Deutschland zu einer Institution geworden. Sein Werk und Grundanliegen beschrieb er einmal sinngemäß so: „Es ging mir immer um den Wunsch und die Unfähigkeit der Menschen zu kommunizieren." Ein kleiner, nacherzählter Ausschnitt aus einem seiner bekannteren Sketche mit dem Titel: „Herren im Bad – Die Ente", vermittelt uns einen kleinen Eindruck darüber, was Loriot mit der Unfähigkeit der Menschen, zu kommunizieren, meint:

49 „Steigerung" versteht Luhmann nicht im Wortsinn von ‚besser', sondern im Wortsinn von ‚komplexer'.

Müller-Lüdenscheid: „Ich sitze gern mal ohne Wasser in der Wanne."
Dr. Klöbner: „Ach."
Müller-Lüdenscheid: „Was heißt ‚Ach'?"
Dr. Klöbner: „Ach. Sie sagten, dass Sie gerne ohne Wasser in der Wanne sitzen und ich meinte ‚ach'."
Müller-Lüdenscheid: „Aha."
Dr. Klöbner: „Ich hätte auch ‚Aha' sagen können, aber ich wollte meiner Verwunderung darüber Ausdruck geben, dass Sie es vorziehen, ohne Wasser in der Wanne zu sitzen."
Müller-Lüdenscheid: „Herr Doktor Klöbner, ich leite eines der bedeutendsten Unternehmen der Schwerindustrie und bin Ihnen in meiner Badewanne keine Rechenschaft schuldig."

Luhmann spricht von der „Unwahrscheinlichkeit von Kommunikation" (Luhmann 2005:29). Und obwohl moderne Gesellschaften auf Kommunikation angewiesen sind, ist kommunikativer Erfolg ziemlich unwahrscheinlich. Um das zu verstehen, müssen wir uns mit der Kommunikationstheorie von Luhmann beschäftigen.

Kommunikation findet auf verschiedene Weise statt. So können wir z. B. zwischen oraler und körperlicher Sprache, Zeitungen, Büchern, Fernsehen, Radio und Internet unterscheiden. Wenn wir uns überlegen, wie Kommunikation abläuft, dann denken wir dabei vielleicht an ein übliches zweiteiliges Modell: Sender und Empfänger. Jemand teilt etwas mit und geht dabei davon aus, dass der Empfänger seine Mitteilung verstehen und sich daran ausrichten wird. Dass dieses traditionelle, lineare Modell aus der Nachrichtentechnik nicht funktioniert, wissen wir schon seit den 1970er Jahren. Der Kommunikationswissenschaftler und Psychotherapeut Paul Watzlawick (Kap. 3.2.) hat ein komplexeres Modell der Kommunikation entworfen. Er entwickelte eine Kommunikationstheorie in starker Anlehnung an den Anthropologen und Kybernetiker Gregory Bateson.

Watzlawick stellte fest, dass Kommunikation einen Inhaltsaspekt und einen Beziehungsaspekt hat: Jede Kommunikation informiert nicht nur über einen sachlichen, inhaltlichen Aspekt; gleichzeitig wird transportiert, wie jemand über den anderen denkt, fühlt, empfindet usw. Sind Probleme auf der inhaltlichen Ebene in der Kommunikation nicht mehr lösbar, ist das in der Regel ein Anzeichen dafür, dass die Probleme gar nicht auf der sichtbaren Inhaltsebene sondern auf der weniger gut sichtbaren oder gar verborgenen Beziehungsebene liegen (Eisbergphänomen, Abb. 4). Werden in dem Fall die Probleme weiter auf der Inhaltsebene bearbeitet, kommt es zu einem Konflikt, da das Problem auf der Beziehungsebene liegt, dort aber nicht bearbeitet wird.

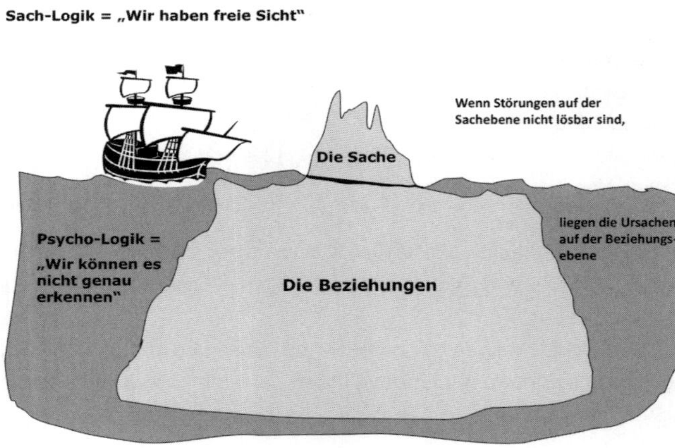

Abb. 4: Das Eisbergphänomen

Die Beziehungsebenen zwischen den Kommunikationspartnern sind nicht immer gleich. Sie werden entweder als symmetrisch (partnerschaftlich) oder komplementär (sich ergänzend) erlebt. Darüber hinaus hat Watzlawick auf weitere Grundeigenschaften von Kommunikation hingewiesen. Er lenkt die Frage nach dem „Was-wird-kommuniziert?" auf die Frage nach dem „Wie-wird-kommuniziert?"[50] Auch weist er darauf hin, dass Nichtkommunikation grundsätzlich unmöglich ist. Selbst Schweigen ist Kommunikation und wird als solche wahrgenommen.

Vier Seiten der Nachricht „Draußen ist es kalt!"

Die Ebenen	Die vier Botschaften
• Sachinhalt	• „Die Temperatur ist niedrig!"
• Appell	• „Zieh eine Jacke an!"
• Selbstoffenbarung	• „Ich bin um deine Gesundheit besorgt!"
• Beziehung	• „Allein wirst du die richtige Entscheidung nich treffen können!"

Abb. 5: Vier-Ohren-Prinzip nach Schulz von Thun (1994)

50 Zum Beispiel analoge oder digitale Formen der Kommunikation oder die unterschiedliche Interpunktion der Ereignisfolgen in der Kommunikation. Vgl. hierzu die sogenannten „pragmatischen Axiome" (Watzlawick u. a. 1996, c1969:50–71).

Watzlawicks Kommunikationsmodell ist besonders im psychotherapeutischen Kontext aufgenommen worden und wurde von Friedemann Schulz von Thun für die Gesprächsführung und Beratungsarbeit weiter ausdifferenziert (Vier-Ohren-Prinzip). Jede Nachricht wird demnach auf vier Ebenen mit einer jeweils eigenen Botschaft gehört (Abb. 5).

Das Modell von Watzlawick und die Weiterentwicklung durch von Thun differenziert verschiedene Eigenschaften von Kommunikation. Diese Differenzierungen orientieren sich an der Frage der Auswirkungen von Kommunikationswidersprüchen auf psychische Systeme und auf Gestaltungsmöglichkeiten von Kommunikation in psychotherapeutischen Kontexten. Der Erfolg von Kommunikation hängt stark von der Frage ab, wie geschickt oder weniger geschickt der ‚Sender' seine Kommunikation aufbaut bzw. es dem Therapeuten gelingt, die Kommunikationswidersprüche aufzudecken. Das „Wie" der Kommunikation bestimmt letztlich das „Was" der Kommunikation. Auf der Handlungsebene wird nahegelegt, dass der Erfolg der Kommunikation durch die Wie-Frage vom Sender gestaltet und dominiert werden könnte, auf diese Weise die Wie-Frage wieder zur Was-Frage wird. Somit ist das Modell noch von einer gewissen Sender-Dominanz geleitet. Dennoch bleiben einige Fragen offen: Mit diesem Modell ist nicht erklärt, wie Kommunikation überhaupt zustande kommt. Weiterhin bleibt unklar, welche Bedeutung dem sogenannten Empfänger zukommt. Zudem ist die Frage offen, ob Systeme für ihre Selbsterhaltung eher auf destabilisierende als auf stabilisierende Kommunikation angewiesen sind (Luhmann 1987:501). Hierüber erfahren wir mehr, wenn wir uns Luhmanns Kommunikationsmodell zuwenden. Luhmann führt zwei gewichtige Sachverhalte ein: → Selektion und →Kontingenz. Damit wird deutlich, dass Kommunikation nicht eine Frage von Empfänger- oder Senderdominanz ist. Wollte man die Frage nach der Dominanz dennoch stellen, müsste man sie mit „Sowohl als auch" beantworten, wobei derjenige, an den sich eine Mitteilung richtet, darüber entscheidet, ob Kommunikation überhaupt stattfindet, denn: Kommunikation ist nach Luhmann ein Zusammenspiel von Auswahl der Kommunikationsinhalte (Selektion) und der damit gegebenen Erwartungsunsicherheit (Kontingenz) auf beiden Seiten (doppelte Kontingenz). Wie ist das zu verstehen?

Zunächst einmal unterscheidet Luhmann drei Kommunikationsmedien (→Medien):

1. Sprache (gesprochene Sprache, Schrift- und Körpersprache),
2. Verbreitungsmedien (Schrift- und Druckmedien wie z. B. Bücher, Zeitschriften und elektronische Medien wie z. B. die Massenmedien Internet, Fernsehen, Radio, Funk) und
3. symbolisch generalisierte Kommunikationsmedien.

Zu den symbolisch generalisierten Kommunikationsmedien kommen wir gleich. Wir bleiben hier zunächst bei der Sprache und den Verbreitungsmedien. Bei diesen Kommunikationsmedien spielt Selektion eine besondere Rolle. Luhmann hat mit seiner Analyse der Ausdifferenzierung von Gesellschaft gezeigt, dass Komplexität im Laufe der gesellschaftlichen Entwicklung stets zugenommen hat und weiter zunimmt (Kap. 4.1.). Die Gesamtkomplexität lässt sich nicht mehr wie in archaischen Gesellschaften problemlos im Sinne von Überschaubarkeit und Vollständigkeit kommunizieren. Vielmehr sind wir gezwungen, zu selektieren, was wir kommunizieren wollen. Dies lässt sich am Beispiel der Verbreitungsmedien verdeutlichen.

Wenn wir z.B. eine Nachrichtensendung oder eine Zeitungsausgabe zusammenstellen wollen, wird dort nicht alles Platz finden (Berghaus 2003:78ff). Die Redakteure werden selektieren müssen. Dabei sind selbst die Informationen, die ihnen für die Zusammenstellung der Nachrichtensendung aus den vielfältigen Angeboten der Presseagenturen zur Verfügung stehen, schon selektierte →Informationen. Selektierte Information ist so gesehen der erste Schritt von Kommunikation. In der Redaktionsarbeit wird als zweiter Schritt festzulegen sein, was gesendet, was gedruckt wird. Wie wir schon feststellten, kann dies nur selektiv geschehen, denn die Sendezeit bzw. der Druckumfang ist aus naheliegenden Gründen begrenzt. Somit ist der zweite Schritt, die Mitteilung, ebenfalls ein selektiver Vorgang. Was passiert als Nächstes?

Die Sendung wird gesehen, die Zeitung wird gelesen. Damit sind wir beim Empfänger. Ist der Leser wirklich nur Empfänger? Jeder kann aus eigener Anschauung bestätigen, dass das, was er aus den Nachrichten versteht, höchst selektiv ist: nicht alle interessieren sich für dasselbe. Jeder setzt unterschiedliche Schwerpunkte und Interessen. Und selbst dann, wenn sich mehrere für ein und dasselbe interessieren, verstehen nicht alle dasselbe. Der Empfänger ist so gesehen kein Empfänger. Durch seine enorme Selektion bei der Aufnahme von Mitteilungen und beim Verstehen derselben gestaltet er die Nachricht in einem Maße um, dass man nicht mehr von demselben Inhalt sprechen kann, der er vor Versendung der Information war. Hinzu kommt, dass der sogenannte Empfänger auch bemerkt, dass Selektion stattgefunden hat. Diesen dritten Schritt von →Kommunikation kann man daher auch als Verstehen bezeichnen. Erst dieser Schritt versetzt in die Lage, zu kommunizieren und auch zu verstehen, dass Kommunikation stattfindet. Die eigenen Selektionen (Ego) werden mit den Selektionen des Anderen (Alter) in Beziehung gesetzt. Das heißt, die Mitteilung über die Annahme oder auch Nichtannahme des Verstehens wird jetzt erst möglich. Hier wird also Ego zu Alter. Das können wir auch mit dem Begriff ‚Anschlusskommunikation' oder mit →Rekursivität bezeichnen. Rekursivität bezeichnet die Ermöglichung von anschlussfähigen Operationen im System. Die Ergebnisse vorhergehender Operationen werden zur Grundlage sich anschließender Operationen, d.h. die Annahme oder Ablehnung des Sinnangebotes einer Mitteilung ist schon Teil der Anschlusskommunikation, wenn man so will der vierte Schritt von Kommunikation (oder erster Schritt der rücklaufenden Kommunikation). Der gleiche Vorgang lässt sich beim Kommunikationsmedium ‚Sprache' aufzeigen.

Ein Beispiel

Information: 1. Selektion
Ein Sozialarbeiter arbeitet in der Suchtberatung. Er möchte einem Klienten, mit dem er bald ein Beratungsgespräch führen will, Informationen zu diesem Thema geben. Der Sozialarbeiter hat unterschiedliche Deutungen für die Erklärung von Suchtproblemen. Ihm ist bewusst, dass diese Deutungen keinen kompletten Katalog von Deutungen darstellen. Das ihm zur Verfügung stehende Wissen ist selber schon ein selektiver Ausschnitt aus dem Gesamtwissen zu diesem Thema (= 1. Selektion).

Mitteilung: 2. Selektion
Der Sozialarbeiter überlegt, welche Annahmen ihm am plausibelsten erscheinen, um daraus eine Mitteilung an den Klienten zu machen. Er entscheidet sich für ein oder zwei Hypothesen und teilt diese dem Klienten mit (= 2. Selektion).

Verstehen: 3. Selektion
Der Klient versteht, dass ihm der Sozialarbeiter etwas über das Suchtproblem erklärt. Der Klient weiß zudem, dass es auch noch andere Deutungen (z. B. seine eigenen, die seiner Frau und die in Gesellschaft) dazu gibt. Darüber hinaus versteht der Klient, dass die Deutungen des Sozialarbeiters eine Auswahl von vielen anderen möglichen Deutungen sind. Der Klient merkt, dass Kommunikation stattfindet, denn er muss nun seinerseits entscheiden, ob die Auswahl der Deutungen des Sozialarbeiters mit seinen Deutungen übereinstimmt oder nicht, ihm selber plausibel erscheint oder nicht, ihn vielleicht irritieren, verunsichern und veranlassen, den Sinn seiner eigenen Deutungen in Zweifel zu ziehen. Der Klient wählt also seinerseits aus, was für den weiteren Kommunikationserfolg anschlussfähig ist und was nicht. Sein Verstehen ist damit auch ein selektiver Vorgang (= 3. Selektion). Dieser dritte Selektionsschritt macht Anschlusskommunikation erst möglich.

Kurz: Kommunikation ist ein dreistufiger selektiver Prozess zwischen Alter und Ego: Information (1), Mitteilung (2) und Verstehen (3). Erst die Annahme des Verstehens entscheidet darüber, ob Kommunikation stattgefunden hat und Anschlusskommunikation möglich ist. Kommunikation liegt dann vor, wenn der Empfänger die Mitteilung eines Senders als Mitteilungsabsicht auffasst. Dabei geht es nicht zwingend um das richtige Verstehen (im Sinne des Senders). Selbst wenn der Sender keine Mitteilungsabsicht verfolgt, kann sein Verhalten vom Empfänger als Mitteilung aufgefasst, interpretiert werden; auch dann liegt Kommunikation vor. Kommunikation entsteht letztlich beim Empfänger, nicht beim Sender. Kommunikation ist also keine reine Informationsübertragung. Kommunikation ist sozusagen die Zuweisung durch den Empfänger, ob es sich um Kommunikation handelt.

Aus der Perspektive einer Person (Empfänger = Ego) werden Information und Mitteilung als Handeln erlebt und dem System (Sender, z.B. Radio oder eine andere Person = Alter) zugerechnet. Das Verstehen von Ego (dem Empfänger) ist für dieses System zunächst Umwelt, so wie das System für das Verstehen Umwelt ist. Erst in der Anschlusskommunikation – der Mitteilung der Verstehensannahme – entsteht das System. Hier wird Ego zu Alter. Von ehemals Alter wird das Verstehen einer Information, aus der eine Mitteilung wurde, als Handeln erlebt. Auch in diesem Prozess wird beobachtet, dass bei Information und Mitteilung bereits selektiert wurde. Hieraus folgt das wiederum selektive Verstehen.

Die Begriffe ‚Sender' und ‚Empfänger' sind also eigentlich nicht mehr besonders tauglich, um das auszudrücken, was in der Kommunikation vor sich geht. Die Aufteilung in aktiv (Sender) und passiv (Empfänger) wird den selbstreferenziellen und selbstorganisierenden Aspekten beider Seiten nicht gerecht. Beide Seiten konstruieren über ihre eigenen Selektionen soziale Wirklichkeit. Und ein weiteres fällt auf: Während im Verständnis des alten zweiteiligen Sender-Empfänger-Modells der Sender entscheidet, ob Kommunikation stattfindet, wird im dreistufigen Modell Luhmanns deutlich, dass nicht der Sender, sondern der Empfänger hierüber entscheidet. Erst wenn er bemerkt, dass die Mitteilung selektiv ist (er hätte mir ja auch etwas anderes mitteilen können), findet Kommunikation statt.

Nun kann man einwenden, dass Personen doch nicht nur kommunizieren, sondern auch handeln und erleben. Gegenargument: Handeln wird der Kommunikation zugerechnet, oder anders gesagt: Handeln ist Kommunikation. Aus der Perspektive des Beobachtenden wird Handlung als Kommunikation beobachtet. Handeln und Erleben von Handeln werden in sozialen Systemen als →Mitteilung realisiert (Kap. 2.3.). Kommunikation findet aus der Perspektive von Handlung und Erleben statt und ist – wie Luhmann aufzeigen konnte – ein höchst selektives Geschehen. Kommunikation bedeutet demnach immer den Umgang mit einer hohen Erwartungsunsicherheit. Diese Erwartungsunsicherheit wird mit dem Begriff →Kontingenz bezeichnet.

4.4.2. Kontingenz

Der Begriff bezeichnet die Erfahrung, dass nichts in seinem So-Sein treffsicher zu erwarten ist und auch anders möglich sein könnte. Erkenntnis von Realität erscheint somit als Wahlakt des Beobachters. Die beidseitige Unberechenbarkeit der je anderen Seite wird als ‚doppelte Kontingenz' bezeichnet. Doppelte Kontingenz zwingt zur Kommunikation und damit zum Aufbau sozialer Systeme.

Ein Fall aus der sozialarbeiterischen Praxis: Stellen wir uns die Begegnung zweier Personen vor, z. B. zwischen einem Jugendlichen und einem Sozialarbeiter in einem Beratungsgespräch in der Straffälligenhilfe.

Der Jugendliche hat ein bestimmtes Problem, das er mit dem Sozialarbeiter besprechen muss, weil ein Jugendrichter ihm dies zur Abwendung einer Jugendstrafe auferlegt hat. Lust auf ein Gespräch mit dem Sozialarbeiter hat der Jugendliche gar nicht. Er glaubt, dass das wenig Sinn mache und ihm wohl nicht weiterhelfen könne. Er kommt schließlich in das Büro des Sozialarbeiters, und beide schauen sich an. Die gegenseitigen Beobachtungen setzen in beiden Köpfen vielfältige Gedanken in Gang:

Sozialarbeiter: *Was ist das für ein Typ? Was will der von mir? Kommt der freiwillig oder wurde er geschickt? usw.*

Jugendlicher: *Kann der mir helfen? Wird er mich nerven? usw.*

Obwohl noch nichts gesagt wurde, befinden sich beide bereits in einer Situation leicht erhöhter Komplexität.

Der Sozialarbeiter begrüßt den Jugendlichen, bittet ihn, Platz zu nehmen und zu erzählen, weshalb er gekommen sei. Der Jugendliche setzt sich und fragt sich, was er jetzt wohl sagen könnte. Der Sozialarbeiter ist gespannt und fragt sich, was der Jugendliche jetzt wohl sagen wird. Die Komplexität der Lage nimmt schon zu. Der Jugendliche entschließt sich, zu berichten, dass er vom Jugendrichter geschickt worden sei. Dass er aber überhaupt nicht vom Sinn dieser richterlichen Auflage überzeugt ist, verschweigt er, da er fürchtet, es bringe ihm Nachteile, wenn er seine Sicht der Dinge darlegt. Nun ist bereits eine erste Selektion eingetreten, und der Jugendliche ist gespannt, wie der Sozialarbeiter hierauf wohl reagieren wird. Woher soll er auch wissen, wie der Sozialarbeiter reagieren wird? Für den Jugendlichen entsteht eine Situation von Kontingenz, d. h. er weiß, dass die Reaktion des Sozialarbeiters unterschiedlich sein kann:

Jugendlicher: *Merkt er, was ich wirklich denke oder merkt er es nicht, und wenn er es merkt, wie wird er dann reagieren, und wenn er es nicht merkt, wie geht es dann weiter?*

Der Sozialarbeiter überlegt, ob der Jugendliche wegen der richterlichen Auflage vielleicht gar nicht so vom Sinn der Sache überzeugt ist (erste Variante) oder ob er vielmehr froh darüber ist, dass er keine Strafe absitzen muss und stattdessen mit einem Sozialarbeiter reden kann (zweite Variante). Er entscheidet sich für die zweite Variante und sagt:

Sozialarbeiter: *„Dann bist du sicher froh, dass du jetzt hier bist."*

Nun entsteht auch für den Sozialarbeiter eine kontingente Situation: Er kann seinerseits nicht wissen, ob der Jugendliche ihm seine Rückmeldung abnimmt oder ob er sich „auf den Arm genommen fühlt", falls die erste Variante zutrifft.
Der Jugendliche antwortet mit Schweigen.

Nun ist dem Sozialarbeiter aus der Kommunikationstheorie bekannt, dass auch Nicht-Kommunikation Kommunikation bedeutet: Man kann nicht nicht kommunizieren. Voraussetzung ist dabei nur, zu unterscheiden, ob der Adressat der Kommunikation die Nicht-Kommunikation absichtsvoll einsetzt (Selektion) oder ob sie Folge von nicht-wahrnehmen-können ist. Da dies auszuschließen ist, weiß der Sozialarbeiter, dass es sich bei diesem Schweigen um eine Selektion handelt. Dies spricht für die zunächst verworfene erste Variante, nämlich dass der Jugendliche vom Sinn der richterlichen Auflage noch nicht so recht überzeugt ist. Mit dem Schweigen wird dem Sozialarbeiter auch klar, dass es nun um vertrauensbildende und vor allem für das Interaktionssystem sinnstiftende Maßnahmen gehen muss.

Diese und jede andere Geschichte von Interaktion geht nach diesem „Strickmuster" weiter. Man kann sich leicht vorstellen, dass Kontingenz nicht wegzudenken ist und Komplexität mittels kluger Selektionen abgebaut werden muss, damit Kommunikation gelingt. Deutlich wird, dass Kontingenz, besser gesagt: eine doppelte Kontingenz – denn beide Kommunikationspartner sind in derselben Lage – der Anlass dafür ist, in Kommunikation zu treten und Verständigung zu ermöglichen. Zudem wird nachvollziehbar, dass diese doppelte Kontingenz den Aufbau einer Interaktion vorantreibt und eine Form erreicht, die schon alle Merkmale eines sozialen Systems aufweist. Sicher ist es ein flüchtiges System, da es nur so lange existiert, wie der Jugendliche und der Sozialarbeiter interagieren bzw. diese Interaktion Sinn macht. Und hier sind wir bei einem weiterem Schlüsselbegriff der Systemtheorie angelangt: Sinn. Wir werden später darauf etwas genauer eingehen (Kap. 4.1.1. und 4.5.1.).

Mit Kontingenz ist also der Umstand gemeint, dass beide Interaktionspartner ihr Verhalten vom Verhalten des je anderen abhängig machen und zugleich voneinander wissen, dass sie sich auch jeweils ganz anders verhalten könnten. Der daraus resultierende Überschuss an Möglichkeiten (Kontingenz) wird vom System durch die Herausbildung von Erwartungen reduziert, für die die Person zur Adresse wird. Man bezieht sich (kann sich) in Interaktion also nie auf die ganze Person (beziehen). Kontingenz zielt auf die Erfahrung, dass wir Dinge, Gegebenheiten, soziale Tatsachen, die wir in ihrem So-Sein treffsicher zu bezeichnen meinen, auch anders bezeichnen könnten.

Realität ist immer nur die Realität eines Beobachters. Der Erkenntnisgewinnung wird nicht mehr eine objektiv erklärbare Realität zugrunde gelegt. Vielmehr ist sie ein Vorgang unterscheidungsabhängigen Beobachtens (Selbstreferenz). Erkenntnis von Realität erscheint somit als Wahlakt des Beobachters, der sich die Frage gefallen lassen muss: „Warum unterscheidest du so und nicht anders?“ Die beidseitige Unberechenbarkeit der je anderen Seite wird als doppelte Kontingenz bezeichnet. Kontingenz bedeutet einerseits eine Abnahme von Erwartungssicherheit, andererseits aber auch zunächst eine Zunahme von Handlungsoptionen.

Erst die Einschränkung von Freiheitsgraden und Einschränkungen des Verhaltensrepertoires der Teilnehmer an Kommunikation machen Kommunikation wahrscheinlich. Infolge doppelter Kontingenz wird eine Wirklichkeit konstruiert, die sich für die Dauer ihres Operierens von der übrigen Umwelt abgrenzt und damit zu einem System wird. Die Personen sind hier die Träger und Gestalter der Kommunikation, mit deren Hilfe soziale Interaktion geregelt wird.

Kommunikation ist also ein relativ schwieriges Unterfangen: Eine hohe Komplexität muss reduziert werden. Wir haben festgestellt, dass dies über die selektiven Prozesse von Information, Mitteilung und Verstehen geschieht. Gegenseitig erlebt Kontingenz spielt hierbei eine erschwerende, verunsichernde Rolle. Da der Abbau von Kontingenz wiederum nur über Kommunikation (und nicht über Suggestion, Zauberei usw.) möglich ist, bedient sie sich bestimmter Medien, die den Erfolg der Kommunikationsabsicht wahrscheinlicher machen.

4.4.3. Symbolisch generalisierte Kommunikationsmedien

Luhmann verweist in diesem Zusammenhang auf eine besondere Form von Kommunikationsmedien, die sich erst mit der Entwicklung moderner Gesellschaften herausgebildet haben: →symbolisch generalisierte Kommunikationsmedien. Damit meint Luhmann eine sinnbildliche, verallgemeinerte Kommunikation, die wie ein Mittel eingesetzt wird, um Kommunikationserfolg wahrscheinlicher zu machen. Seine Definition hierzu: „Allgemein handelt es sich bei symbolisch generalisierten Kommunikationsmedien um semantische Einrichtungen, die es ermöglichen, an sich unwahrscheinlichen Kommunikationen trotzdem Erfolg zu verschaffen. Erfolg verschaffen heißt dabei: die Annahmebereitschaft für Kommunikationen so zu erhöhen, dass die Kommunikation gewagt werden kann und nicht von vornherein als hoffnungslos unterlassen wird" (Luhmann 1994:21).[51]

Es geht also um die Annahmewahrscheinlichkeiten von Kommunikationen. Wir vergegenwärtigen uns, dass Erleben und Handeln unterschiedlich aufeinander bezogen sein kann. Je nach Zurechnungspraxis ergeben sich unterschiedliche Annahmewahrscheinlichkeiten von Sinnangeboten. Luhmann hat dies mit den symbolisch generalisierten Kommunikationsmedien Wahrheit, Liebe, Geld und Macht verdeutlicht. Dabei entsteht eine Vierfeldertafel (Tab. 2).

Symbolisch generalisierte Kommunikationsmedien		
Ego / Alter	Eigenes *Erleben*	Eigenes *Handeln*
Erleben Anderer	**Medium: Wahrheit, Werte (Wissenschaft, Religion)** Das Erleben des Anderen wird zur Voraussetzung des eigenen Erlebens.	**Medium: Liebe (Intimbeziehung, Familie)** Das Erleben des Anderen wird zur Voraussetzung des eigenen Handelns.
Handeln Anderer	**Medium: Geld/Eigentum (Wirtschaft)** Das Handeln des Anderen wird zur Voraussetzung des eigenen Erlebens.	**Medium: Macht, Recht (Politik, Recht)** Das Handeln des Anderen wird zur Voraussetzung des eigenen Handelns.

Tab. 2: Symbolisch generalisierte Kommunikationsmedien (Luhmann 1998:336, Baraldi u. a. 1997:193)

Es ergeben sich vier mögliche Konstellationen des Erlebens und Handelns:

- **Alter erlebt und Ego erlebt entsprechend:**
  Alters Erleben löst Egos Erleben aus.
- **Alter erlebt und Ego handelt entsprechend:**
  Alters Erleben löst Egos Handeln aus.
- **Alter handelt und Ego erlebt entsprechend:**
  Alters Handeln löst Egos Erleben aus.
- **Alter handelt und Ego handelt entsprechend:**
  Alters Handeln löst Egos Handeln aus.

51 Ausführlicher siehe Luhmann (1998:316–395).

Die Funktion von Wahrheit, Werte, Liebe, Geld, Macht und Recht als symbolisch generalisierte Kommunikation ist damit in den Grundzügen geklärt.[52] Nun müssen wir noch die psychische und organische Komponente dieser Kommunikationsmedien in den Blick nehmen. Symbolisch generalisierte Kommunikation ist mit Körperkomponenten des organischen Systems gekoppelt. Daher spricht Luhmann von symbiotischen Mechanismen (Luhmann 2005, c1981:262–280) bzw. später von symbiotischen Symbolen. (Luhmann 1998:378–382). Er geht von folgenden →strukturellen Kopplungen mit Körperkomponenten aus (Tab. 3).

Symbiotische Mechanismen bzw. Symbole	Strukturelle Kopplung mit Körperkomponenten
Wahrheit	Geist
Liebe	Sexualität
Geld	Konsum
Macht	Gewalt

Tab. 3: Symbiotische Mechanismen

Symbiotische Mechanismen sind eine notwendige, ergänzende Entsprechungen von symbolisch generalisierten Kommunikationsmedien, sie zeigen, wie soziale Systeme ihren Körperbezug realisieren. In einem weiteren Schritt muss man sich klar machen, wie sich die an symbiotische Symbole gekoppelten Körperkomponenten an Organisationen binden bzw. von diesen abhängig werden (Tab. 4).

Medium und Körperkomponente	in struktureller Kopplung mit Organisationen, zum Beispiel:
Wahrheit – Geist	Forschungseinrichtungen, Universitäten
Macht – Gewalt	Polizei, Militär
Liebe – Sexualität	Partneragenturen, Pharmazie
Geld – Konsum	Werbeindustrie

Tab. 4: Symbiotische Mechanismen und strukturelle Kopplung

52 Das luhmannsche Medienkonzept muss allerdings auch kritisch gesehen werden. Siehe Vertiefungskommentar ‚Erleben und Handeln'.

Die symbolisch generalisierten Kommunikationsmedien spielen bei der Entstehung der gesellschaftlichen Funktionssysteme eine Rolle. Diese und andere soziale Systeme werden wir gleich in den Blick nehmen. Doch zunächst eine kurze Zwischenbilanz zum Thema ‚Kommunikation'.

Kommunikation

- Kommunikation wird über Medien gesteuert. Diese sind: Sprache, Verbreitungsmedien und symbolisch generalisierte Kommunikationsmedien.
- Kommunikation ist die Einheit von Information (Alter), Mitteilung (Alter zu Ego), Verstehen (Ego) und Mitteilung über die Verstehensannahme (Ego zu Alter). Auf allen vier Stufen wird selektiert, was kommuniziert werden soll.
- Selektion ist ein Versuch der Reduktion und dadurch Bewältigung von Komplexität.
- Kommunikation ist Handlung.
- Kontingenz bezeichnet die Abnahme von Erwartungssicherheit. Doppelte Kontingenz bezeichnet den Umstand der beidseitigen Erwartungsunsicherheit und Einschränkung des Verhaltensrepertoires der Kommunikationsteilnehmer.
- Doppelte Kontingenz zwingt zur Aufnahme von Kommunikation.
- Doppelte Kontingenz führt zu einer Form eines sozialen Systems: Interaktion.
- Symbolisch generalisierte Kommunikationsmedien sollen die Annahmebereitschaft für Kommunikationen so erhöhen, dass Kommunikation gewagt und nicht von vornherein unterlassen wird.

Wie wir festgestellt haben, kann man Systembildung auch mit dem Versuch der Reduktion einer komplexen Umwelt gleichsetzen. Das geschieht in sozialen Systemen über Kommunikation. Kommunikation muss stets selektiv verfahren, da die Komplexität nichts anderes zulässt. Komplexität bedeutet aber im Kommunikationszusammenhang immer Kontingenz. Diese (doppelte) Kontingenz zwingt zur Aufnahme und Weiterführung von Kommunikation. Ein soziales System entsteht.

Nun gibt es verschiedene Systemtypen, Systemformen und Systemebenen. Daher schauen wir uns im nächsten Schritt an, was Luhmann hierzu untersucht hat.

4.5. Soziale Systeme

Luhmann unterscheidet vier Systemtypen:

- **technische Systeme**
  (Maschinen und Technik)
- **biologische Systeme**
  (Organismen, Zellen, Nerven)
- **psychische Systeme**
  (Wahrnehmen, Denken, Fühlen, Wollen, Aufmerksamkeit)
- **soziale Systeme**
  (Funktionssystem, Interaktionssystem und Organisationssystem)

Wir unterscheiden zunächst einmal allgemein zwischen einfachen, trivialen Systemen und komplexen, nichttrivialen Systemen. Die technischen Systeme gehören zu den trivialen Systemen. Man nennt sie auch →allopoietische Systeme, da sie sich nicht selber steuern können, sondern von außen gesteuert werden. Technische Systeme wären erst dann komplexe Systeme, wenn sich die Operationen, aus denen sie bestehen, selber erzeugen können (Autopoiese). Aber das steht noch in den Anfängen technologischer Forschung und Entwicklung und ist für unseren Alltag Science Fiction. Alle anderen genannten Systeme gehören zu den komplexen Systemen. Man nennt sie autopoietische Systeme (→System, autopoietisches), da sie ihre Operationsweisen stets aus sich selbst erzeugen.

Luhmann geht von drei Typen autopoietischer Systeme aus: →Leben (= biologisches System), →Bewusstsein (= psychisches System) und →Kommunikation (= soziales System). Wichtig dabei ist, dass für ihn Systeme nicht aus einzelnen Dingen bestehen, sondern aus Operationen (operativer Konstruktivismus). Nicht die Zusammensetzung ihrer Dinge, sondern ihre Operationsweisen machen das System aus. Dabei steht für Luhmann die Kommunikation im Zentrum seiner Untersuchungen.

Biologische Systeme wie z.B. Organismen, Zellen, Nerven sind insofern selbstreproduzierend, als dass sie die Elemente, aus denen sie bestehen, mit den Elementen, aus denen sie bestehen, produzieren. Ihr Operationsmodus heißt: Leben. Das klingt komplizierter, als es ist. Das Zellwachstum ist hierfür ein einfaches Beispiel: Aus Zellen entstehen neue Zellen. Leben produziert Leben. Ähnlich ist es beim psychischen System. Es operiert über den Modus: Bewusstsein. Gedanken produzieren neue Gedanken.

Luhmann überträgt das Modell der Autopoiese aus der Neurobiologie (Maturana/Varela) auf soziale Systeme. Auch sie operieren selbstreproduzierend, jedoch über den Modus der Kommunikation, wie bereits gezeigt wurde: Kommunikation produziert neue Kommunikation. Luhmann hat dieses Bild einmal sehr übertrieben, indem er sagte, dass biologische Systeme nicht kommunizieren können, erst recht nicht psychische Systeme, sondern nur die Kommunikation kann kommunizieren (Luhmann 1995:37, 1998: 105). Damit wollte Luhmann deutlich machen, dass die drei Systeme unabhängig voneinander operieren. Gleichwohl stehen sie wechselseitig miteinander in Verbindung (→ Interpenetration, → strukturelle Kopplung). Trotz dieser Verbindung operieren die drei Systemformen nach innen operativ geschlossen und nach außen kognitiv offen, d.h., sie entscheiden selber, was sie von ihrer Umwelt einbeziehen und was nicht (operative Geschlossenheit). Mit anderen Worten: Jedes der drei Systeme operiert für sich und bearbeitet jeweils eigene Aufgaben der Komplexitätsbewältigung.

Kein System kann außerhalb seiner Grenzen operieren. Biologische, psychische und soziale Systeme steuern sich selber. Sie operieren selbstreferenziell und voneinander unabhängig. Es wurde bereits festgestellt, dass Luhmann den Begriff ‚Mensch' mit Blick auf die funktionale Ausdifferenzierung von Gesellschaft in ihre sozialen Systeme meidet. Er bietet stattdessen den Begriff →Person an und sagt: „Personen dienen der strukturellen Kopplung von psychischen und sozialen Systemen" (Luhmann 1995:153) und „Die Form der Person dient ausschließlich der Selbstorganisation des sozialen Systems, der Lösung des Problems der doppelten Kontingenz durch Einschränkung des Verhaltensrepertoires der Teilnehmer" (Luhmann 1995:152). Das Besondere an psychischen und sozialen Systemen ist, dass sie diese Selbstorganisation im Medium ‚Sinn' vollziehen.

4.5.1. Sinn und System

Allen psychischen und sozialen Systemen ist „Sinnzwang" (Luhmann 1987:95) auferlegt. Das heißt: Die Welt wird in der Kategorie von →Sinn beobachtet. Diesen Sinn sieht Luhmann nicht als objektiv in der Welt vorgegeben. Vielmehr wird Sinn durch das, was psychische und soziale Systeme beobachten und unterscheiden, erst erzeugt. Psychischer Sinn ist vom Bewusstsein gedanklich erzeugter und zugeschriebener Sinn. Sozialer Sinn ist in der Kommunikation erzeugter und zugeschriebener Sinn (Bommes/Scherr 2000:69). In beiden Fällen ist er immer eine Zuschreibung durch Beobachtung (Luhmann 1998: 67). Durch Beobachtung selektiert ein System das, was seiner Sinngebung entspricht und was ihm nicht entspricht. Sinn bedeutet für das psychische und das soziale System immer Selektionszwang. Damit ist Sinn die ‚Instanz' – oder wie Luhmann sagt: das Medium – das psychische und soziale Systeme steuert. Diese beiden Systeme werden auch als „Sinnsysteme" bezeichnet. Da Sinn vom psychischen und sozialen System selbst erzeugt wird, können Einflüsse der Umwelt nur dann auf die Selbststeuerung einwirken, wenn Umwelt den Sinn in irgendeiner Weise zu „irritieren“ vermag. Damit wäre das System in eine Lage gebracht, selbst zu entscheiden, ob diese →Irritation ein Anlass ist, sich neu auszurichten oder ‚weiterzumachen‘ wie bisher.

Sinn konstituiert also die Grenze zwischen System und Umwelt. Sinn fällt dem System nicht von außen zu, sondern wird erst durch Bewusstsein und Kommunikation geschaffen. Sinn ist daher das Steuerungsmedium psychischer und sozialer Systeme. Sinn ist das Medium, das die Selektion aller sozialen Kommunikation und psychischen Vorstellungsformen erlaubt. Erleben und Handeln sind immer Selektion nach Sinnkriterien. Systeme beziehen sich somit immer im Abgleich mit Umwelt auf ihre eigenen Sinnkriterien und damit letztlich auf sich selbst (Selbst-/Fremdreferenz).

Soziale Systeme können nicht aus Menschen oder Individuen bestehen, sondern nur aus Kommunikation und deren Zurechnung als personelle Handlungen. Ihr Steuerungsmedium ist Sinn. Man kann sagen: Systeme sind Sinnsysteme und grenzen sich damit von ihrer Umwelt ab. Sie verringern die Komplexität von Umwelt indem sie ihre eigene Komplexität aufbauen. Die Umwelt außerhalb der →Systemgrenze ist dabei nicht Umwelt an sich, sondern immer nur das, was das System als sein Außenstehendes beobachtet. Binäre Codes sichern die Reproduktion der großen gesellschaftlichen Teilsysteme (z.B. im Rechtssystem mit dem Code „recht/unrecht“). Der Code wird über Programme umgesetzt (Gesetze, Rechtsnormen) und die Kommunikation ist der Operationsmodus sozialer Systeme.

Sinn und System

- Sinn ist das Medium, das die Selektion aller sozialen Kommunikations- und psychischen Vorstellungsformen erlaubt.
- Sinn konstituiert die Grenze zwischen System und Umwelt.
- Psychische und soziale Systeme werden durch ihren Sinn gesteuert.
- Erleben und Handeln ist immer Selektion nach Sinnkriterien. Systeme beziehen sich somit immer auf ihre eigenen Sinnkriterien bzw. auf sich selbst (Selbstreferenz).

Luhmann richtet nun sein Augenmerk auf die sozialen Systeme. Hierbei unterscheidet er drei Formen:

1. **gesellschaftliche Funktion,**
2. **Interaktion und**
3. **Organisation.**

Obwohl es sich bei diesen drei Systemen um soziale Systeme handelt, weisen sie jeweils eigene Kennzeichen auf, die sie voneinander unterscheiden (Abb. 6).

1. Unterschieden werden drei autopoietische Systeme: biologische, psychische und soziale Systeme.
2. Zwei davon sind sogenannte Sinnsysteme: die psychischen und die sozialen Systeme.
3. Von den sozialen Systeme werden drei unterschieden: Interaktionssysteme, Organisationssysteme und gesellschaftliche Funktionssysteme.
4. Der Mensch ist kein soziales System. Der Mensch kann nur qua Kommunikation an sozialen Systemen teilnehmen, sofern er die von dem jeweiligen System angefragte Sinnkonstitution teilt. Der Mensch nimmt sozusagen als soziale Adresse (Person) an sozialen Systemen teil. Mit biologischen und psychischen Systemen ist keine direkte Kommunikation möglich, das geht nur über die Person. Der Mensch - als biologisches und psychisches System - wird damit von sozialen Systemen außerhalb von sich selbst, also zur Umwelt gehörend beobachtet.

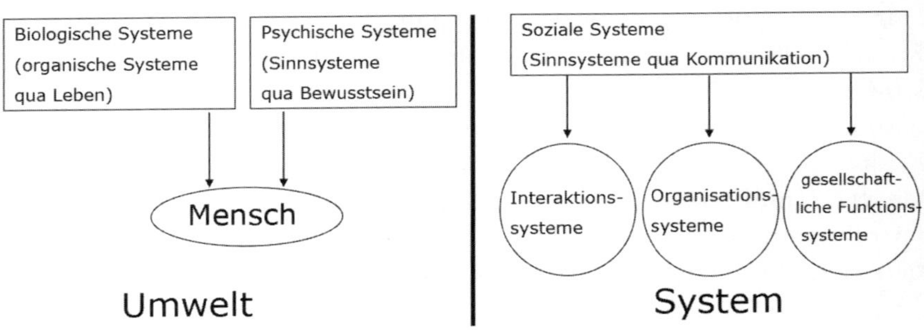

Abb. 6: Systemunterscheidungen

4.5.2. Interaktionssysteme

Was ein →Interaktionssystem ist, haben wir weiter oben schon kurz angesprochen, als wir uns mit Kommunikation und Kontingenz befasst haben (Kap. 4.4.2.). Wir werden uns das jetzt etwas genauer anschauen. Interaktionssysteme setzen die räumliche Anwesenheit von mindestens zwei Personen (psychische Systeme) voraus. Beispiele für ein Interaktionssystem sind demnach: ein Gespräch mit einem Bekannten, dem wir auf der Straße begegnen; eine Bekanntschaft, die wir im Caféhaus machen; die Diskussion in einer Seminargruppe oder einem Prüfungsgespräch; der fachliche Diskurs in einer Expertengruppe zu einem wissenschaftlichen Thema. Die Vielfalt der Kommunikationsinhalte ist also geradezu grenzenlos.

Die Interaktion ist ein flüchtiges System, da es nur für die Dauer der Interaktion besteht. Man spricht daher auch von einem „Quasisystem" (Willke 2000:68ff). Es ist also ein besonderer Typus sozialer Systeme. Seine Strukturbildung erfordert sachliche und zeitliche Einschränkung, denn es geht um Komplexitätsaufbau und Komplexitätsreduktion in einem mehr oder weniger begrenzten Maße. Im Gegensatz zu Organisationssystemen sind Interaktionssysteme eine Systemform, die zeitlich begrenzt ist, unterbrochen aber auch wieder aufgenommen werden kann. Auch wenn wir von „Quasisystem" sprechen, so ist es doch der Ausgangspunkt zur Entwicklung aller weiteren Systemformen. Die beidseitige Unberechenbarkeit der je anderen Seite – die doppelte Kontingenz – zwingt zur Aufnahme von Kommunikation, die erkennbar eine Grenze zwischen sich (System) und anderen (Umwelt) aufbaut, und damit Systembildung in Gang setzt.

Durch das Thema der Kommunikation wird erkennbar, ob das Interaktionssystem in einer bestimmten funktionalen Systemzugehörigkeit gegeben ist oder auch nicht. So unterscheidet sich z. B. der von räumlich anwesenden Personen in einer Tagung geführte Diskurs über die Bedeutung der Systemtheorie für die Soziale Arbeit (Funktionssystem Wissenschaft) von Interaktionen, die unterhalb funktionaler Teilsysteme verlaufen, z. B. einer Bekanntschaft, die im Caféhaus gemacht wird.

In der Sozialen Arbeit können sich auf der Interaktionsebene bei Kommunikationsthemen im Kontext funktionaler und/oder organisationaler Systemzugehörigkeit besondere Übersetzungsprobleme infolge → Mehrsystemzugehörigkeit ergeben. Ein Beispiel: Mit dem Gebot, öffentliche Hilfen, wie Leistungen der Kinder- und Jugendhilfe in Anspruch zu nehmen (gem. § 1666 (3) 1. des Bürgerlichen Gesetzbuches BGB), wird aus Sicht des Rechtssystems einem Rechtsanspruch, hier dem Kindeswohl, Genüge getan. Ist damit die Gewährung erzieherischer Hilfen nach dem Sozialgesetzbuch (SGB) VIII verbunden, entsteht für das Hilfesystem Soziale Arbeit die Notwendigkeit, das Medium ‚Recht' im Medium ‚Hilfe' zu erbringen. Auf der einen Seite ist die Übersetzungsarbeit von ‚Recht' auf ‚Hilfe' aus der Sicht Sozialer Arbeit (Organisationsebene) in der Regel kein Problem. Der Familie wird schließlich durch Anwendung der Rechtsvorschriften (KJHG), die erzieherische Hilfen vorsehen, geholfen. Auf er anderen Seite ist die Übersetzung dieser Kommunikation von ‚Recht auf Hilfe' aus der Sicht der Familie (Interaktionsebene) eine besondere Herausforderung. Aus der Sicht der betroffenen Familie muss das Erleben und das Handeln des Anderen (Soziale Arbeit) zur Voraussetzung des eignen Handelns werden. Hilfeerwartung (Familie) und Hilfehandeln (Soziale Arbeit) stimmen aber gerade hier nicht immer überein. Sozialer Arbeit fällt die doppelgesichtige Rolle zu, die Entscheidung für die Anwendung einer Eingriffsnorm zu einem positiven Hilfeerleben der Familie zu wenden.

Interaktionssystem

- Ein Interaktionssystem ist in der Zeit- und Sachdimension eingeschränkte Kommunikation unter räumlich anwesenden Personen.
- Interaktionssysteme sind über den Austausch von Erwartungen und Abbau von Erwartungsunsicherheit (doppelte Kontingenz) geführte soziale Systeme.
- Die Kommunikation zeitlich und sachlich begrenzter Interaktionssysteme kann thematisch außerhalb oder innerhalb funktionaler und organisationaler Systemzugehörigkeit liegen.
- Im zweiten Fall können Kommunikationsthemen aus der Sicht des Beobachters (Klientel) zu einer Mehrsystemzugehörigkeit und damit zu Übersetzungsproblemen codegeführter, in mehreren Medien auftretender Kommunikation führen.

4.5.3. Gesellschaftliche Funktionssysteme

Was es mit einem gesellschaftlichen →Funktionssystem auf sich hat, haben wir schon kurz kennengelernt, als wir uns mit Luhmanns Beobachtungen zum Wandel der gesellschaftlichen Ausdifferenzierung beschäftigt haben (Kap. 4.1.). Im Gegensatz zum Interaktionssystem und Organisationssystem sind die gesellschaftlichen Funktionssysteme die komplexesten Systeme. Kommunikation im System ‚Interaktion' ist nur unter physisch Anwesenden und zeitlich begrenzt möglich. Im System ‚Organisation' ist sie zeitlich unbegrenzt und unter Mitgliedern möglich. Kommunikation in Funktionssystemen schließt hingegen alle Kommunikation von Gesellschaft ein. Kommunikation ist so gesehen das Letztelement von Gesellschaft und nicht von Individuen und Organisationen. Sobald eine Gesellschaft ein Teilsystem ausdifferenziert hat, in dem spezielle Probleme der Gesellschaft bearbeitet werden, die nur von diesem System bearbeitet werden können, sprechen wir von einem Funktionssystem. Je komplexer eine Gesellschaft ist, desto ausdifferenzierter sind auch ihre Funktionssysteme. So lassen sich heute politische, wirtschaftliche, rechtliche, religiöse und wissenschaftliche Funktionssysteme sowie das Kunst-, das Massenmedien-, das Medizin- und das Erziehungs-/Bildungssystem unterscheiden. Auch Intimbeziehungen lassen sich als gesellschaftliches Funktionssystem beschreiben.[53] Wir kommen darauf zurück (Kap. 4.5.5.).

---

53 Ob Soziale Arbeit ein eigenes Funktionssystem ist, ist bis heute strittig. Luhmann selbst war da eher skeptisch. Aber dazu später mehr (Kap. 5.2).

Gesellschaftliche Funktionssysteme weisen Kennzeichen auf, die sie von den Interaktions- und Organisationssystemen unterscheiden:

a) unverwechselbarer, zweistelliger Code. Zweistellige Codes erlauben Unterscheidungen zwischen einem Wert und seinem Gegenwert. Der kommunikative Gebrauch von Codes ermöglicht die Herausbildung spezieller Funktionssysteme (z.B. Wissenschaft mit dem Code „wahr/unwahr“, Wirtschaft mit dem Code „zahlen/nicht zahlen“ usw.). Jede an einem Code orientierte Handlung (Kommunikation) ermöglicht im Fall des Gebrauches des Positivwertes die Anschlussfähigkeit an das System (Inklusion). Gesellschaftliche Funktionssysteme schließen sich über die Anwendung ihrer Codes (operative Geschlossenheit von sozialen Systemen). Die Anwendung eines Codes erfordert entsprechende Programme.

b) Programme. Ein Programm verwandelt den Code in ein Medium, mit dem die Codes gesellschaftlicher Funktionssysteme angewendet werden können (z.B. Programme im Funktionssystem Recht = Gesetze und Rechtsnormen oder im Funktionssystem Wissenschaft = Theorien und Methoden oder im Funktionssystem Medizin = Behandlungs- und Heilverfahren). Programme ermöglichen sinngeführten Kontakt zur Umwelt. Kommunikation bedeutet immer Auseinandersetzung mit Kontingenz. Kommunikation wird unter diesen Bedingungen unwahrscheinlich und benötigt bestimmte Medien, die den Erfolg von Kommunikation wahrscheinlicher machen. Luhmann nennt sie „symbolisch generalisierte Kommunikationsmedien“.

c) Symbolisch generalisierte Kommunikationsmedien. Symbolisch generalisierte Kommunikationsmedien motivieren die Bildung und Aufrechterhaltung eines gesellschaftlichen Funktionssystems. Sie bieten spezielle Sinnangebote, die der Kommunikation Erfolgswahrscheinlichkeit sichern sollen (Selektion Alters wird von Ego akzeptiert). Beispiele für solche Medien sind: Macht, Geld, Wahrheit, Recht, Liebe, Kunst, Werte. Symbolisch generalisierte Kommunikationsmedien werden als Erleben der Umwelt des Systems und als Handeln dem System selbst zugerechnet. Sie können daher nicht beliebig als Kommunikationsmittel eingesetzt werden. So kann das Wirtschaftssystem nicht im Medium ‚Recht‘, das Rechtssystem nicht im Medium ‚Geld‘, das Politiksystem nicht im Medium ‚Liebe‘ usw. auftreten.

An dieser Stelle sei noch einmal darauf hingewiesen, dass funktionale Differenzierung nicht gleichzusetzen ist mit der Aufhebung oder dem Verschwinden sozialer Schichtungen und Ungleichheit (Kap. 4.1.4.). „Eine funktionale differenzierte Gesellschaft ist alles andere als eine harmonische Gesellschaft mit inhärenten Stabilitätsgarantien“ (Luhmann 1995b:572). Diese Feststellung ist wichtig, da das Konzept der funktionalen Differenzierung an dieser Stelle oft missverstanden wird. Funktionale Differenzierung[54] bedeutet nicht etwa, dass es sich dabei um konvergente Evolution und Entwicklung zu einer wie auch immer gearteten harmonischen Gesellschaft handelt.

Gesellschaftliches Funktionssystem

- Funktionssysteme bearbeiten Aufgaben, die jeweils andere Funktionssysteme nicht bearbeiten können. Hierbei wenden sie einen zweistelligen Code an. Der kommunikative Gebrauch von zweistelligen Codes macht erst die Bildung von Funktionssystemen möglich. Zweistellige Codes sind z. B. „wahr/unwahr" (Funktionssystem Wissenschaft), „recht/unrecht" (Funktionssystem Recht).
- Codes werden durch entsprechende Programme anwendbar.
- Erwartetes Verhalten wird durch symbolisch generalisierte Kommunikationsmedien wahrscheinlicher gemacht. Die Medien können sich nicht gegenseitig ersetzen, das heißt im Wirtschaftssystem kann z. B. nicht mit dem Medium ‚Wahrheit' gezahlt, im Rechtssystem nicht mit dem Medium ‚Geld' gerichtet oder im Wissenschaftssystem nicht ‚Wahrheit' durch ‚Recht' erforscht werden.
- Gesellschaftliche Funktionssysteme sind codegeführte soziale Systeme.
- Soziale Schichtung ist in funktional differenzierten Gesellschaften nicht mehr das primäre Strukturprinzip sozialer Ordnungsbildung.
- Funktionale Differenzierung ist nicht mit der Beseitigung sozialer Schichtung gleichzusetzen.

4.5.4. Organisationssysteme

Der Begriff ‚Organisation' (griech. *organon* = Werkzeug) wird sowohl instrumentell als auch institutionell gebraucht. Entweder man ist im Handeln in irgendeiner Weise organisiert (z. B. Feier, Urlaub, Bauvorhaben, Karriereplanung usw.) oder man hat für das Handeln eine ständige Form: die Organisation (Unternehmen, Wohlfahrtsverband, Behörde). Mit der Bildung von Organisationen hat die Gesellschaft eine Form zur Durchsetzung der Generalisierung von Verhaltenserwartungen gefunden.

Das →Organisationssystem ist ein soziales System, dessen Komplexitätsgrad zwischen Interaktionssystem und Funktionssystem angesiedelt ist. Ge-

54 Siehe Vertiefungskommentar ‚soziale Ungleichheit'.

sellschaftliche Funktionssysteme sind auf Organisationen angewiesen. Sie übernehmen für sie die Aufgabe der Komplexitätsreduktion (z. B. Medienorganisationen – wie z. B. Zeitungshäuser und Rundfunkanstalten – bearbeiten die Komplexität der Informationen im Mediensystem, Rechtsorganisationen – wie z. B. Gerichte und Anwaltspraxen – bearbeiten die Komplexität der Informationen im Rechtssystem). Organisation ist die Form, mit der die gesellschaftlichen Funktionssysteme (Politik, Recht, Wirtschaft, usw.) ihre Funktion erfüllen bzw. Leistungen erbringen.

Organisationen grenzen sich durch Mitgliedschaft von ihrer Umwelt ab. Jede Organisation verhält sich in Abgrenzung zur Umwelt als operativ geschlossenes System, das hinsichtlich seiner Gestaltungsmöglichkeiten auf Umwelt angewiesen ist. Die selektiven Leistungen für seine Selbstorganisation nimmt es hingegen selber wahr.

Kommunikation in Organisationen ist Entscheidungshandeln nach Entscheidungsprogrammen. Diese werden unterschieden in Konditional- und Zweckprogramme.

Entscheidungsprogramme in Organisationen

Erwartetes Verhalten und die Bearbeitung von Kontingenz wird durch zwei unterschiedliche Entscheidungsprogramme geregelt: → Konditionalprogramme und → Zweckprogramme.

Beide Programme unterliegen unterschiedlichen Auslösebedingungen: der Zukunft oder der Vergangenheit. Die Auslösebedingung eines Konditionalprogramms liegt in der Vergangenheit. Man kennt die Vergangenheit, zumindest glaubt man das, da es vernünftig ist, dies zu glauben. Aufgrund dieser Gewissheit soll ein gegenwärtiger Fall gelöst werden, der mit der Vergangenheit vergleichbar ist, etwaige Zweifel inbegriffen. Die im System erzeugten Entscheidungsfreiheiten liegen beim Konditionalprogramm in der „Prüfung, ob ein Fall unter diese oder jene Regel subsumierbar ist oder ob er einen Anlass geben könnte, die Regel zu ändern“ (Luhmann 2006, c2000: 261).

Beispiel **Konditionalprogrammierung**

Organisation Jugendamt: Nur wenn „Hilfen zur Erziehung“ (§ 27 ff KJHG) angezeigt sind, muss ein Hilfeplanverfahren (§ 36 KJHG) durchgeführt werden. Die Kontingenz liegt in der Einschätzung von „Nur wenn“ und den darin vorgenommenen Selektionen (d. h.: Werden erzieherische Hilfen benötigt oder reichen reine Beratungsangebote?). Kontingenzfragen können ein soziales System überfordern. Das wäre ein Fall, bei dem strukturelle Kopplungen mit anderen sozialen Systemen zu beobachten sind. Hierzu ein Beispiel aus der Jugendhilfe im Strafverfahren: Nur wenn der Entwicklungsstand eines jungen Volljährigen noch dem eines Jugendlichen entspricht, dann wird Jugendstrafrecht angewandt. Die konditionale Entscheidung („nur wenn") ist für das Gericht aber kontingent. Es kann das Vorhandensein dieser Voraussetzung in der Regel nicht allein einschätzen. Kontingenz wird in diesem Fall durch strukturelle Kopplung zwischen Rechtssystem und Sozialer Arbeit (Jugendgerichtshilfe JGH, als Fachdienst des Jugendamtes oder bei einem freien Träger angesiedelt) abgebaut. Von der JGH wird die Einschätzung des Entwicklungsstandes des jungen Volljährigen erwartet. Das strukturell gekoppelte System der JGH, das berät und empfiehlt, stellt hier seine Komplexität dem Gericht zur Verfügung. Die Selektionsleistung der JGH wird zum Bestandteil der weiteren Selektionen des Jugendgerichts.

Anders als bei der Konditionalprogrammierung liegt die Auslösebedingung eines Zweckprogramms in der Zukunft. Sie ist ungewiss. Ihre Unbestimmtheit soll in Gewissheit überführt werden. Ein Zweck muss erfüllt werden. Zweckprogramme sind für Organisationen Sozialer Arbeit die typischen Entscheidungsprogramme, da hier Entscheidungen für die Zukunft – und damit unter Bedingungen hoher Unsicherheit – zu treffen sind (Bommes/Scherr 2000:150).

Beispiel

Zweckprogrammierung
Organisation Jugendamt: Wenn der Zweck „Hilfe zur Erziehung" heißt, dann müssen solche Mittel (Hilfeformen) im Hilfeplan vereinbart werden, die den Zweck erfüllen können. Die Kontingenz liegt in der Einschätzung von „dann". Es können verschiedene Einschätzungen über den erzieherischen Bedarf und die dafür notwendigen und richtigen Mittel vorliegen (Heimerziehung, und wenn ja, welche Betreuungsform? Oder reicht Erziehungsbeistand oder ist eine sozialpädagogische Familienhilfe angemessen?).

Beim Zweckprogramm liegen die im System erzeugten Freiheiten „in der Frage, ob Mittel sich zur Erreichung eines Zweckes eignen und ob der Zweck den Aufwand lohnt, ob man nach anderen Mitteln Ausschau halten sollte oder ob man den Zweck besser aufgeben oder ins leichter Erreichbare modifizieren sollte“ (Luhmann 2006:261). Die im System erzeugten Entscheidungsfreiheiten liegen demnach darin, die richtigen bzw. angemessenen Mittel zu spezifizieren, mit denen der angestrebte Zweck erfüllt werden soll.

Organisationen im Rechtssystem operieren in der Regel auf der Grundlage von Konditionalprogrammierung. Nur wenn die Bedingung eines Rechtstatbestandes vorliegt (z.B. ein Leistungsanspruch), findet eine Rechtsfolge Beachtung (z.B. Geldleistung). Organisationen, die Hilfe organisieren, sind hingegen eher zweckprogrammiert. Sie müssen über die Mittel entscheiden, die geeignet erscheinen, den angestrebten Zweck auch erfüllen zu können. So sind z.B. zur Sicherung des Kindeswohls (Zweck) die rechtlichen und erzieherischen Bedarfe (Mittel) festzulegen. Die Mittel hierfür können sehr unterschiedlich ausfallen. Das Gleiche gilt für Wohlfahrtsverbände, die abwägen müssen, welche Mittel zur Erfüllung ihres Satzungszweckes geeignet sind. Sie sind unentwegt zu einer Auseinandersetzung mit den unsicheren Zweck-Mittel-Relationen gezwungen. Diese hohe Kontingenz erfordert ständige Selektionsleistungen.

Organisationssystem

- Organisation ist ein Typus, der hinsichtlich des Komplexitätsgrades zwischen den Systemformen ‚Interaktion‘ und ‚gesellschaftliches Funktionssystem‘ angesiedelt ist.
- Organisationen grenzen sich durch Mitgliedschaft von ihrer Umwelt ab.
- Organisationen bestehen in gleicher Weise wie die anderen Systemformen aus Kommunikation.
- Kommunikation in Organisationen ist Entscheidungshandeln.
- Die Gründe, die Entscheidungen hervorrufen, sind in Organisationen definiert. Organisationen operieren über Entscheidungen, die an Regeln (Konditionalprogramm) oder Zwecke (Zweckprogramm) gebunden sind.
- Organisationssysteme sind über regel- oder zweckgebundene Entscheidungsprogramme geführte soziale Systeme.

4.5.5. Gibt es weitere Systeme? Wie sieht es mit Familie aus?

Luhmanns Einteilung der Systemformen lässt den Rückschluss zu, dass er damit alle sozialen Systeme erfasst hat. Wie aber ist es mit Intimbeziehungen und mit der Familie? Sind sie ein Interaktionssystem, ein Organisationssystem oder ein Funktionssystem? Liebe ist uns ja bereits als ein symbolisch generalisiertes Kommunikationsmedium vorgestellt worden (Kap. 4.4.3.). An Sexualität gekoppelt tritt sie in Intimbeziehungen auf. Intimbeziehungen gehören für Luhmann – auch wenn es seltsam anmutet – ebenfalls zu den großen gesellschaftlichen Funktionssystemen (Runkel 2005:129 ff). Aber: Als Funktionssysteme werden solche Systeme bezeichnet, die für die Gesellschaft Funktionen erfüllen, die von anderen nicht ersetzt werden können. Unter diesem Gesichtspunkt der Unersetzbarkeit von Liebe sind wir sicher eher geneigt, Luhmanns Gedanken zu folgen.

Die Familie – als eine Form der Intimbeziehung – weist alle Kennzeichen eines sozialen Systems auf, das heißt: Sie ist ein Kommunikationssystem. Sie lässt sich auf der Makroebene den großen gesellschaftlichen Funktionssystemen zuordnen, da sie als Institution eine Funktion für die Gesellschaft übernimmt, die andere Funktionssysteme nicht übernehmen können.[55] Historisch betrachtet ist sie durch die funktionale Differenzierung aber vom Bedeutungsverlust ihrer politischen und produktiven Funktionen gekennzeichnet Luhmann 1987:481, 1998:980). Ihre ökonomische Produktionsfunktion, ihre Gerichtsbarkeit und politische Herrschaft gingen zunehmend an die Funktionssysteme der Gesellschaft über (Ökonomie, Recht, Politik). Familie wurde immer mehr zur Privatfamilie (Luhmann 1996b:222f). Umso mehr Bedeutung erlangte die Familie auf der Mikroebene. Dort ist Familie das einzige soziale System, in dem Inklusionsindividualität, das heißt die Inklusion als ganze Person möglich ist. In allen anderen Systemen kommt die ganze Person nicht vor, sondern lediglich in ihren jeweils relevanten Kommunikationsmerkmalen.

Trotz des genannten Bedeutungsverlustes der Kleinfamilie stellt sie bis heute nach wie vor die dominante Form des Heranwachsens dar.[56] Sie übernimmt originäre Aufgaben der primären →Sozialisation wie psychische Stabilisierung und emotionale Bindung. Familie ist damit zuständig für den Aufbau einer psychischen und emotionalen Sicherheit beim Kind.[57] Somit haben wir es mit einem besonderen Typus sozialer Systeme zu tun. Dort ist das möglich – zumindest potenziell –, was weder in Interaktions- und Organisationssystemen noch in der Gesellschaft und ihren Funktionssystemen möglich ist: die Vollinklusion.

55 Vgl. Kaufmanns Analyse in Burkart (2005:109f.).

56 Vgl. zusammenfassend in Bommes/Scherr (2000:176–182).

57 Giddens spricht von „ontologischer Sicherheit“ (zit. in Burkart 2005:103). Vgl. auch Beushausen (2002:90f.).

Familie

- Bei der Familie handelt es sich um die Sonderform eines intimen Interaktionssystems (Luhmann 1990:196–215).
- Familie (Intimbeziehung) ist auf Vollinklusion ausgerichtet.
- Familie lässt sich auf der Makroebene den großen gesellschaftlichen Funktionssystemen zuordnen, da sie als Institution eine Funktion für die Gesellschaft übernimmt, die andere Funktionssysteme nicht übernehmen können.
- Im Rahmen der funktionalen Differenzierung ist Familie von einem Bedeutungsverlust hinsichtlich ihrer politischen und produktiven Funktionen gekennzeichnet.

Mit den drei Systemen – Funktionssystem, Organisationssystem und Interaktionssystem – haben wir nun die Landschaft sozialer Systeme abgesteckt. Wir konnten feststellen, dass es sich bei sozialen Systemen um sogenannte ‚Sinnsysteme' handelt. Ihre Operationsweise ist ‚Kommunikation' mittels Sprache, Verbreitungsmedien und symbolisch generalisierter Kommunikationsmedien. Alle sozialen Systeme sind durch Teilinklusion gekennzeichnet. Eine Ausnahme bildet die Familie; sie ist auf Vollinklusion ausgerichtet. Soziale Systeme sind jedoch nicht die einzigen Sinnsysteme. Auch die psychischen Systeme sind diesen zuzurechnen. Ihre Operationsweise ist jedoch nicht ‚Kommunikation' sondern ‚Bewusstsein'. Dem Bewusstsein dienen ‚Gedanken' als Medium der Sinnkonstituierung. Wenn es zwei Arten von Sinnsystemen gibt, stellt sich die Frage, weshalb ausgerechnet die Untersuchung der sozialen Systeme – und damit die Kommunikation – in Luhmanns Theorie Vorrang hat.

4.5.6. Theoretischer Vorrang der sozialen Systeme

Für Luhmanns Fragestellung „Wie verläuft soziale Ordnungsbildung?" sind nicht die biologischen und psychischen Systeme, sondern die sozialen Systeme die entscheidenden Systeme. Natürlich sind die biologischen und psychischen Systeme notwendige Voraussetzung zur Bildung sozialer Systeme. Der Mensch ist in Luhmanns Theorie aber „nur" konstitutiv – die ermöglichende Bedingung also – für die Ausbildung sozialer Systeme. Warum hat sich Luhmann nun auf die sozialen Systeme konzentriert und nicht auf die psychischen? Aus der Psychologie wissen wir, dass die Psyche doch eine sehr entscheidende Rolle für das Wohlergehen in Gesellschaft spielt. Aus der Biologie und den Neurowissenschaften wissen wir wiederum, dass Bewusstsein und Wahrnehmung nicht getrennt von Vorgängen im menschlichen Gehirn gesehen werden können. Vernachlässigt Luhmanns Sichtweise nicht diesen Tatbestand? Weshalb räumt er in seiner Theoriebildung den sozialen Systemen einen gewissen Vorrang vor den biologischen und psychischen Systemen ein?

Luhmanns Argumentation: Wenn Beobachtung für sich beanspruchen will, wissenschaftliche Erkenntnis zu sein, dann ist es naheliegend, einen Beobachtungsgegenstand zu wählen, der Kontakt hält mit der Realität. Luhmann kommt zu dem Ergebnis, dass soziale Systeme diesen Kontakt zur Realität eher halten als die psychischen Systeme. Das ist daran erkennbar, dass alle Theorien, die die Grenzen der Erfahrungen und der sinnlich erkennbaren Welt überschreiten (Transzendentaltheorien) – also an erfahrungsunabhängigem Wissen interessiert sind – im Bewusstsein psychischer Systeme entstehen. Im Bewusstsein psychischer Systeme werden Erkenntnisgewissheiten ausfindig gemacht, die in der Form von Regeln oder in der Form von „Gegenstandsgewissheiten" für allgemeingültig gehalten werden (Luhmann 1987:655).[58] Mit der Neurobiologie der Kognition wird aufgezeigt, dass menschliches Bewusstsein nur durch die Sprache sowie durch den gesamten sozialen Kontakt, in den diese eingebettet ist, verstehbar ist (Maturana 1970). Sprache im Sinne von Verständigung hält also mehr Kontakt zu dem, was wir Wirklichkeit nennen, als das Bewusstsein selber. Dies erklärt, weshalb sich Luhmann eher an Kommunikation als an Bewusstsein hält, um zu einer Theorie über die Gesellschaft zu kommen. Sprache hält zwar keinen direkten Kontakt zur Wirklichkeit, sie kann sie nicht objektiv erklären. Sprache und Wirklichkeit irritieren sich gegenseitig. Das macht Kommunikation zu einem schwierigen Unterfangen. Aber immerhin: Mit Bewusstsein kann man nicht kommunizieren, mit Kommunikation schon (Luhmann 1995:37, 1998:105). Wir ziehen eine Zwischenbilanz zum Thema ‚soziale Systeme'.

Soziale Systeme

- Soziale Systeme sind Sinnsysteme. ‚Sinn' konstituiert die Grenze zwischen System und Umwelt.
- Soziale Systeme werden unterschieden in Interaktions-, Organisations- und Funktionssysteme.

58 Siehe auch Fußnote 13 (ebd.).

- Soziale Systeme entstehen durch Beobachtung anhand der Unterscheidung „System/Umwelt". Sie bearbeiten damit das Problem der Komplexität von Gesellschaft.
- Soziale Systeme sind mit dem Problem der Bewältigung zunehmender Komplexität befasst.
- Soziale Systeme sind Kommunikationssysteme.

Abschließend nehmen wir noch eine Beobachtung in den Blick, die unmittelbar mit der Wirklichkeit sozialer Systeme verbunden ist. Systeme bearbeiten gesellschaftliche Komplexitätsprobleme mittels Komplexitätsreduktion. Das haben wir nun schon häufig festgestellt. Aber das hört sich so an, als würde damit nichts Neues entstehen. Das Gegenteil ist richtig. Man nennt dies →Emergenz.

4.5.7. Emergenz

> *„Das Ganze ist mehr als die Summe seiner Teile."*
> *(Aristoteles, 384–322 v. Chr.)*

Damit hat Aristoteles, einer der ersten großen Systematiker (nicht Systemiker!) in der Philosophie, annähernd angedeutet, was wir heute unter Emergenz verstehen. Emergenz bezeichnet das Phänomen, dass sich bestimmte Eigenschaften eines Ganzen nicht aus seinen Teilen und ebenfalls nicht aus seiner Summe erklären lassen, sondern aus dem Zusammenwirken der Teile selbst hervorgebracht werden.

In der Soziologie wurde der Emergenzbegriff von Émile Durkheim, Talcott Parsons und Luhmann entfaltet.

Ein vereinfachendes Beispiel von Emergenz ist aus der Psychologie bekannt. Auch hier spielt wieder Gestaltwahrnehmung eine Rolle. Gemeint ist das Bild vom Dalmatiner (Abb. 7). Wenn wir es uns anschauen, nehmen wir zunächst eine etwas chaotische Ansammlung verschieden großer schwarzer und weißer Flächen und Punkte wahr. Mit der Zeit der Betrachtung stellen wir jedoch fest, dass sich dort das Bild eines Hundes, eines Dalmatiners zeigt. Für das Zustandekommen des Bildes werden aber nicht zuerst die einzelnen Gliedmaßen erkannt und dann zum Hund zusammengesetzt, sondern das Bild emergiert aus den Punkten.

Abb. 7: Dalmatiner

Nun ist dies ein Beispiel für eine ganzheitliche →Wahrnehmung von Gestalt. Eigentlich ist es damit kein gutes Beispiel für Emergenz im Kontext luhmannscher Theorie. Dies hat einen einfachen Grund: Der Hund war vorher schon auf dem Bild da, auch wenn wir ihn nicht sofort erkennen konnten.

Emergenz in der Systemtheorie meint hingegen die Entstehung einer völlig neuen, vorher weder vorhandenen, noch bekannten und damit nicht bestimmbaren Qualität. Helmut Willke[59] drückt das so aus: „Emergent soll eine Ordnung oder Eigenschaft heißen, wenn sie aus der bloßen Aggregation von Teilen oder aus den summierten Eigenschaften der Teile nicht mehr erklärbar ist" (Willke 1978:381). Es geht also um die Entstehung einer neuartigen, eigenständigen und eigendynamischen Ordnungsebene. Diese besonderen Eigenschaften der neuen Ordnungsebene lassen sich nicht aus den Eigenschaften der zu ihr beitragenden Ordnungen zurückführen, etwa nach dem Motto: „Das Ganze ist die Summe seiner Teile." Aber selbst die eingangs zitierte gesteigerte Fassung von Aristoteles trifft es nicht ganz: „Das Ganze ist mehr als die Summe seiner Teile." Natürlich ist der Mensch mehr als die Summe seiner Organe, da er ja schließlich denkt und handelt. Aber der Mensch ist eben auch nicht nur eine Akkumulation von Komplexität (Luhmann 1987:44), die ihn dann ontologisch bestimmbar ein für alle Male ausmacht (also etwa: Organe + Bewusstsein in optimaler Weise zusammengefügt = Mensch). Vielmehr ist mit Emergenz in der Systemtheorie die Fähigkeit psychischer und sozialer Systeme gemeint, eigene Elemente der System-

59 Willke ist ein Systemtheoretiker, der auf Luhmanns Theorie aufbaut und sie im Sinne einer Steuerungstheorie sozialer Systeme weiterentwickelt. Siehe Vertiefungskommentar ‚Erleben und Handeln'.

erhaltung zu erzeugen, statt diese Elemente nur mit vorhandenen Elementen zu verknüpfen. Autopoietische Systeme brechen also mit den Qualitäten ihrer eigenen Grundlagen. Diese Fähigkeit nennt man auch emergente Eigenschaft. Kommunikation kommt als emergentes Geschehen zustande (Luhmann 1987:196).

In der Sozialen Arbeit lässt sich Emergenz daran verdeutlichen, dass ein Klient-Helfer-System (Interaktionssystem) eben nicht nur durch die Verknüpfungsleistungen des Sozialarbeiters mit denen des Klienten bestimmbar wird. Das soziale System wird eigene Elemente hervorbringen, auf die weder der Sozialarbeiter noch der Klient einfach zurückgreifen konnte. Das Interaktionssystem (Klient–Sozialarbeiter) wird, sofern Kommunikation erfolgreich stets neu anschließen kann, neue Einsichten, Erkenntnisse und Kompetenzen beim Klienten (und im Optimalfall auch beim Sozialarbeiter) hervorbringen, die vor dem Zustandekommen des Systems nicht klar bestimmbar gewesen wären.

Diese emergente Eigenschaft eines sozialen Systems drückt auch aus, das Sozialarbeiter und Klient in ein Verhältnis der Ko-Produktion[60] von Hilfe treten.

Emergenz

- Soziale Systeme besitzen Eigenschaften, die über die interne Verknüpfung von vorhandenen Elementen hinausgehen.
- Kommunikation kommt als emergentes Geschehen zustande.
- Dieses besteht aus der Herstellung neuer Elemente, mit deren Hilfe die Welt neu gesehen werden kann (Luhmann 1987:658).

60 Siehe Vertiefungskommentar ‚Ko-Produzent'.

Hier noch einmal alles in einer Übersicht was wir bisher zum Thema Kommunikation und Systembildung festgestellt haben (Tab. 5).

Komponenten von Kommunikation	Merkmale von Kommunikation	Kommunikationsmedien	Funktion von Kommunikation
1. Information (Selektion von Alter) 2. Mitteilung (Selektionsangebot von Alter) 3. Selektion der Annahme, des Verstehens (Ego fasst die Mitteilung von Alter als Mitteilungsabsicht auf und versteht die Differenz zwischen Information und Mitteilung) 4. Anschlusskommunikation jetzt möglich (Ego wird zu Alter)	Komplexität Selektivität Selbstreferenzialität Kontingenz Doppelte Kontingenz Sinnkonstituierung und Systembildung (Struktur), Emergenz	Sprache Verbreitungsmedien symbolisch generalisierte Kommunikationsmedien	Komplexitätsreduktion in: • Interaktionssystemen • Organisationssystemen • gesellschaftlichen Funktionssystemen
Prozessieren von Selektionen		Prozessieren von Sinn	

Tab. 5: Kommunikation und Systembildung

4.6. Zusammenfassung

Gesellschaft und System

Gesellschaft

- Gesellschaft ist ein Funktionszusammenhang, der sich über Kommunikation erschließt (Kommunikationszusammenhang).
- Den Wandel gesellschaftlicher Entwicklungen kennzeichnet ein stetiger Anstieg ihrer Komplexität. Moderne Gesellschaften sind hochkomplex.
- Die Bearbeitung dieser Komplexität erfordert die funktionale Ausdifferenzierung in verschiedene Orte der Problembearbeitung (Funktionssysteme).
- Funktionale Differenzierung bedeutet Steigerung der Komplexität durch Reduktion von Komplexität.
- Die funktionale Differenzierung ist die einzige gesellschaftsprägende Strukturform.
- Die gesellschaftlichen Funktionssysteme sind autopoietisch ausdifferenzierte Systeme, die durch andere Systeme irritiert, aber nicht direkt beeinflusst oder gesteuert werden können.
- Der Mensch kommt in diesen Funktionssystemen nur noch mit den Teileigenschaften vor, die das jeweilige System zur Komplexitätsbearbeitung benötigt.

Mensch – Subjekt

- Der Mensch als integrierte Ganzheit kommt in modernen Gesellschaften nicht mehr vor.
- Der Mensch kommt in modernen Gesellschaften als Person vor.
- Eine Person ist ein Träger von Kommunikationseigenschaften in sozialen Systemen und Voraussetzung für einen Kommunikationszusammenhang.
- Menschen werden der Umwelt von sozialen Systemen zugerechnet. Sie können an Systemen teilnehmen, aber nicht determinierend auf sie einwirken.
- Der Mensch kann nicht determinierend auf soziale Systeme zugreifen. Auch als im System teilnehmende Person kann er das System nicht determinieren.
- Soziale Systeme bestehen nicht aus Menschen oder Individuen, sondern aus Kommunikationen und deren Zurechnung als personelle Handlungen.
- Der Mensch ist nicht unwichtiger als das System, sondern hierfür konstitutiv. Die moderne Gesellschaft integriert die Menschen nicht als Ganzheit, sondern ihre Funktionssysteme inkludieren und exkludieren lediglich Aspekte ihrer Person als Kommunikationszusammenhang. Person ist sozusagen die soziale Adresse für spezifische Kommunikation.

	◢ Personen (psychische Systeme) dienen ausschließlich der Selbstorganisation des sozialen Systems zur Lösung des Problems der doppelten Kontingenz durch Einschränkung des Verhaltensrepertoires der Teilnehmer. ◢ Personen dienen der strukturellen Kopplung von psychischen und sozialen Systemen.
Komplexität	◢ Mit Komplexität in sozialen Systemen wird die Gesamtheit der Möglichkeiten des Erlebens und Handelns bezeichnet.
Kommunikation	◢ Kommunikation ist ein vierstufiger selektiver Prozess von Information (Alter), Mitteilung (Alter zu Ego), Verstehen (Ego) und Verstehensannahme (Ego zu Alter). ◢ Selektion ist ein Versuch der Reduktion und dadurch Bewältigung von Komplexität. ◢ Handlung ist Kommunikation.
Kontingenz	◢ Kontingenz bezeichnet die Abnahme von Erwartungssicherheit. Doppelte Kontingenz bezeichnet den Umstand der beidseitigen Erwartungsunsicherheit und Einschränkung des Verhaltensrepertoires der Kommunikationsteilnehmer. ◢ Doppelte Kontingenz zwingt zur Aufnahme von Kommunikation. ◢ Doppelte Kontingenz führt zur Bildung eines einfachen sozialen Systems: dem Interaktionssystem. ◢ Die Einzelnen, d. h. die psychischen Systeme, müssen sich an der sozialen Kommunikation beteiligen können. Das geschieht durch Einschränkung ihrer Freiheitsspielräume.
Symbolisch Generalisierte Kommunikation	◢ Gesellschaftliche Funktionssysteme treten zur Erhöhung ihres Kommunikationserfolges in einem jeweils eigenen symbolisch generalisierten Kommunikationsmedium auf (z. B. Macht, Liebe, Geld, Wahrheit). ◢ Symbolisch generalisierte Kommunikationsmedien können sich nicht gegenseitig ersetzen.
Systemtypen	◢ technische Systeme (Maschinen) ◢ organische Systeme (Organismen, Zellen, Nerven) ◢ psychische Systeme (Wahrnehmen, Denken, Fühlen, Wollen, Aufmerksamkeit) ◢ soziale Systeme (mit den Teilsystemen: Interaktionen, Organisationen, Funktionssysteme) ◢ Organische, psychische und soziale Systeme operieren selbstreferenziell und damit voneinander unabhängig. Soziale Sys-

		teme entstehen durch Beobachtung anhand der Unterscheidung „System/Umwelt". Insofern erschaffen sie sich selbst (Autopoiese).
Sinn	◢	Sinn ist das Medium, das die Selektion aller sozialen Kommunikations- und psychischen Vorstellungsformen erlaubt. Psychische und soziale Systeme werden durch ihren Sinn gesteuert.
	◢	Systeme konstituieren Sinn und sind daher Sinnsysteme. Sinn ist das Medium, das die Selektion aller sozialen Kommunikations- und psychischen Vorstellungsformen erlaubt und steuert.
	◢	Erleben und Handeln sind immer Selektion nach Sinnkriterien. Systeme beziehen sich somit immer auf ihre eigenen Sinnkriterien bzw. auf sich selbst (Selbstreferenz).
	◢	Irritationen durch die Umwelt versetzen das System in eine Situation, in der es entscheiden muss, ob es Strukturveränderungen vornehmen muss oder nicht.
Soziale Systeme	◢	Soziale Systeme werden unterschieden in: Interaktions-, Organisations- und Funktionssysteme.
	◢	Familie (Intimbeziehung) ist eine Sonderform sozialer Systeme. Sie ist auf Vollinklusion angelegt und den drei Systemformen nicht eindeutig zuzuordnen.
	◢	Soziale Systeme entstehen durch Beobachtung anhand der Unterscheidung „System/Umwelt".
	◢	Kommunikation ist der Operationsmodus sozialer Systeme.
	◢	Binäre Codes sichern die Reproduktion der gesellschaftlichen Teilsysteme (z.B. im Rechtssystem der Code recht/unrecht; der Code wird über Programme umgesetzt (Gesetze, Rechtsnormen).
	◢	Organisationen operieren über Entscheidungsprogramme (Konditional- und / oder Zweckprogramme).
	◢	Soziale Systeme sind strukturell gekoppelt. Ansonsten handeln sie nach innen operativ geschlossen, d. h., sie entscheiden selber, was sie von ihrer Umwelt einbeziehen und was nicht.
Emergenz	◢	Soziale Systeme besitzen Eigenschaften, die über die interne Verknüpfung von vorhandenen Elementen hinausgehen. Diese Eigenschaften bestehen in der Herstellung neuer Elemente, deren Hervorgehen aus den Eigenschaften der Einzelelemente nicht erklärbar ist.

Wir haben nun die wesentlichen Bausteine luhmannscher Systemtheorie in den Blick genommen. Sie bieten einen Bezugsrahmen für die Frage nach der

Beschaffenheit und Funktion von Kommunikation in modernen, funktional differenzierten Gesellschaften. Für die Soziale Arbeit ist an dieser Stelle noch einmal wichtig, den Begriff ‚funktionale Differenzierung' einzuordnen. In modernen Gesellschaften gibt es auch noch stratifikatorische Differenzierung. Das bestreitet selbst Luhmann nicht (Luhmann 1998:776).[61] Er geht lediglich davon aus, dass die funktionale Differenzierung die dominierende Form in der Herausbildung gesellschaftlicher Strukturen darstellt. Stratifikatorische Differenzierungen (Schichtendifferenzierungen) sind in modernen Gesellschaften nach wie vor vorhanden. Das wird in der luhmannsche Systemtheorie nicht geleugnet und kann in der Sozialen Arbeit nicht einfach übersehen werden. So weisen empirische Befunde z. B. auf die Wahrnehmung zunehmender materieller gesellschaftlicher Ungleichheiten und die Erfahrung von dauerhaftem sozialem Ausschluss und Abstieg hin.[62] Im Kontext von Bildung weisen ähnliche Befunde auf die Herausbildung unterer Bildungsschichten als Folge sozialer Benachteiligung und Ausgangspunkt für neue Benachteiligung hin.[63]

Wir wollen nun in einem nächsten Schritt klären, welche Bedeutung Luhmanns Theorie für die Reflexion der Sozialen Arbeit als Disziplin und als Profession hat.

61 Siehe besonders Verweis in Fußnote 335 (ebd.).

62 Vgl. die von Neugebauer (2007) im Auftrag der Friedrich-Ebert-Stiftung durchgeführte Studie zu den gesellschaftlichen Reformen und politischen Wertevorstellungen und Einstellungen in Deutschland.

63 Vgl. hierzu die PISA-Bildungsstudien Baumert/Neubrand (2001) und Prenzel (2007).

Kapitel 5
Soziale Arbeit aus systemtheoretischer Sicht

Frage: Welches Verständnis von Sozialer Arbeit ergibt sich aus der Systemtheorie?

Für eine theoretische Bestimmung Sozialer Arbeit müssen sichere Anhaltspunkte für die Fragen nach dem Gegenstand, der Funktion und den Aufgaben bzw. Auftraggebern Sozialer Arbeit geliefert werden (Miller 2001). An dieser Stelle sollte klargestellt werden, dass es nun nicht Aufgabe der weiteren Überlegungen sein soll, eine Handlungstheorie Sozialer Arbeit auf der Basis luhmannscher Systemtheorie zu entwickeln. Systemtheorie hat die Funktion einer Reflexions- und nicht einer Leittheorie. So sollen mithilfe der luhmannschen Theorie einige Aspekte der Sozialen Arbeit als Handlungswissenschaft befragt werden. Zentral ist hierbei die Frage nach dem Gegenstand der Sozialen Arbeit. Hieraus ergeben sich Folgen für ihre Mandatsfunktion (Auftraggeber). Die Fragen, welche Funktion Soziale Arbeit in der Gesellschaft erfüllt und ob sie überhaupt ein eigenes gesellschaftliches Funktionssystem ist, werden daraufhin zu bearbeiten sein.

5.1. Gegenstand Sozialer Arbeit

„Der Mensch als Gegenstand der Sorge“ (Hillebrandt 1999:99) ist ein soziales Konstrukt. Wie ist das zu verstehen? Körperliche, geistige und materielle Unversehrtheit sind zu hohen, unbestrittenen Werten moderner Gesellschaften geworden (Hillebrandt 1999:100). Historisch betrachtet wird die Erfüllung dieser Werte über die Begriffe ‚Gesundheit‘, ‚Bildung‘ und ‚Wohlfahrt‘ kommuniziert. Sie beziehen sich auf eine Praxis der gesellschaftlichen Sorge um den Menschen als Formen der Vermeidung von Leid, Not und Benachteiligung. Bei der Sorge um den Menschen, „ … geht es um Eigenprobleme des Menschen, die in der Gesellschaft erkannt, zum Gegenstand der Reflexion werden …“ (Hillebrandt 1994:102). Sorge um den Menschen bedeutet also: gesellschaftliche (Fremd)Sorge um die Eigenprobleme des Menschen. Die darin gestellten Aufgaben werden in modernen Gesellschaften primär in den

Bereichen Gesundheit, Bildung und Wohlfahrt bearbeitet. Andere Bereiche, wie z. B. Politik, Recht und Wirtschaft sind bei der konkreten Bearbeitung der Eigenprobleme des Menschen nicht oder nur am Rande beteiligt. Was sind die Gründe hierfür?

Das Funktionssystem „Politik" bezieht sich primär auf die Herstellung einer kollektiven und für alle Gesellschaftsmitglieder verbindlichen Entscheidung über das Medium „Macht" im Code „Regierung/Opposition". Die Bearbeitung von Eigenproblemen des Menschen findet hier kaum Platz. Das Funktionssystem „Recht" schließlich hat die Aufgabe, Verhaltenserwartungen zu stabilisieren. Dies geschieht über die Anwendung des Codes „recht/unrecht", der über die Programme „Gesetze" umgesetzt wird. Fragen der Resozialisierung werden dort nur untergeordnet behandelt. Aus der Sicht des Rechtssystems gehören sie zu den Eigenproblemen des Menschen. Entsprechend werden helfende →Interventionen (Eingliederung, Resozialisierung) eher dem Hilfesystem (Wohlfahrt) überlassen. Ähnlich verhält es sich mit dem Funktionssystem „Wirtschaft". Hier geht es um die Bearbeitung von Themen der Daseinsvorsorge (Auskommen, Sicherung der Existenz). Dies geschieht über das Medium „Geld" im Code „zahlen/nicht zahlen". Auch hier geht es nicht um die Bearbeitung von Eigenproblemen des Menschen, sondern um die Daseinsvorsorge.

Moderne Gesellschaften haben eigene Funktionssysteme und Organisationen für die Bearbeitung von Eigenproblemen des Menschen herausgebildet: Sie werden in den Bereichen Medizin, Bildung und Wohlfahrt bearbeitet. Jeder Bereich sorgt sich in ganz spezifischer Weise um den Menschen und hat hierfür eigene Organisationen und Programme ausgebildet, die sich stets weiter ausdifferenzieren. Wie aber lässt sich der Gegenstand von „Wohlfahrt" als eine Form der gesellschaftlichen Sorge um den Menschen von anderen Bereichen wie Gesundheit und Bildung abgrenzen?

Die Gegenstandsbestimmung ist für jede Wissenschaft eine elementare Voraussetzung. In ihr drückt sich das Spezifische der jeweiligen Disziplin und Profession aus, macht sie eindeutig erkennbar und unersetzbar. Erst wenn die Merkmale

- eigener Gegenstand,
- eigene Theorien,
- eigene Methoden und
- eigene Forschung

durchgängig erfüllt sind, kann man von einem eigenen Zuständigkeitsbereich in Wissenschaft und Profession sprechen.

Wie wir schon bei der Frage nach der gesellschaftlichen Differenzierung und dem Formenwandel des Helfens feststellen konnte, kann man den Gegenstand Sozialer Arbeit in der Praxis zunächst ganz allgemein als Bedarfsausgleich beobachten (Kap. 4.1.). So viel zur Praxis. Für die Wissenschaft der Sozialen Arbeit heißt das aber noch nicht, dass sie ebenfalls den Gegenstand Sozialer Arbeit einheitlich bestimmt hat. Wissenschaft beobachtet, wie wir schon im Zusammenhang des Erkenntnisbegriffes feststellen konnten, die Welt sehr unterschiedlich (Kap. 3.3.). Daher wird es uns nicht überraschen, dass wir es in der Sozialen Arbeit mit unterschiedlichen Gegenstandsbestimmungen zu tun haben. Wir müssen in diesem Kapitel daher etwas weiter ausholen.

Versuche der Gegenstandsbestimmung Sozialer Arbeit gestalten sich so unterschiedlich, wie die erkenntnis- und wissenschaftstheoretischen Wurzeln, auf die sie sich jeweils beziehen. Zudem hat sich eine sozialpädagogische und eine sich hiervon abgrenzende, sogenannte sozialarbeitswissenschaftliche Theorieproduktion etabliert (Lambers 2013:225–242, 310–315).[64] Sozialpädagogik wird in der neuen sozialpädagogischen Theoriebildung konsequent aus der Perspektive des Subjektgedankens und der Individualisierung gedacht. Sozialpädagogik steht hier im Dienst von emanzipativer Subjektentwicklung durch Erziehung und Selbstbildung (Klaus Mollenhauer, Michael Winkler) und der Befreiung von gesellschaftlichen Zwängen (Bernd Dewe/Hans-Uwe Otto) auf der einen Seite und emanzipierendem Beitrag zur Alltagsbewältigung (Hans Thiersch) bzw. Lebensbewältigung (Lothar Böhnisch) auf der anderen Seite.

In der sozialarbeitswissenschaftlichen Theorieentwicklung wird die Bewältigungsthematik aufgegriffen, jedoch nicht in einen pädagogischen Zusammenhang gestellt, sondern im Kontext der Lösung sozialer Probleme und Bekämpfung gesellschaftlicher Ausgrenzungsprozesse reflektiert. Dabei lassen sich wiederum drei unterschiedliche Ausrichtungen erkennen:

1) In der gesellschaftstheoretisch reflektierten Bearbeitung von Fragen der Emanzipation von gesellschaftlichen Zwängen und der Überwindung von Klassengesellschaft (Lieselotte Pongratz, Karam Khella, Marianne Hege).
2) In der systemtheoretisch bzw. systemisch reflektierten Problembearbeitung von Lebensbewältigung, Lebensführung, Lebensraumveränderung und sozialer Partizipation (Louis Lowy, Carel B. Germain/Alex Gitterman, Wolf R. Wendt, Michael Bommes/Albert Scherr, Heiko Kleve).
3) In der systemistisch reflektierten Bearbeitung generalisierter Lösungen für soziale Probleme und soziale Gerechtigkeit (Silvia Staub-Bernasconi).

64 Vgl. zu diesem Thema auch Untersuchungen von Engelke (1992:107–118, 2004, c2003:287–312) sowie andere vorliegende Typisierungsversuche in einer Gesamtübersicht bei Lambers (2013:257–316).

Zu den hier genannten unterschiedlichen Positionen gesellen sich zudem weitere, die in jüngster Zeit entwickelt wurden (Lambers 2013:18).

Wie wir sehen, divergieren die Gegenstandsbestimmungen Sozialer Arbeit erheblich. Heute liegt eine Vielzahl von Sichtweisen vor, die – je nach wissenschaftstheoretischen Bezugspunkten – unterschiedlich ausfallen (Lambers 2013:257–316). Die Frage ist nun: Wie lautet eine Gegenstandsbestimmung Sozialer Arbeit aus der systemtheoretischen Perspektive Luhmanns? Die Antwort lautet: Eine Gegenstandsbeschreibung im engeren Sinne ist nicht möglich. Möglich ist sie deshalb nicht, weil eine ontologische Argumentation, wie bereits gezeigt wurde (Kap. 3.1.), aus erkenntnistheoretischen Gründen ausscheiden muss (Fehlen der Letztbeobachtung). Es gibt aber noch einen weiteren, sehr viel praktischeren Grund, weshalb eine konkrete Gegenstandsbestimmung Sozialer Arbeit im Gegensatz zu anderen Professionen, z. B. den Medizinern oder Juristen, nicht gelingt: Die unspezifische Form Sozialer Arbeit als ‚Hilfe'. Wir hatten in diesem Zusammenhang bereits festgestellt, dass Kleve von einer „Sozialarbeit ohne Eigenschaften" (Kleve 2000:11) spricht. Das soll nicht bedeuten, dass Soziale Arbeit eine diffuse, beliebig zu beschreibende Form professioneller Hilfe ist. Vielmehr soll damit gesagt werden, dass die Gegenstandsbestimmung nur auf einer allgemeinen, abstrakten Ebene gelingt.

Modernen Gesellschaften ist es infolge ihrer Komplexität nicht unmittelbar möglich, Transparenz zu erlangen über das, was Hilfebedürftigkeit ausmacht. Daher versuchen sie mittelbar durch Auseinandersetzungen (Kommunikation) in den unterschiedlichsten sozialen Feldern sich darüber zu verständigen, was Hilfebedürftigkeit ist. So ist Soziale Arbeit von ihren Entstehungsbedingungen her immer schon eine reflexiv gebildete Praxis. Daher kann sich eine Theorie Sozialer Arbeit nur als Reflexion dieser →Reflexivität ergeben und darstellen (Winkler 1988:73).

Einen Versuch der Gegenstandsbestimmung auf der Basis luhmannscher Theorie haben Michael Bommes und Albert Scherr vorgenommen (1996: 107–123, 2000:98–113, 2012:134–151, 2000b:67–86). Ein Merkmal funktional differenzierter Gesellschaft ist: Sie musste ihre Bemühungen der Stabilisierung auf „reaktive Verfahren" (Versicherungen, Krankenhäuser, Sozialdienste usw.) umstellen. „Für eine Orientierung an Stabilität als einem zu erreichenden Ziel ist die Gesellschaft zu komplex geworden und zu intransparent" (Luhmann 1998:491). Dennoch ist die Suche nach Verständigung und Stabilität der Sinn, den jedes soziale System antreibt. Damit ist zunächst einmal festzuhalten, dass sich der Gegenstand Sozialer Arbeit aus den Verständigungen über die unterschiedlichen Beobachtungen von Exklusionsrisiken in Gesellschaft ergibt. Moderne Gesellschaften unterscheiden hierbei generalisierbare und nichtgeneralisierbare Risiken.

Die generalisierbaren Risiken sind Fälle von Erkrankung, Pflegebedürftigkeit, Invalidität, Unfall, Arbeitslosigkeit und Ruhestand. Für diese generalisierbaren Fälle von Exklusionsrisiken sind Versicherungssysteme entwickelt worden. Ihre Generalisierbarkeit ist praktisch Grundlage ihrer Versisicherbarkeit. Hierunter fallen die gesetzlich vorgeschriebenen Kranken- und Pflegeversicherungen, Arbeitslosenversicherungen, Rentenversicherungen, Unfall- und Invaliditätsversicherungen. Es geht also um Versuche der Erstsicherung; Sozialversicherungssysteme als Inklusion stützender Bestandteil der Daseinsvorsorge (Arbeit, Markt). Soziale Arbeit ist auch im Bereich der Erstsicherung tätig, aber eher marginal. Überwiegend ist sie in den Bereichen der nicht generalisierbaren Risiken angesiedelt. Sie hat sich eher als Zweitsicherung für die nicht generalisierbaren Fälle ausdifferenziert. Solche nicht generalisierbaren Risiken werden in allen Sozialgesetzbüchern behandelt, die keinen Rechtsanspruch auf Versicherungsleistungen bieten können, da die Risiken nicht versicherbar sind (z. B. Kinder- und Jugendhilfe, Behindertenhilfe, Wohnungslosenhilfe).

Eine Gegenstandsbestimmung Sozialer Arbeit ergibt sich nun folgerichtig entlang der Inklusions- und Exklusionsthematik sozialer Systeme. Der Gegenstand Sozialer Arbeit ist die Kommunikation von Inklusions- und Exklusionsproblemen, die nicht im Rahmen des Wohlfahrtsstaates bearbeitet werden können. Diese Themen lassen sich genauer beobachten als:

a) Exklusionsvermeidung (Bearbeitung von Exklusionsrisiken; z. B. durch sozialpädagogische Familienhilfe, Betriebssozialarbeit, Familienberatung, Jugendsozialarbeit usw.),
b) Inklusionsvermittlung (z. B. Erziehung, Bildung, Betreuung in Jugendsozialarbeit, Jugendbildung usw.) und
c) Exklusionsverwaltung (z. B. materielle Zweitsicherung Sozialhilfe) oder Exklusionsbetreuung[65] (z. B. Wohnungslosenhilfe, Begleitung von materiellen, sozialen und psychischen Folgen, wenn Inklusion in den Arbeitsmarkt und ein selbständiges Wohnen dauerhaft nicht mehr gelingt) (Bommes/Scherr 1996:116f, 2000:157).

Michael Bommes und Albert Scherr verweisen weiterhin auf eine Differenzierung in Sozialpädagogik und Sozialarbeit. In der Sozialpädagogik geht es um Vermeidung von Exklusion, Bearbeitung von Exklusionsrisiken und Er-

65 Die Begriffe ‚Exklusionsverwaltung' und ‚Exklusionsbetreuung' sind etwas irreführend. Man könnte aus ihnen schließen, dass es hierbei um keinerlei Inklusionsversuche mehr geht, was falsch ist. Merten schlägt daher vor, nicht von Exklusion sondern von Nichtinklusion zu sprechen. Siehe Vertiefungskommentar ‚Inklusion/Exklusion'.

möglichung von Re-Inklusion mittels Erziehung, Lernen, Bildung und Betreuung. In der Sozialarbeit hingegen geht es um Inklusionsvermittlung und/oder vorübergehende oder andauernde Exklusionsbetreuung und das Leben unter Exklusionsbedingungen mittels materieller Ressourcenerschließung. Die Trennung in Inklusionsvermittlung und Exklusionsbetreuung ist jedoch eher analytisch zu verstehen und von geringer praktischer Bedeutung. In der Praxis lässt sich die Differenz beider Formen nicht durchgängig beobachten. So hat Ressourcenerschließung im weitesten Sinne auch etwas mit Lern- und Bildungsprozessen zu tun (z.B. in der Schuldnerberatung). Umgekehrt kommen ebenso Erziehung, Lernen, Bildung und Betreuung nicht ohne Ressourcenerschließung aus. Dies wird besonders deutlich, wenn unter Ressourcen nicht nur die materiellen, sondern auch die beziehungsorientierten Ressourcen (Vereine, Nachbarschaft, Familie) gesehen werden. In der Praxis spricht man von ‚Konvergenz', d.h.: Sozialpädagogik und Sozialarbeit gehen ineinander über (Kap. 7.1.1.).

In der Sozialen Arbeit (Sozialarbeit und Sozialpädagogik) geht es also um die Beobachtung und Bearbeitung von Inklusions- und Exklusionsthemen im Allgemeinen sowie um Inklusions- bzw. Reinklusionsvermittlung und Exklusionsvermeidung im Besonderen. Man merkt, dass diese Gegenstandsbeschreibung noch sehr allgemein und abstrakt klingt. Wir müssen und können sie auch noch etwas konkreter darauf beziehen, womit Soziale Arbeit in der Praxis umgeht: die Person. Mit der oben eingeführten Gegenstandsbestimmung wurde bereits festgestellt, dass diese sehr allgemein gehalten ist. Im Grunde lassen sich mit den Begriffen ‚Inklusions-, Reinklusionsvermittlung, Exklusionsvermeidung und Exklusionsverwaltung' auch nur die Bezugsprobleme Sozialer Arbeit beschreiben (Bommes/Scherr 2000:108). Aus der Bestimmung des Bezugsproblemes Sozialer Arbeit lässt sich aber noch nicht ihr endgültiger Gegenstand ableiten. Soziale Arbeit ist nicht nur auf soziale Systeme (Interaktionen, Organisationen, gesellschaftliche Funktionssysteme) und den darin beobachtbaren Inklusions- und Exklusionsproblemen bezogen. Vielmehr will Soziale Arbeit über Beratung, Erziehung, Bildung und Betreuung auch ganz konkret auf Individuen einwirken (Scherr 2002:258).

Frank Hillebrandt hat den von Luhmann geprägten Begriff der →Exklusionsindividualität aufgenommen und die durch funktionale Differenzierung erzeugten „humanen Folgeprobleme" (Hillebrandt 1999:276) als Gegenstand menschensorgender Hilfesysteme reflektiert. Hier geraten das Wohlfahrts-, das Erziehungs- und Bildungs- sowie das Gesundheitssystem in den Blick. Gesellschaftliche Inklusion wird zum individuellen Problem psychischer Systeme (Person), da gesellschaftliche Funktionssysteme jeweils unterschiedliche Inklusionserwartungen an Person stellen (Kap. 4.2. und 4.1.4.). Das Individuum kann nicht mehr als Ganzes (z.B. mit all seinen Wünschen,

Hoffnungen, Fähigkeiten), sondern nur noch mit jenen Kommunikationseigenschaften inkludiert werden, die von den gesellschaftlichen Teilsystemen erwartet werden. Hinzu kommt, dass in personaler und funktionaler Hinsicht nicht nur die potenzielle, sondern auch die faktische Inklusion in möglichst alle gesellschaftlichen Teilsysteme (Politik, Wirtschaft, Erziehung/Bildung, Recht, Familie usw.) erforderlich wird. Die gleichzeitige Teilnahme an verschiedenen gesellschaftlichen Funktionssystemen verlangt der Person ab, eigene Individualitätsansprüche an den jeweiligen Inklusionsanforderungen der Teilsysteme auszurichten und sich sozusagen in eine Vielzahl sozialer Adressen „zu zerlegen, um der Mehrheit sozialer Umwelten und der Unterschiedlichkeiten der Anforderungen gerecht werden zu können" (Luhmann 1994c:193). Andererseits sind die gesellschaftlichen Funktionssysteme auf personale Inklusion angewiesen. Exklusionsindividualität wird auf diese Weise immer mehr zu einem Humanproblem funktional differenzierter Gesellschaften. Das Individuum ist in dieser Teilbarkeit letztlich gesellschaftlich unbestimmt und wird im Spannungsfeld von Inklusionsanforderungen und Individualitätsansprüchen zum Bezugspunkt Sozialer Arbeit. Somit ergibt sich der Gegenstand Sozialer Arbeit nicht nur als Reaktion auf Inklusionsbedarfe funktionaler Differenzierung, sondern auch als Hilfekommunikation im Kontext von Eklusionsindividualität. Konkret bedeutet dies, dass Hilfekommunikation aktiv als Prozess sozialen Lernens und sozialer Bildung erforderlich wird.

Diese zugegeben immer noch abstrakte Gegenstandsbeschreibung verweist auf die Funktion, die Soziale Arbeit in funktional differenzierten Gesellschaften erfüllt. Wenn wir genauer hinschauen, werden wir feststellen, dass das einen Grund hat: Es geht in der Sozialen Arbeit nicht konkreter. Das wird deutlich, wenn wir versuchen würden, den Gegenstandsbereich Sozialer Arbeit z. B. nur aus der Sicht der Sozialgesetzgebung zu beschreiben. Außerhalb der systemtheoretischen Begriffssprache könnte man Soziale Arbeit auch als einen Umsetzungsbeitrag zur „Verwirklichung sozialer Gerechtigkeit und sozialer Sicherheit" (§ 1 SGB I) bezeichnen. Beispiele hierfür sind die Umsetzung des Rechtes junger Menschen auf „Förderung ihrer Entwicklung und auf Erziehung zu einer eigenverantwortlichen und gemeinschaftsfähigen Persönlichkeit" (SGB VIII) oder des Rechtes behinderter oder von Behinderung bedrohter Menschen auf „Hilfe und Unterstützung zur gesellschaftlichen und sozialen Teilhabe" (SGB IX). Diese sozialgesetzlich orientierte Gegenstandsbeschreibung hört sich schon ein wenig konkreter, zumindest sprachlich ansprechender an. Allerdings würde diese Gegenstandsbeschreibung zu kurz greifen: Soziale Arbeit ist nicht allein für solche Inklusions- und Exklusionsthemen zuständig, für die bereits sozialgesetzliche Ansprüche definiert worden sind. Vielmehr wird Soziale Arbeit auch solche Inklusionsrisiken beobachten, für die es sozialgesetzlich noch keine oder keine befriedigenden Lösungen gibt. Diese Risiken zeigen sich Sozialer Arbeit allerdings erst dann, wenn sie Exklusionsindividualität in den Blick nimmt.

Der Gegenstand Sozialer Arbeit

- Der Gegenstand Sozialer Arbeit ergibt sich aus den Themen von Inklusion und Exklusion sozialer Systeme.
- Soziale Arbeit beobachtet und bearbeitet das Verhältnis von Inklusionschancen und Exklusionsrisiken.
- Soziale Arbeit bearbeitet Inklusionsprobleme, indem sie defizitäre Teilnahmechancen zu kompensieren versucht.
- Soziale Arbeit reagiert auf Inklusionsgefährdungen und Exklusionen, die sich aus der funktionalen Ausdifferenzierung der gesellschaftlichen Teilsysteme ergeben.
- Im Ergebnis handelt es sich um Inklusions- bzw. Reinklusionsvermittlung und Exklusionsvermeidung für potenziell jede Person, bei der Inklusion oder Reinklusion aus eigener Kraft nicht gelingt.
- Soziale Arbeit ist damit Hilfekommunikation im Kontext von Exklusionsindividualität.

Nachdem wir nun den Gegenstand Sozialer Arbeit beschrieben haben, soll in einem nächsten Schritt geklärt werden, ob Soziale Arbeit diese nicht unbescheidene Gegenstandsbestimmung als ein eigenes gesellschaftliches Funktionssystem oder als Organisationssystem entfaltet. Für die Frage nach der Erreichbarkeit von Mensch und Gesellschaft ist diese Frage nicht unerheblich.

5.2. Soziale Arbeit als gesellschaftliches Funktionssystem?

Vielleicht mag die Frage, ob Soziale Arbeit überhaupt ein Funktionssystem der Gesellschaft ist, verwirren. Weshalb sollte sie sich von den großen Funktionssystemen wie z. B. Bildung/Erziehung, Medizin, Recht usw. unterscheiden? Luhmann selbst hatte diese Frage eher skeptisch beantwortet. Er hielt es theoretisch einerseits für denkbar, dass sich Soziale Arbeit als eine Art „sekundäres Funktionssystem“ (Luhmann 1998:633) ausbildet, welches sich mit den Exklusionsfolgen funktionaler Differenzierung befasst (→Funktionssystem, sekundäres). Andererseits sei wegen ihrer wirtschaftlichen Ressourcenabhängigkeit Skepsis angebracht. Wenn wir Soziale Arbeit als einen Baustein des Wohlfahrtsstaates betrachten, wird schnell klar, in welchem Abhängigkeitsverhältnis sie steht.[66] Luhmann kommt daher zu der Schlussfolgerung, man könne stark daran zweifeln, ob sich ein eigenständiges Subsystem (sekundäres Funktionssystem) überhaupt ausbilden kann oder ob es sich in der Sozialen Arbeit nicht eher um Bemühungen „auf der Ebene von Interaktionen und Organisationen handelt“ (ebd.).

Michael Bommes und Albert Scherr gehen in ihrer systemtheoretisch fundierten „Soziologie der Sozialen Arbeit“ (2000, 2012) ebenfalls davon aus, dass Soziale Arbeit kein gesellschaftliches Funktionssystem ist. Vielmehr sei sie auf der Systemebene von Organisation anzusiedeln. Wir können uns hier kein Gesamtbild über den Diskurs von Sozialer Arbeit als ein gesellschaftliches Funktionssystem verschaffen. Daher reißen wir ihn nur kurz an und beschäftigen uns mit den Hauptargumenten von Bommes und Scherr, die allerdings gegen eine Beschreibung Sozialer Arbeit als autonomes Funktionssystem sprechen.[67]

Gesellschaftliche Funktionssysteme verfügen über eigene Codes und Programme, mit deren Hilfe sie jeweils spezifische und komplexe Aufgaben und Probleme der Gesellschaft bearbeiten können. Hinzu kommt, dass sich ein gesellschaftliches Funktionssystem erst dann herausbildet, wenn zur Anwendung seines Codes die seinem Sinn entsprechenden Programme vom System selbst organisiert werden können. Diese müssen in einem sinnhaft anerkannten (generalisierten) Medium kommunizierbar sein, um Anschlusskommunikation bzw. Erfolgswahrscheinlichkeit von Kommunikation in Aussicht zu stellen. Wir prüfen im Folgenden die Situation für die Soziale Arbeit anhand der drei Kennzeichen:

a) Code,
b) Programm und
c) symbolisch generalisiertes Kommunikationsmedium.

5.2.1. Code

Wenn wir uns nun die bekannten gesellschaftlichen Funktionssysteme (Recht, Politik, Wirtschaft, usw.) danach anschauen, ob sie diese Kennzeichen eines selbstorganisierenden Systems besitzen, so werden wir feststellen, dass das der Fall ist. So kann das Rechtssystem – und nur dieses – feststellen, ob ein

---

66 Siehe Vertiefungskommentar ‚Soziale Arbeit als Funktionssystem der Gesellschaft‘.

67 Vertiefend siehe hierzu Bommes/Scherr (2000:105–113, 2012:142–151), Merten (2000) und Maaß (2009).

Sachverhalt „recht" oder „unrecht" ist (Code). Es verfügt über entsprechende von ihm selbst entwickelte Programme (Gesetze, Rechtsvorschriften) und Professionen (→ Leistungsrolle) zur Bearbeitung der komplexen Aufgabenstellung bzw. zur Problembearbeitung. Diese Bearbeitung erfährt im Medium ‚Recht' als symbolisch generalisiertes Kommunikationsmedium des Rechtssystems ihre Erfolgswahrscheinlichkeit (Kap. 4.4.3.). Wenn wir uns nach diesen Kriterien die Politik oder die Wirtschaft anschauen, kommen wir zu dem gleichen Ergebnis. Wie ist es aber in der Sozialen Arbeit?

Gesellschaftliche Funktionssysteme schließen sich über die Anwendung ihrer Codes (operative Schließung). Welcher Code könnte für Soziale Arbeit zutreffen? Dirk Baecker schlägt den Code „Helfen/Nichthelfen" vor (Baecker 1994:93–110). Hier zeigt sich jedoch, dass die Programmierung des Codes nicht zu gelingen scheint. Der Code „helfen/nichthelfen" ist nicht eindeutig operationalisierbar. Soziale Arbeit verfügt über keine einheitlichen Kriterien für ihr Tätigwerden als Helfen oder ihr Nichttätigwerden als Nichthelfen. Geholfen wird, wenn Hilfe passend zu spezifischen Rechtsansprüchen angefragt wird. Geholfen wird aber auch unspezifisch, wenn es für angefragte Bedarfe keine Rechtsgrundlage gibt und Hilfeprogramme hierfür noch gar nicht vorhanden bzw. neu entwickelt werden müssen (z. B. Fonds, Spenden, Tafeln, Armenküchen). Organisationen Sozialer Arbeit verschaffen sich selbst „die Freiheit zur Bestimmung von Hilfsbedürftigkeit und die Festlegung von Kriterien für Hilfe oder Nichthilfe" (Bommes/Scherr 2000:111, 102). Damit erklärt sich unter anderem auch der Verweis auf den nicht konkret bestimmbaren Gegenstand Sozialer Arbeit (Kap. 5.1.).

5.2.2. Programm

Die nur kurz angerissene Problematik der Ausdifferenzierung eines Codes zeigt, dass dies problematische Auswirkungen auf die ‚Programmierung' Sozialer Arbeit haben muss. Die Auswirkungen zeigen sich weniger darin, dass Sozialer Arbeit keine Programme der Problembearbeitung zur Verfügung stünden. Soziale Arbeit verfügt über eine Vielzahl von Programmen der Problembearbeitung: klassische Methoden wie die Soziale Gruppenarbeit, die Gemeinwesenarbeit[68], die Soziale Einzelfallhilfe, die Familienhilfe und weitere Ausdifferenzierungen wie das Case- und Netzwerkmanagement oder das Krisen- und Konfliktmanagement, die Supervision, das Sozialmanagement, sozialpädagogische Methoden der Beratung und des Fallverstehens, therapie- und

---

68 Die mit Blick auf die „Settlement-Bewegung" auch im Kontext kirchlich motivierter Sozialarbeit entstanden sind (Müller 2006).

behandlungsorientierte Sozialarbeit oder Erlebnispädagogik, um nur einige wenige zu nennen.[69] Entscheidend ist nun, dass die Programme Sozialer Arbeit in einer starken Abhängigkeit von den Funktionssystemen Politik und Recht stehen. So sind ihre Programme zunächst stark von der „sozialpolitischen Ressourcenzuteilung" (Bommes/Scherr 2000:110) abhängig. Diese Abhängigkeit von politischen Programmen beschränkt die Autonomie Sozialer Arbeit erheblich. Hinzu kommt, dass Soziale Arbeit keine exklusive Zuständigkeit in der Festlegung von Hilfebedürftigkeit und Hilfeanspruch besitzt. Dies geschieht vielmehr im Rechtssystem. Soziale Arbeit kann seine Hilfeprogramme mithin nur als reine Zweckprogramme auf der Ebene von Organisation bearbeiten (Organisationssystem). Auf dieser Ebene ist hingegen eine enorme Ausdifferenzierung der organisatorisch eigenständigen Felder Sozialer Arbeit[70] zu beobachten, wie z. B.: die vielfältigen sozialen Dienste und Einrichtungen der Kinder- und Jugendhilfe, der Wohnungslosenhilfe, die Behindertenhilfe und die Altenhilfe sowie die verschiedenen Beratungsstellen für unterschiedliche Zielgruppen und Problemlagen. Die Ausdifferenzierung Sozialer Arbeit als Organisation hat zu einer heute kaum noch überschaubaren Vielfalt an Hilfe- und Betreuungsformen geführt – ein Prozess, der unvermindert anhält. Die Hilfeprogramme, die Soziale Arbeit in den unterschiedlichen Feldern einsetzt, sind dabei hoch spezialisiert und mit rechtlichen, pädagogischen und therapienahen Programmkenntnissen und Fähigkeiten gekoppelt.

5.2.3. Symbolisch generalisiertes Kommunikationsmedium

Wie schon aufgezeigt wurde, ist Hilfe in modernen Gesellschaften zur „sicher erwartbaren Leistung" (Luhmann) geworden (Kap. 4.1.4.). Damit ist aber nicht die Schlussfolgerung verbunden, dass es sich hierbei um eine Art von „help on demand" handeln müsse. Der Satz von der sicher erwartbaren Leistung geht auf der operativen Ebene weiter mit dem Hinweis auf den Sachverhalt, der Hilfe auslöst und zwar dem „Vergleich von Tatbestand und Programm" (Luhmann 1973:34). Hilfe wird also nicht einseitig an den Anblick von Not gebunden, sondern an die Diagnostik eines „Tatbestandes". Das klingt im Duktus sozialarbeiterischer/sozialpädagogischer Sprachgewohnheiten ungewohnt kriminalistisch, ist aber nicht so gemeint. Gemeint ist, dass rechtlich definierte Sachverhalte von Hilfe einen Hilfeanspruch (Sozialgesetzbuch) begründen, der entsprechende Hilfeprogramme auslöst (Konditionalprogramm). Wenn ein

69 Vgl. zusammenfassend Galuske (2007).

70 Zur Übersicht über die vielfältigen Praxisfelder Sozialer Arbeit vgl. Chassé/Wensierski (2004), Jordan/Münder (2005) und Thole (2005).

sozialgesetzlicher Anspruch vorliegt, dann folgen in der Regel entsprechende Leistungen (z. B. Arbeitslosengeld, Rente, Übernahme der Arztkosten usw.). Hier haben wir es mit einer Konditionalprogrammierung zu tun. Bei der Sozialgesetzgebung nicht versicherungsfähiger Risiken (z. B. Kinder- und Jugendhilfegesetz) trifft das aber nur begrenzt zu. Hier sind die Leistungen auf eine Weise zweckgebunden, dass die hierfür einzusetzenden Mittel stets auf den zu erfüllenden Zweck befragt werden müssen. Soziale Arbeit kann überwiegend nur in der Form von Zweckprogrammen entscheiden. Das bedeutet, dass die Mittel, die für den zu erfüllenden Zweck eingesetzt werden müssen, hochkontingent sind.[71] Die Kontingenz der Zweck-Mittel-Relation steht seit vielen Jahren im Diskurs Sozialer Arbeit. Alles dreht sich hier um die Frage „Welche Hilfe ist die richtige"?[72] Zweck-Mittel-Relationen lassen sich nicht wie in einem Konditionalprogramm als lineare „Wenn-dann-Beziehung" abarbeiten. Vielmehr ist die Zweck-Mittel-Relation nur in einem Prozess ermittelbar, in dem sich die an der Hilfeerbringung beteiligten Personen verständigen, und dies nicht selten von Fall zu Fall mit unterschiedlichem Ausgang der Mittelbestimmung. Diese hohe Kontingenz von ‚Hilfe' zeigt auf, wie sehr Soziale Arbeit auf eine anschlussfähige Kommunikation des Hilfesinns – damit also Aushandlung von Hilfe – angewiesen ist.

Hinzu kommt: Gesellschaftlich erwartbare Hilfe bedeutet nicht, dass die erbrachte Hilfe mit der Vorstellung des Hilfesuchenden immer in allen Punkten übereinstimmt. Hilfe in modernen Gesellschaften bedeutet auch, dass die Wortbedeutung von ‚Hilfe' – im Fachjargon als ‚Hilfesemantik' bezeichnet – nicht eindeutig festlegbar ist. Ob Hilfe als Hilfe zustande kommt, hängt auch davon ab, wie der Hilfeempfänger das, was ihm hilft, definiert (Maaß 2009:89 ff).

Insgesamt lässt sich schließen, dass es zweifelhaft ist, ob Hilfe als Einheit eines gesellschaftlich generalisierten symbolischen Kommunikationsmediums auftreten kann. Die von Bommes und Scherr vorgelegte und hier stark verkürzte Analyse zeigt, dass die Beschreibung Sozialer Arbeit als eigenständiges gesellschaftliches Funktionssystem auf Grenzen stößt. Soziale Arbeit lässt sich vielmehr auf den Systemebenen von Interaktion und Organisation beschreiben. Zudem operiert sie in einer Vielzahl struktureller Kopplungsbeziehungen.

---

71 Was sind z. B. die geeigneten Mittel für die Zweckerfüllung einer „selbständigen Lebensführung", der „gesellschaftlichen Teilhabe", einer „Erziehung zu einer eigenverantwortlichen und gemeinschaftsfähigen Persönlichkeit" oder einer „dem Kindeswohl entsprechend geeigneten erzieherische Hilfe".

72 Vgl. Schrapper u. a. (1987). Die von Schrapper u. a. für die Kinder- und Jugendhilfe gestellte Frage lässt sich auf die Lage der Sozialen Arbeit generell beziehen.

5.2.4. Strukturelle Kopplung

Soziale Systeme unterhalten strukturelle Kopplungen zu anderen Systemen zwecks Aufbau und Aufrechterhaltung der eigenen Systemkomplexität. Das Funktionssystem Wirtschaft operiert nicht ohne das Funktionssystem Politik, die Politik nicht ohne das Funktionssystem Recht usw. Soziale Systeme halten ihre Selbstorganisation mit Hilfe einer relativ verlässlichen Kopplung mit anderen Systemen aufrecht.[73] Das geschieht hauptsächliche über Organisationen, Programme und Personen. Strukturelle Kopplungen können Einfluss auf die Programme der Funktionssysteme haben, sie verändern aber nicht die Codes der Funktionssysteme.[74]

Soziale Arbeit ist in einer Reihe gesellschaftlicher Funktionssysteme eingelagert. Die nachfolgende Übersicht erhebt keinen Anspruch auf Vollständigkeit. Sie soll nur einen Eindruck von der Vielzahl der Kopplungsbeziehungen vermitteln (Tab. 6, S. 130).

Soziale Arbeit ist damit weit über die Aufgabenfelder der klassischen öffentlichen und freien Wohlfahrtspflege hinausgewachsen. Über strukturelle Kopplungen und ihre Folgen für die Autopoiese Sozialer Arbeit ist noch nicht viel bekannt. Empirische Forschungen hierzu verweisen auf teilweise problematische Zusammenhänge, die hier zu erörtern nicht der Raum ist (Sommerfeld 2000:123–136).[75]

Strukturelle Kopplungen bestehen in der Sozialen Arbeit auf der Ebene von Funktionssystemen besonders über das Politik- und das Rechtssystem. Sie beziehen sich aber auf die Ebene der Organisation von ‚Wohlfahrt'. Dort geben sie Sozialer Arbeit Anweisungen für die Aufnahme von Hilfe, nicht aber die Möglichkeit zur autonomen Anwendung des Codes „helfen/nichthelfen" oder „Fall/Nicht-Fall". Darüber hinaus entwickeln die Wohlfahrtsorganisationen eigene Kriterien für die Festlegung von Hilfebedürftigkeit. Ein zentraler, verbindlicher Code, der den Wohlfahrtsorganisationen zeigt, wann „Nichthelfen" angebracht ist, fehlt (Baecker 1994:93–110, 2000:39–46). Daher bleibt zunächst festzustellen: Soziale Arbeit agiert eher unspezifisch und ist demnach kein autonomes gesellschaftliches Funktionssystem. Es handelt

73 Zu einer ähnlichen Beurteilung kommt Winkler aus subjekttheoretischer Sicht mit seiner „Topologie des sozialen Sektors" (Winkler 1988:85).

74 Die Programme (Curricula, Therapien, Parteiprogramme, Preise, Theorien usw.) können sich ändern, die Codes der Funktionssysteme bleiben davon aber unberührt. Der Code im System Politik bleibt unverändert „Regierung/Opposition", der Code im System Wirtschaft bleibt unverändert „zahlen/nicht zahlen", der Code im System Recht bleibt unverändert „recht/unrecht" usw.

75 Siehe Vertiefungskommentar ‚Strukturelle Kopplung Sozialer Arbeit'.

sich dabei um die Organisation einer unspezifischen Hilfsbereitschaft in der Form spezialisierter Hilfen (Bommes/Scherr 2000:57).

Soziale Arbeit ist strukturell gekoppelt mit allen gesellschaftlichen Funktionssystemen:

Gesellschaftliche Funktionssysteme	Handlungsfelder (Beispiele)
Bildung und Erziehung	Schulsozialarbeit/-sozialpädagogik, Jugendbildung, Erwachsenenbildung, Bildung und Erziehung im Kindesalter, Erlebnispädagogik
Gesundheit	Krankenhaussozialdienst, klinische Sozialarbeit, Gesundheitspädagogik, Sozialpsychiatrie, tiergestützte Therapie
Intimbeziehungen/Familie	Familienberatung, Erziehungsberatung, Lebensberatung, Betreuungshilfe, Hilfen zur Erziehung, Vollzeitpflege, sozialpädagogische Familienhilfe, Heimerziehung
Kunst	Theaterpädagogik, Kunstpädagogik
Massenmedien	Fachzeitschriften, Straßenzeitungen, Internetblogs
Politik	Fachverbände, Wohlfahrtsausschüsse
Recht	Jugendgerichtshilfe, Straffälligenhilfe, Gefängnissozialarbeit, Bewährungshilfe, Insolvenzberatung
Religion	Pfarr- und kirchengemeindliche Sozialarbeit, Gemeindecaritas, -diakonie
Sport	Sport- und Freizeitpädagogik in Sportvereinen, Sportsozialarbeit, Fanprojektarbeit
Tourismus	Freiwilligenarbeit im Ausland, Voluntourism)
Wirtschaft	Betriebssozialarbeit, arbeitsweltorientierte Soziale Arbeit, sozialpädagogische Beschäftigungsförderung, Jugendberufshilfe
Wissenschaft	Forschung und Entwicklung in Hochschulen/Universitäten und Instituten

Tab. 6: Strukturelle Kopplungen Sozialer Arbeit

Wenngleich sich also die Hilfen bezüglich ihrer Codierung unspezifisch zeigen, sind sie auf der operativen Ebene hochspezialisiert und in Organisationen Sozialer Arbeit formalisiert. Weiterhin bewegt sich Soziale Arbeit innerhalb der Programme verschiedener gesellschaftlicher Funktionssysteme. In den Systemformen Interaktion und Organisation versucht Soziale Arbeit, Inklusion in die gesellschaftlichen Teilsysteme herbeizuführen. Ihr Gestaltungsprinzip bewegt sich auf der strategischen Ebene (die richtigen Dinge tun) in der Herstellung von sozialen Teilnahmechancen und auf der operativen Ebene (die Dinge richtig tun) in der Bereitstellung spezialisierter Formen unspezifischer Hilfen. In der Sozialdimension fragt sie: „Wer ist bedürftig?“, in der Zeitdimension fragt sie: „Wann wird geholfen?“ und in der Sachdimension fragt sie: „Mit welchen Mitteln wird Bedürftigkeit ausgeglichen?“ (Bardmann/Hermsen 2000:103).

Soziale Arbeit als Funktionssystem

- Die Ausdifferenzierung Sozialer Arbeit zu einem eigenständigen gesellschaftlichen Funktionssystem ist bestenfalls offen.
- Der Code „helfen/nichthelfen“ ist nicht eindeutig bestimmbar.
- Die Programme der Sozialen Arbeit stehen in starker Abhängigkeit zu den Programmen der Funktionssysteme Politik und Recht.
- Soziale Arbeit organisiert in spezialisierter Weise unspezifische Hilfe auf der Ebene von Interaktion und Organisation.
- Soziale Arbeit tritt in einer Vielzahl struktureller Kopplungsbeziehungen auf.

Mit dieser Feststellung soll aber nicht angedeutet werden, dass der wissenschaftliche Diskurs um die Beschreibung Sozialer Arbeit als autonomes gesellschaftliches Funktionssystem befriedigend abgeschlossen wäre. Eine vielversprechende Untersuchung liegt nun mit der Arbeit von Olaf Maaß (2009) vor. Er zeigt mit Fuchs und Schneider auf, dass die Codierungsproblematik mit der Codierung „Fall/Nicht-Fall“ lösbar sei. Vor allem aber – und das macht den Diskurs spannend – arbeitet Maaß ein symbolisch generalisiertes Kommunikationsmedium Sozialer Arbeit heraus. Die Vertiefung dieses Themas sprengt jedoch den Rahmen dieses Buches und würde seinen Sinn als Einführung verfehlen. Zur Weiterverfolgung sei daher auf die Vertiefungskommentare verwiesen.[76]

---

76 Siehe Vertiefungskommentar ‚Soziale Arbeit als Funktionssystem der Gesellschaft‘.

5.3. Profession und Mandat

Mit der Gegenstands- und Funktionsbestimmung Sozialer Arbeit ist auch die Frage nach ihrem Mandats- und Professionsverhältnis bestimmt. Lassen sich diejenigen, die um Hilfe anfragen (Auftraggeber), und diejenigen, die die angefragten Probleme bearbeiten (Profession), in ein originäres Verhältnis zueinander bringen? Und stehen Profession und Aufgabenbearbeitung in einem eindeutigen, komplementären Verhältnis zueinander?

5.3.1. Profession

Wie wir nun schon mehrfach festgestellt haben, können wir erst dann von einem gesellschaftlichen Funktionssystem sprechen, wenn es sich um ein soziales System handelt, das mit eigenen Codes der Entscheidung und eigenen Programmen der Entscheidungsanwendung gesellschaftliche Probleme bearbeitet. Zudem: Funktionssysteme bearbeiten eigene Problemstellungen, die die jeweils anderen Funktionssysteme nicht bearbeiten können. Bei der Problembearbeitung folgen sie einem ihnen jeweils spezifischen, symbolisch generalisierten Kommunikationsmedium, das sie untereinander unersetzbar macht. Ferner bilden gesellschaftliche Funktionssysteme sogenannte →Leistungsrollen aus, die auf der Organisationsebene die spezialisierten Probleme und Aufgaben bearbeiten können. Diese Leistungsrollen werden in der Regel von Angehörigen einer Profession übernommen. Professionen verfügen über die erforderlichen Kompetenzen (Expertise) zur spezifischen Problembearbeitung.

Allgemeine Merkmale von Profession sind:

1. Fertigkeit, die auf andauernder, theoretisch fundierter Spezialausbildung beruht als Voraussetzung und Grundlage für den Expertenstatus.
2. Die Berufsangehörigen sind in ihrer Praxis an bestimmte Verhaltensregeln gebunden und in einem Berufsverband mit weitgehender Selbstverwaltung und Disziplinargewalt organisiert (z. B. maßgebliche Mitbestimmung und Kontrolle der Prüfungen und des Berufszugangs).
3. Die Arbeit der Berufsangehörigen dient dem öffentlichen Wohl, der Stabilität der Gesellschaft und weniger der Befriedigung privater Interessen der Berufsangehörigen: Ihre Berufstätigkeit ist primär am Allgemeinwohl orientiert.
4. Die Aufnahme der Berufstätigkeit setzt das Bestehen einer Prüfung voraus, die weitgehend in den Händen des Berufsverbandes liegt.
5. Die Berufsangehörigen gelten als Experten und genießen weitgehende persönliche und sachliche Entscheidungs- und Gestaltungsfreiheit.

6. Die Berufsangehörigen arbeiten in einem klar abgegrenzten, monopolisierten Arbeitsbereich und erwarten von jedem Empfänger ihrer Leistungen ein hohes Maß an „blindem“ Vertrauen in ihre fachliche Kompetenz und moralische Integrität.

Der Entwicklungsprozess heute anerkannter Professionen ist im Weiteren gekennzeichnet durch die Errichtung von Ausbildungsstätten, die einer Hochschule angeschlossen werden und einen akademischen Status erhalten sowie eine Lizensierung des Berufsmonopols durch den Staat. Die Erstellung eines förmlichen Berufskodexes gilt als Endstufe dieses Prozesses.

Nun werden seit der Einrichtung von Studiengängen in der Sozialarbeit/Sozialpädagogik an den Universitäten und Fachhochschulen (1969/1971) Faktoren angeführt, die auf Schwierigkeiten der Professionalisierung Sozialer Arbeit hinweisen: Beklagt wird eine ihr anhaftende, diffuse Allzuständigkeit für alle möglichen Probleme, aus der heraus es nicht gelingen könne, verbindliche Kernfunktionen und abgegrenzte Aufgabenfelder zu benennen. Eine spezifische Domäne der beruflichen Kompetenz könne daher für die Soziale Arbeit im Sinne einer Monopolstellung und Unersetzbarkeit nicht ausgewiesen werden. Zudem stehe ihr eine starke Abhängigkeit von staatlicher Steuerung und direkter Einbindung in bürokratische Organisationen im Wege sowie die damit verbundene enge Verkopplung von Hilfe und Kontrolle. Berufliches Handeln in der Sozialen Arbeit ist damit zwei entgegen gesetzten Sphären gleichzeitig verpflichtet: Den pädagogisch-sozialtherapeutischen Maßnahmen auf der einen Seite und den rechtlich-organisatorischen Bedingungen auf der anderen. Dieses „doppelte Mandat“ stehe einer Autonomisierung der Berufsausübung systematisch entgegen (Böhnisch/Lösch 1998:369). Schließlich habe die Soziale Arbeit mit der Schwierigkeit zu kämpfen, ihre Kompetenzansprüche in Bezug auf die zu bearbeitenden Probleme durchzusetzen, da diese solche des täglichen Lebens seien. Für ein Laienpublikum sei daher schwer einsehbar, dass es hier besonderer Fähigkeiten und besonderer „Experten“ bedarf. Entsprechend sei eine gewisse Nachrangigkeit im gesellschaftlichen Ansehen des Berufs (z. B. gegenüber dem des Lehrers, Juristen oder Arztes) beobachtbar. Letztlich ermögliche das Fehlen eines spezifischen Handlungsinstrumentariums kaum eine spezifische Abgrenzung zu anderen Berufsgruppen. Die Gesamtschau der hier genannten Merkmale lasse dann den Schluss zu, dass es sich um eine Semiprofession handele (Stichweh 2000:29–38, Bommes/Scherr 2000:236).

Wir müssen uns nun fragen, ob ein derartiges Professionsverständnis in funktional differenzierten Gesellschaften noch aufrechterhalten werden kann. Kann eine Berufsgruppe die Identität eines Funktionssystems bestimmen? Schließlich sind steigende Komplexitätsanforderungen in gesellschaftlichen Teilsystemen erkennbar, die zunehmend mittels Ausdifferenzierung von Heterogenität und Enthierachisierung bearbeitet werden. So ist z.B. im System Gesundheit eine Ausdifferenzierung in ärztliche, pflegerische, psychologisch-therapeutische, heilberufliche, ökonomische und sozialarbeiterische Funktionen zu beobachten. Es wird immer unwahrscheinlicher, dass im System Gesundheit nur eine Profession – der Arzt – als Leitprofession und Voraussetzung der Kontrolle des Funktionssystems ein strukturprägendes Differenzierungsmuster bleibt (Stichweh 2000:35). Gleiches gilt für die praktisch quer zur funktionalen Differenzierung liegenden Berufe. Hilfe ist in modernen Gesellschaften zu einer erwartbaren Leistung geworden. Die reziproke Hilfeform archaischer Gesellschaften oder die moralisch codierte Hilfeform hochkultivierter Gesellschaften ist nicht mehr praktizierbar. Vielmehr sind moderne Gesellschaften auf eine Hilfeform angewiesen, die den Vergleich von „Tatbestand und Programm" ermöglicht (Kap. 4.1.4.). Dies erfordert zwangsläufig ein differenziertes Wissen um die programmatische Ausgestaltung der Hilfepraxis (Merten 2000:193). Dieses Wissen kann Soziale Arbeit nicht aus sich selbst oder aus tradiertem Berufswissen erhalten. Vielmehr ist sie auf die Beiträge und Zusammenführung unterschiedlicher wissenschaftlicher Disziplinen angewiesen.

Beispiele neben der Sozialen Arbeit lassen sich ebenfalls in anderen Berufsfeldern wie z.B. in der Organisationsentwicklung, dem Krankenhausmanagement, in den nichtärztlichen Gesundheitsberufen und in den nicht schulischen Erziehungs- und Bildungsberufen finden. Die zunehmenden Differenzierungs- und Spezialisierungsbedarfe werden bereits auf der Ebene von Organisation deutlich, und nicht erst in ausdifferenzierten Funktionssystemen. Daher lassen sich die erforderlichen Merkmale für eine Profession aus heutiger Sicht reduzieren auf:

1. wissenschaftsorientierte Ausbildung,
2. staatlich anerkannte Kontrolle über Berufszugang,
3. Kontrolle der fachlichen Standards über institutionalisierte wissenschaftsorientierte Fachkultur,
4. weitestgehende Unabhängigkeit von Weisungen und
5. autonome Selbstzuschreibung eines Berufskodexes.

Diese Merkmale sind mit dem Stadium, in dem sich Soziale Arbeit heute befindet, erfüllt. Insgesamt lässt sich feststellen: Die Frage nach der Autonomie der Profession ist nicht negativ mit Blick auf ein fehlendes Funktionssystem zu beantworten, sondern positiv mit Blick auf die quer zu allen Funktionssystemen liegende Funktion Sozialer Arbeit (Merten 2000:195ff, Kleve 2000).

5.3.2. Mandat

Professionen beziehen sich immer auf spezifische Aufgabenstellungen, die der Profession zur berufsmäßigen Bearbeitung für eine Problemlösung angetragen werden. Es kommen also Interessen zusammen, die sich nicht nur in der Frage einer Aufgabenstellung und ihrer Beantwortung in Form einer Problemlösung treffen. Vielmehr geht es bei dieser Form der Problembearbeitung um das Interesse, sie in andere, besonders geeignete Hände zu geben. Professionen benötigen einen Auftrag – ein Mandat –, um ein Problem mithilfe ihrer Fachkenntnisse bearbeiten zu können. In der Medizin ist der Auftraggeber der Patient, in der Wirtschaft der Kunde, in der Politik der Wähler, im Rechtswesen der Kläger. Die Frage ist nun, wer Auftraggeber der Sozialen Arbeit ist. In der Sozialen Arbeit hat sich der Begriff ‚Klient' eingebürgert. Diese Analogie zu den zuvor genannten Professionsfeldern legt den Schluss nahe, dass Soziale Arbeit von einzelnen Personen oder Interessengruppen mit der Lösung ihrer sozialen Problemlagen beauftragt würde. Das trifft aber nicht ganz zu. Soziale Arbeit nimmt auch den Auftrag wahr, die angefragten Hilfen im Kontext gesellschaftlich gesicherter Hilfen zu organisieren. Das gesellschaftliche Verständnis von Hilfe ist im Mandat also mitenthalten.

Wie wir gerade schon festgestellt haben, wird das Mandatsverhältnis Sozialer Arbeit allgemein als Doppelmandat bestimmt. Die Organisation und ihre Interessen (z. B. an schneller, kostengünstiger Hilfe), in deren Auftrag der Sozialarbeiter handelt, sind aus dem Interaktionssystem mit dem Klienten nicht immer erfolgreich herauszuhalten. Eine Bestimmung als Einfachmandat[77] ist nicht möglich. Im Zuge des Doppelmandates kommt zudem das Spannungsfeld von „Hilfe und Kontrolle" zum Tragen (Bommes/Scherr 2000:44–47). Das hat seinen historisch nachvollziehbaren Grund in der Gründung und Ausdifferenzierung von Organisationen, die Hilfe leisten. Fremdhilfe benötigte in hochkultivierten Gesellschaften eine von den individuellen Entschlüssen unabhängige Form. Organisationen und Hilfeprogramme waren die Lösung, um diese von individuellen Entschlüssen unabhängige Form sicherzustellen: Organisationen sind unabhängig vom Hilfeentschluss Einzelner und damit stets verfügbar. In der Entwicklung zu modernen Gesellschaften beschränkte sich der Staat aber nicht mehr darauf, Exklusionsproblemen durch Kontrolle und Zwangsinklusion (z. B. Arbeitshäuser) zu begegnen. An die Stelle von Zwangsmaßnahmen traten vielmehr

77 Ein Beispiel für ein Einfachmandat ist der Rechtsanwalt, der von seinem Mandanten den Auftrag bekommt, ihn rechtlich zu vertreten oder der Arzt, der von seinem Patienten den Auftrag bekommt, ihn medizinisch zu behandeln. Hiervon abzugrenzen ist das „doppelte Mandat" Sozialer Arbeit.

Versuche des Staates, Bedingungen zu fördern, die den Individuen ermöglichen sollten, sich selbständig an den Bedingungen zur Inklusion auszurichten. Dies hatte besonders ökonomische Gründe.

Armenhilfe und Armenkontrolle waren lange an den Geburtsort des Hilfeempfängers gebunden. Wer hilfebedürftig war und dennoch seinen Geburtsort verließ, ging in die völlige Verarmung. Durch die zunehmende Industrialisierung und Verstädterung bestand aber das Interesse, Arbeitskräfte anzuziehen. Jedoch: Die Praxis, Hilfebedürftige an ihren Geburtsort zu binden, stand dem Interesse an der Entwicklung eines freien Arbeitsmarktes entgegen. So wurden Beschränkungen des Armenrechtes zugunsten eines freien Arbeitsmarktes aufgehoben. Mit der Armen- und Freizügigkeitsgesetzgebung Preußens (1842) wurde das Wohnortprinzip eingeführt. Fortan waren die Menschen im Falle der Hilfebedürftigkeit nicht mehr an ihren Geburtsort gebunden. Ausschlaggebend für das Einsetzen von Hilfe war nunmehr der Wohnort. Wer Arbeit in einer anderen Stadt suchte und fand, begründete damit eine Wohnort, und nach einer gewissen Zeit hatte er im Bedarfsfall einen Anspruch auf Hilfeleistungen. Das Risiko, seinen Geburtsort zu verlassen, schien nicht mehr so hoch. Mit der Einführung des Wohnortprinzips wurden somit Leistungsbeziehungen zwischen Bürger und Staat als eine wechselseitige, eng miteinander verknüpfte Beziehung von Loyalitäts- und Leistungserwartungen begründet.[78] Die Herausbildung von Organisationen (Ämter, Verwaltungen) wurde zu einem zentralen Merkmal moderner Gesellschaften. Sie sind die sozialen Systeme, die in modernen Gesellschaften die Funktion wahrnehmen, Störungen im angesprochenen Beziehungsverhältnis mit spezialisierten Programmen zu bearbeiten. Hilfe ist seither mit den über die Organisation repräsentierten Erwartungsansprüchen von Loyalität und Leistung verbunden. Staatlich erbrachter Bedarfsausgleich repräsentiert zunehmend die Einheit der Differenz von Hilfe (Leistung) und Kontrolle (Loyalität) (→Emergenz).

In modernen, funktional differenzierten Gesellschaften kann potenziell jede Person Mandant Sozialer Arbeit werden. Gesellschaftliche Inklusion ist Thema jedes Menschen. Je höher die Risiken von Exklusion und je schwieriger die Bedingungen von Inklusion werden, desto häufiger werden die Klienten Sozialer Arbeit nicht mehr ausschließlich aus den sogenannten klassischen Sozialmilieus kommen: Soziale Arbeit kann in modernen Gesellschaften potenziell und temporär von allen Menschen (Personen) beansprucht werden.

78 Bezugnehmend auf Reidegeld (1998) in Bommes/Scherr (2000:117f).

Das Verhältnis von Profession und Mandat

- Funktionssysteme differenzieren Professionen aus, mit denen die zur Problembearbeitung erforderlichen Kompetenzen zur Verfügung gestellt werden (Expertise).
- Homogene, dominante Leitprofessionen als Voraussetzung und strukturprägendes Differenzierungsmuster für die Kontrolle von Funktionssystemen sind im Prozess der weiteren gesellschaftlichen Ausdifferenzierung eher unwahrscheinlich.
- Das Wissen um die programmatische Ausgestaltung der Hilfepraxis moderner Gesellschaft ist sehr komplex geworden. Daher ist eine Professionalisierung Sozialer Arbeit schon auf den Ebenen der Interaktion und Organisation erforderlich geworden.
- Die Frage nach der Autonomie der Profession ist nicht negativ mit Blick auf ein fehlendes Funktionssystem zu beantworten, sondern positiv mit Blick auf die quer zu allen Funktionssystemen liegende Funktion Sozialer Arbeit.
- Soziale Arbeit bearbeitet gesellschaftliche Inklusions- und Exklusionsprobleme. Sie kann in modernen Gesellschaften potenziell von jeder Person in Anspruch genommen werden.
- Die Herausbildung von Organisationen (Ämter, Verwaltungen) wird zu einem zentralen Merkmal moderner Gesellschaften. Organisationen sind die sozialen Systeme, die in modernen Gesellschaften die Funktion übernehmen, das Beziehungsverhältnis Staat–Bürger als ein Verhältnis von Loyalitäts- und Leistungserwartungen mit spezialisierten Hilfeprogrammen zu gestalten. Hilfe ist fortan mit den über die Organisation repräsentierten Erwartungsansprüchen verbunden. Soziale Arbeit als Hilfe emergiert zur Einheit der Differenz von Hilfe und Kontrolle. Soziale Arbeit nimmt das Mandat von Gesellschaft und Klient als Doppelmandat wahr.

Nachdem wir nun das Verhältnis von Profession und Mandat näher bestimmt haben, fragen wir in einem letzten Schritt nach den konkreten Möglichkeiten der Einflussnahme auf soziale Systeme und ihrer Veränderbarkeit. Doch zunächst eine kurze Gesamtübersicht über das Verhältnis System und Soziale Arbeit.

5.4. Zusammenfassung

System und Soziale Arbeit

Bezugsproblem Sozialer Arbeit	◢ Ergibt sich aus den Themen der Inklusion und Exklusion sozialer Systeme. ◢ Soziale Arbeit beobachtet und bearbeitet das Verhältnis von Inklusionschancen und Exklusionsrisiken. ◢ Soziale Arbeit reagiert auf Inklusionsgefährdungen, Exklusionsrisiken und Exklusionen, die sich aus der funktionalen Ausdifferenzierung von Gesellschaft ergeben, indem sie defizitärer Teilnahmechancen zu kompensieren versucht. Im Ergebnis handelt es sich um Inklusions- bzw. Reinklusionsvermittlung und Exklusionsvermeidung für potenziell jede Person, bei der Inklusion oder Reinklusion aus eigener Kraft nicht gelingt. ◢ Soziale Arbeit ist damit Hilfekommunikation im Kontext von Exklusionsindividualität.
Soziale Arbeit und gesellschaftliches Funktionssystem	◢ Soziale Arbeit wird sich vermutlich nicht zu einem eigenständigen gesellschaftlichen Funktionssystem ausdifferenzieren können. ◢ Ihre Programme werden durch Programme anderer Funktionssysteme überformt. ◢ Soziale Arbeit organisiert in spezialisierter Weise unspezifische Hilfe auf der Ebene von Interaktion und Organisation. ◢ Ihr Gestaltungsprinzip ist strategisch wie operativ der Versuch, Chancengleichheit herzustellen.
Profession und Mandat	◢ Soziale Arbeit ist eine autonome Profession, weil sie quer zu allen gesellschaftlichen Funktionssystemen liegt. ◢ Soziale Arbeit als Hilfe emergiert zur Einheit der Differenz von Hilfe und Kontrolle. Soziale Arbeit nimmt das Mandat von Gesellschaft und Klient als Doppelmandat wahr.

Kapitel 6
Soziale Arbeit und die Steuerung sozialer Systeme

Frage: Kann Soziale Arbeit Menschen und Gesellschaft erreichen?

Im Folgenden befragen wir die Systemtheorie nach den Konsequenzen für die Handlungsebene Sozialer Arbeit. Die Frage nach der Erreichbarkeit von Mensch und Gesellschaft durch Soziale Arbeit wird aus systemtheoretischer Sicht zur Frage nach den Möglichkeiten von Systemveränderung und Systemsteuerung. Bevor wir diese Frage behandeln, müssen wir klären, in welchem Verhältnis die drei Systemebenen: Interaktion, Organisation und gesellschaftliche Funktionssysteme zueinander stehen. Sie alle nutzen die Möglichkeiten der strukturellen Kopplung mit anderen sozialen Systemen (Kap. 5.2.4.). Dennoch stehen sie in einem unterschiedlichen Verhältnis zur Gesellschaft.

Bevor wir die einzelnen Systembeziehungen und die Frage der Steuerungsmöglichkeiten Sozialer Arbeit auf den jeweiligen Systemebenen näher untersuchen, fragen wir uns, ob sich Gesellschaft als Gesamtheit eigentlich selber steuern kann.

6.1. Steuerung von Gesellschaft?

Moderne Gesellschaften sind durch eine polykontexturale, hyperkomplexe und heterarchische Strukturbildung gekennzeichnet (Luhmann 1998:312 f., 891 f). → Polykontexturalität bezeichnet die Tatsache, dass die Gesellschaft nicht mehr einheitlich (monokontextural) beschrieben werden kann (Kap. 3.1.). Mit einer monokontexturalen Beschreibung ist der Komplexitätsgrad moderner Gesellschaft nicht hinreichend erfassbar. Vielfältige Beobachtungsperspektiven sind möglich. Ständige Neubeschreibungen bereits vorliegender Beschreibungen von Gesellschaft (Beobachtungen) erzeugen nicht mehr deckungsgleiche Sichtweisen. Die fortschreitende Zunahme der Beobachtungsmöglichkeit von Beobachtungen (z. B. durch Printmedien und Internet) und die Beobachtung, dass diese Beobachtung auch systematisch beobachtbar ist (Wissenschaft) zeigt die steigende Komplexität moderner Gesellschaften nur allzu deutlich (Lambers 2010:30f, 37f, 103f). Eine Vielzahl von Selbstbeschreibungen stehen heute neben- und gegeneinander: Industriegesellschaft, Klassengesellschaft, Massengesellschaft, Dienstleistungsgesellschaft, Erwerbsgesellschaft, Freizeitgesellschaft, Konsumgesellschaft, Zivilgesellschaft, Risikogesellschaft, Überflussgesellschaft, Wegwerfgesellschaft, Ellenbogengesellschaft, Mediengesellschaft, Wissens- und Informationsgesellschaft, Expertengesellschaft, Therapiegesellschaft, Netzwerkgesellschaft usw. Die Verschiedenheit von Beschreibungen kennzeichnet moderne – resp. spätmoderne (postmoderne) – Gesellschaften. „Mit jedem Wechsel der Systemreferenz wechselt auch die Umwelt. Für jedes System stellt sich »die« Gesellschaft anders dar“ (Berger 1996:231). Und jede Beschreibung löst ihrerseits „Gegenbeschreibungen“ (Luhmann 1998:893) aus.

Ein weiteres Merkmal neben Polykontexturalität ist die sogenannte → Hyperkomplexität. Soziale Systeme sind hyperkomplex, da sie sich an ihrer eigenen Systemkomplexität orientieren müssen. Der rationale Umgang mit der eigenen Systemkomplexität produziert zwangsläufig neue Systemkomplexität. Soziale Systeme lassen sich nicht erwartungssicher, rational durchplanen. „Systemplanung selbst erzeugt zwangsläufig Hyperkomplexität“ (Luhmann 1987:637). Ein System, dass sich als System plant und beschreibt, plant auch seine eigenen Effekte mit ein (z. B.: Budgetplanungen erzeugen möglicherweise überzogene Bedarfsmeldungen, die wiederum reflexiv mit eingeplant werden müssen). Jede Bemühung um Ausgleich setzt sich aber selbst wiederum eigener Beobachtung aus, d. h.: auch die Beobachtung der Beobachtung wird beobachtbar. Ein Ausstieg aus dieser selbstreferenziellen Zirkularität des Beobachtens und Bezeichnens ist nicht möglich (Luhmann 1998:876, 892). Hinzu kommt drittens: die Hierarchien geraten durcheinander. Polykontextuale, hyperkomplexe Gesellschaften entwickeln heterarchische Strukturen. Dezentrierte Gesellschaftsordnung – im Gegensatz zu zentralistischer Ordnung und Beschreibung von Gesellschaft – ist ein Phänomen, das besonders in Organisationen sichtbar wird. Der Wechsel von hierarchischer zu heterarchischer Ordnung kennzeichnet den Übergang zu funktionaler Differenzierung, der Ausdifferenzierung in eine Vielzahl ungleichartiger, aber mehr oder weniger gleichwertiger/-rangiger Teilsysteme, von denen keines das Ganze der Gesellschaft repräsentiert. → Heterarchie in Organisationen wiederum bedeutet die Möglichkeit (nicht die Gewissheit) des Machtausgleiches und der Selbststeuerung sowie der Selbstbestimmung auf allen Ebenen der Organisation (*bottom-up*-Prozesse). Heterarchie löst nicht Hierarchie ab, ist vielmehr ihr Komplement. Eine Entwicklung also, deren Komplexität durch zunehmende Vernetzungen auf allen Systemebenen zunimmt.

Im Ergebnis bedeutet das: Moderne, funktional ausdifferenzierte und vernetzte Gesellschaften (Baecker u. a. 2009:140) erreichen sich selbst nicht mehr. *Die* Gesellschaft gibt es nicht. Sie verfügt über keine Zentralinstanz, die vorgibt, was Gesellschaft sei, wie sie zu sein und zu werden hat. Und gäbe es diese Instanz, würde sich massenhaft Bewusstsein nicht dauerhaft (!) zu einer solchen Gesellschaft generieren lassen, die einer vorgedachten Zentralvorstellung entsprechen wird. Moderne Gesellschaft ist eine Gesellschaft „ohne Zentrum und ohne Spitze" (Luhmann 1980:72f). Die Frage des „Wir" entsteht als Frage einzelner Funktionssysteme und als politische Figur in einer Konkurrenz von differenten Macht- und Wahrheitsinteressen. So gerät Wissen über Gesellschaft zu hochkontingenter Kommunikation, die nicht zwingend auf Konsens ausgelegt ist. Gesellschaft als sinnlich erfahrbare Dimension geht verloren. Ersatzweise ist gesellschaftliche Identität nur durch Abstraktion, in der Erfassung von Grundwerten, erreichbar. Gesellschaft wird durch ihre Organisationsform, dem Verfassungsstaat, erst wieder erkennbar. Als sinnlich erfahrbare Komponenten von Gesellschaft hingegen bieten sich nur noch die von ihr geschaffenen sozialen Adressen an, die die Orte gesellschaftlicher Problembearbeitung vorhalten. Die soziale Adresse Sozialer Arbeit ist also nicht *die* Gesellschaft. Gesellschaft hat keine Adresse. An ihre Stelle tritt eine Vielzahl sozialer Adressen: die relativ autonomen, funktionalen Ausdifferenzierungen, wie Politik, Recht, Wirtschaft, Wissenschaft, Religion, Erziehung und Bildung, Gesundheit usw. Gesellschaft ist mithin als „die Gesellschaft der Gesellschaft" (Luhmann 1998) beobachtbar. Deren Komplexität und damit auch Risiken, das kommt erschwerend hinzu, steigen durch Netzwerkbildungen weiter an. Wissen über gesellschaftliche Komplexitätsentwicklung und die darin stattfindenden Systembeziehungen sowie Möglichkeiten, diese zu beeinflussen (Steuerung) ist daher für Soziale Arbeit unentbehrlicher denn je.

6.2 Systembeziehungen

Aus der Sicht der soziologischen Systemtheorie ist ihr Bezugspunkt nicht das Handeln des Subjekts und die Annahme ontologischer Gesetzmäßigkeiten, sondern das Handeln des Systems. Nicht das handelnde Subjekt, sondern das ‚handelnde' soziale System wird als Voraussetzung zur Entwicklung von Gesellschaft gesehen. Soziale Systeme bestehen in dieser Sichtweise aus Kommunikation von Personen, aber nicht aus individuell handelnden Menschen: Letztlich sind es die sozialen Systeme, die ‚handeln'. Entsprechend sind die sozialen Systeme in Luhmanns Beobachtung die Konstrukteure von Wirklichkeit, und dies in einer hochkomplexen Gesellschaft, in einem hochkontingenten Maße. Daher können wir zu der Schlussfolgerung kommen, dass die Systemtheorie für die Soziale Arbeit eine Theorie ist, die Erklärungswissen über die Beschaffenheit sozialer Systeme bereitstellt. Dieses Wissen wiederum kann der Sozialen Arbeit als Reflexionsrahmen dienen. Kurz: Die Theorie Sozialer Systeme ist, auf ihren Anwendungsnutzen befragt, eine reflexionstheoretische Grundlage für die Soziale Arbeit.

Im Folgenden ist somit zu klären, welche reflexiven Einsichten die Systemtheorie der Sozialen Arbeit bieten kann. Wir gehen dieser Frage anhand der von Luhmann herausgearbeiteten drei sozialen Systeme nach:

- Soziale Arbeit in der Gesellschaft und ihren Funktionssystemen,
- Soziale Arbeit als Interaktionssystem und
- Soziale Arbeit als Organisationssystem.

Zunächst wird es hilfreich sein, sich noch einmal das Verhältnis der drei Systemformen untereinander und ihr Verhältnis zur Gesellschaft anzuschauen. In welchem Verhältnis stehen die drei Systemformen zueinander und noch wichtiger: In welchem Verhältnis stehen sie zur Gesellschaft? Können Sie die Gesellschaft erreichen, gar steuern?

Dazu stellen wir eine zusätzliche, zunächst ungewöhnlich wirkende Frage: Kann sich die Gesellschaft überhaupt selber erreichen? Ist sie sich ihr selbst als ganze Gesellschaft zugänglich? Die Theorie sozialer Systeme gibt hierüber klare Auskunft: Moderne, funktional ausdifferenzierte Gesellschaften können sich selbst nicht erreichen, andernfalls wären sie nicht funktional ausdifferenziert. Von der Kommunikation eines Problems fühlen sich immer einzelne Teilsysteme der Gesellschaft betroffen, niemals die ganze Gesellschaft (Abb. 8).

Die Gesellschaft selbst kann nicht als Ganzheit handeln. Es gibt keine Zentralinstanz, kein Steuerungszentrum, keine Zentralagentur, die hierfür zuständig wäre. Gesellschaft muss sich demokratisch selbst gestalten. Die Gesellschaft „kommt in der Gesellschaft nicht nochmals vor und kann sich, wenn funktionale Differenzierung durchgesetzt ist, in der Gesellschaft auch nicht vertreten lassen … Es gibt in der Gesellschaft keine gute Gesellschaft, … an die man sich wenden könnte“ (Luhmann 1998:802, 866ff). Die Gesellschaft ist sich selbst intransparent. Sie hat keine eigene Adresse. Die sozialen Systeme stehen daher weder neben noch in der Gesellschaft; sie sind die Gesellschaft. Im Gegensatz dazu können Personen (psychische Systeme) nur über anschlussfähige Kommunikation (= soziale Systeme) an Gesellschaft teilhaben (Inklusion). Für sich genommen stehen psychische Systeme so gesehen außerhalb von Gesellschaft und können erst über die unterschiedlichen Inklusionsvorgänge Teil von Gesellschaft werden. Dies führt zu der bereits besprochenen Problematik von Exklusionsindividualität (Kap. 5.1., 4.2. und 4.1.4.).

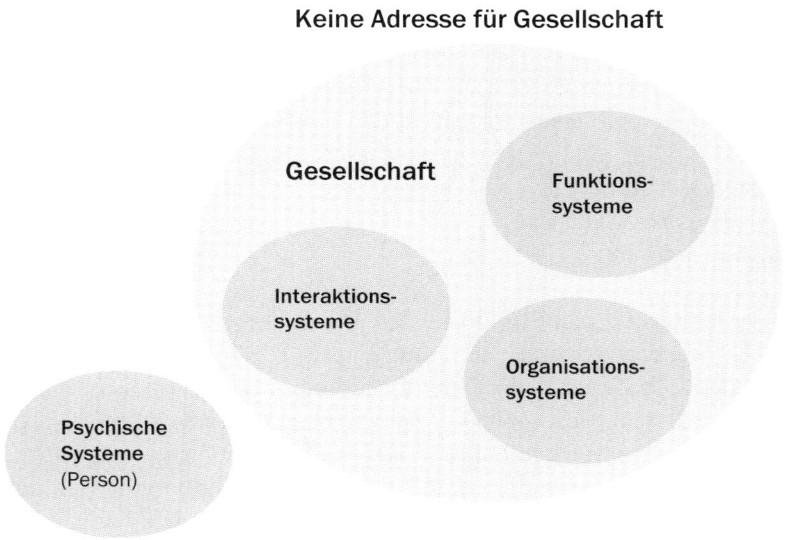

Abb. 8: Gesellschaft ohne Adresse

Folgen wir dem Argument der sich selbst intransparenten Gesellschaft, lässt sich Soziale Arbeit nur im Kontext sozialer Systeme und ihrer Verhältnisse zueinander beschreiben. Das bedeutet auch, dass sich Soziale Arbeit nicht als eine Praxis beschreiben lässt, die die Gesellschaft grundlegend verändern kann, denn: Die Gesellschaft ist sich selbst fremd.

Diese Feststellung führt schnell zu der Kritik, dass Systemtheorie dann wohl kaum geeignet sein könne, einen Theoriebezug für die Soziale Arbeit abzugeben. Soziale Arbeit ist schließlich daran interessiert, Gesellschaft zu erreichen. Wenn aber die Gesellschaft sich nicht selbst erreichen kann, wie sollte es dann die Soziale Arbeit können? Der luhmannschen Argumentation folgend kann man schlussfolgern, dass es in modernen Gesellschaften nichts, auch kein Theoriegebäude geben kann, was eine derart zentral integrierende Funktion auf Gesellschaft entfalten kann. Hier trifft sich die Systemtheorie mit der Philosophie der Postmoderne.[79] Letzte Fundierungen und letzte Wahrheiten darüber, wie gesellschaftliche Modernisierung auszusehen habe, sind nicht zu erwarten. Das Erreichen von Gesellschaft findet somit im Erreichen der Selbstreferenz ihrer Mitglieder statt. Hierfür kann es keine Leittheorie geben. Umso mehr ist dann aber eine Theorie gefragt, die die Funktion einer Reflexionstheorie erfüllen kann. Soziale Arbeit als Hilfekommunikation muss sich stets die Frage nach ihren Handlungsoptionen in Selbst- und

79 Siehe Vertiefungskommentar ‚Postmoderne und Dekonstruktion'.

Fremdreferenz stellen. Sie befindet sich sozusagen in einer Dauerreflexion mit ihren Möglichkeiten. Systemtheorie erfüllt hierbei die Funktion einer reflexionstheoretischen Grundlage. Die Frage nach den systemischen Handlungsoptionen wird so zur Frage nach den Möglichkeiten von

- Systemgestaltung,
- Systementwicklung und
- Systemsteuerung.

Jedes systemtheoretische Strukturmodell Sozialer Arbeit muss dabei dem spezifischen Mandatsverhältnis Rechnung tragen. Die Klient-Helfer-Beziehung konstituiert sich idealerweise auf der Ebene von Interaktion. Soziale Arbeit als Interaktionssystem heißt vor allem: dialogische, sprachliche Interaktion. Diese findet jedoch niemals frei von ihrem eigenen Organisationskontext statt.

In der Regel nicht handlungsleitend ist das Verständnis eines funktionalen, stets rational nach eindeutigen Entscheidungen handelnden Dienstleisters auf der Beziehungsebene zwischen Klient und Helfer. Es würde auf personaler Ebene kollidieren mit den Antriebskräften des Helfen-Wollens und der hierfür unentbehrlich einzubringenden Aufbauarbeit für Beziehungen. Die organisationalen Haltebögen sind aber nicht aus der Klient-Helfer-Interaktion wegzudenken. Systemtheoretisch lässt sich erkennen, dass Interaktion und Organisation mediale Beziehungen in Form von Programmanwendungen (Konzepte, Methoden, Verfahren) unterhalten, um ihre Selbstorganisation zu ermöglichen (strukturelle Kopplungen, Interpenetration). Anders ausgedrückt: keine Organisation ohne Interaktion und Programme, keine sozialarbeiterische Interaktion ohne Organisation und Programme. Organisation, Interaktion und Programme werden in den Systemen ‚Interaktion' und ‚Organisation' als mediale Vermittlungen genutzt, um den eigenen Kommunikationserfolg wahrscheinlicher zu machen. So kann Soziale Arbeit in ihren strukturellen Kopplungen von Interaktions- und Organisationssystemen als eine soziale Unternehmung beobachtet werden.

Als Erstes schauen wir uns an, in welchem Verhältnis die drei Systemformen zueinander stehen. Soziale Systeme operieren autopoietisch. Füreinander sind sie daher Umwelt.

6.2.1. Verhältnis Interaktions- und Funktionssysteme

Interaktionssysteme sind keine Gebilde, die außerhalb von Gesellschaft entstehen und von dort aus auf Gesellschaft einwirken. Sie sind vielmehr immer der „Vollzug von Gesellschaft in Gesellschaft" (Luhmann 1998:814). So gesehen relativiert sich ihre Autonomie. In modernen Gesellschaften ist der Einfluss von Interaktionssystemen auf Gesellschaft als persönliche, individualisierte, sprachliche Kommunikation zurückgegangen. Der Erfahrungsausschnitt von Interaktionen reicht nicht mehr. Vielmehr deckt die sprachliche und schriftliche Kommunikation (Bücher, Zeitungen) und die Kommunikation über die Massenmedien das verfügbare Wissen in Interaktionssystemen immer mehr ab. Je komplexer die Funktionssysteme der Gesellschaft sind, desto geringer beeinflussen die dialogischen Interaktionssysteme das, was gerade in Gesellschaft geschieht (Luhmann 1998:826). Es ergibt sich eine Kluft zwischen dem, was in Interaktion erlebt wird, und dem, was an gesamtgesellschaftlicher Komplexität erfasst und beeinflusst werden kann (Luhmann 1987:579). Die großen gesellschaftlichen Funktionssysteme können von einzelnen Interaktionssystemen kaum noch erreicht werden. Diese Funktion haben in modernen Gesellschaften die Organisationen übernommen. Sie unterhalten sozusagen funktionale Kommunikation.

Eine relativ neue Frage stellt sich im Zusammenhang mit technologisierbarer Kommunikation. Diese Form ist insbesondere mit dem Internet gegeben und entwickelt sich rasant mit den Möglichkeiten des *World Wide Web*. So ist festzustellen, dass sich durch die weltweit herstellbare Kommunikation in sozialen Netzwerken die politischen, religiösen und ökonomischen Einflussmöglichkeiten von Interaktionssystemen gegenüber gesellschaftlichen Funktionssystemen zunehmend vergrößern. Der Machtzuwachs von Interaktionssystemen entsteht durch ihr technologisierbares, soziales Vernetzungspotenzial. Ein Beispiel hierfür sind die seit 2010 aufkommenden politischen Aufstände, Umstürze und Revolutionen in den arabischen Ländern. Gleichwohl muss dem deutlich entgegengehalten werden, dass diese Vernetzungspotenziale auch Organisationen offen stehen. Diese wiederum nutzen soziale Netzwerke für die Adressierung organisationseigener Interessen, wie z. B. der personalisierten Werbung und der Rekrutierung von Mitgliedern für politische oder religiöse Aktionen. In der neueren Netzwerkforschung wird diese Entwicklung im Kontext sozialer, politischer und terroristischer Netzwerke beobachtet (Aderhold 2010:739–753). Außerdem lassen die Expansion von Vorratsdatenspeicherung und massenhafter Abhörpraxis eine erhebliche Zunahme der Einflussmöglichkeiten seitens funktionaler Systeminteressen vermuten.

6.2.2. Verhältnis Organisations- und Funktionssysteme

Organisationen unterscheiden sich von anderen sozialen Systemen durch eine besondere Operationsweise, und zwar durch Entscheidungen in Korporationen[80] und Kommunikation von Entscheidungen. Organisationen können im Gegensatz zu Interaktionssystemen mit den Systemen in ihrer Umwelt kommunizieren. Interaktion kann dies nur zeitlich begrenzt über die Aktivierung von Anwesenden. Organisationen hingegen können und müssen in der Zeit-, Sach- und Sozialdimension Strukturen sicherstellen, die Kommunikation mit ihrer Umwelt dauerhaft ermöglichen. Diese Tatsache zwingt zu ständigen Entscheidungen.

Die meisten Organisationen bilden sich innerhalb der gesellschaftlichen Funktionssysteme und übernehmen für sie die Aufgabe der Komplexitätsreduktion. Dies tun sie sowohl mit der eigenen Autopoiese als auch gegen sie. Das heißt: Organisationen sind sowohl zur Einschränkung ihrer Systemautonomie als auch zu ihrem Ausbau fähig, und sie tragen so zur Differenzierung des Gesellschaftssystems und seiner Funktionssysteme bei.[81] Organisationen treten in modernen Gesellschaften damit zunehmend an die Stelle von Interaktionen.

6.2.3. Verhältnis Interaktions- und Organisationssysteme

Bleibt die Frage, in welchem Verhältnis Interaktion und Organisation stehen. Organisationen kommunizieren am liebsten mit Organisationen. Mit Personen und Interaktionssystemen, die nicht Mitglieder von Organisationen sind, kommunizieren Organisationen so, als handele es sich bei ihnen ebenfalls um Organisationen (Luhmann 1998:834). Personen und Interaktionssysteme erreichen Organisationen daher nur in dem Maße, wie ihre Interessen und Erwartungen denen der Organisation entsprechen. Dabei können sie die Sinnkonstruktion von Organisationen nicht steuern. Das Gleiche gilt im umgekehrten Verhältnis. Auch Organisationen können die Sinnkonstruktionen von Person und Interaktion nicht steuern. Auch sie sind darauf angewiesen, Kommunikation anschlussfähig zu halten (Kap. 4.5.4.). Allerdings verfügen Organisationen durch Nutzung symbolisch generalisierter Kommunikationsmedien der Ihnen zugehörigen gesellschaftlichen Funktionssysteme über ein höheres Irritationspotenzial als psychische Systeme (Personen) und Interaktionssysteme (Kommunikation unter Personen).

---

80 Korporation = Körperschaft, juristische Person.

81 Z. B. Selbstanpassung bürokratischer Organisationen (Luhmann 1987:479, 1998:826f).

6.2.4. Zusammenfassung

Das Verhältnis sozialer Systeme zueinander stellt sich zusammengefasst wie folgt dar (Abb. 9):

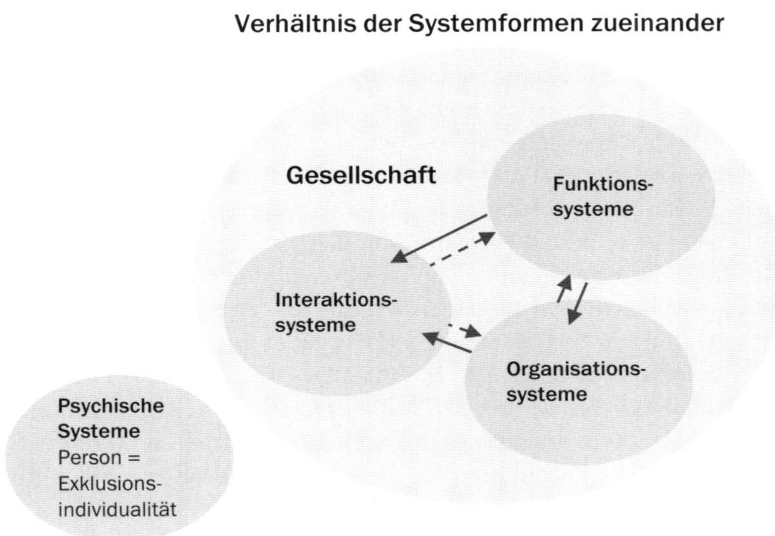

Abb. 9: Verhältnis der Systemformen zueinander

Interaktionssysteme können nur einen geringen Einfluss auf gesellschaftliche Funktionssysteme und den ihnen zugehörigen Organisationssystemen nehmen. Umgekehrt ist diese Erreichbarkeit jedoch in dem Maße gegeben, wie an den systemeigenen Sinn angeschlossen werden kann. Das vollzieht sich über Inklusion/Exklusion durch Organisation.

Funktionssysteme bilden ihre eigenen Organisationssysteme aus. Die wechselseitige Erreichbarkeit ist insofern gegeben, als dass Organisationssysteme systemspezifischen Sinn der gesellschaftlichen Funktionssysteme, denen sie zugeordnet sind, durch Entwicklung und Durchführung von Entscheidungsprogrammen zur Anwendung bringen.

6.3. Soziale Arbeit im Kontext der Systembeziehungen

Nachdem die Systembeziehungen geklärt sind, werden wir jetzt untersuchen, welche Schlussfolgerungen wir hieraus für die Frage nach der Funktion und Bedeutung der Sozialen Arbeit ziehen können. Wir bewegen uns bei dieser

Untersuchung wieder auf den drei Systemebenen: Interaktion, Organisation und gesellschaftliche Funktion.

In einem ersten Schritt werden wir das Verhältnis Soziale Arbeit und gesellschaftliche Funktionssysteme näher betrachten. Hier geht es um die Frage, wie es um das Verhältnis von Interaktion und Organisation (= Soziale Arbeit) zu den gesellschaftlichen Funktionssystemen bestellt ist. Hierbei müssen wir zum Ersten die Perspektive des Sozialarbeiters/der Sozialarbeiterin beachten, die im Kommunikationssystem mit einer Klientel entsteht, wenn Sozialarbeiter/Sozialarbeiterinnen sich auf gesellschaftliche Verhältnisse beziehen (Anpassung an Gesellschaft). Zum Zweiten müssen wir die Perspektive der Organisation betrachten, in deren Auftrag die Sozialarbeiterin/der Sozialarbeiter unterwegs ist (Veränderung von Gesellschaft). Auch sie ist in einer gesonderten Beziehung zur Gesellschaft zu sehen. Es geht also um die Frage der Erreichbarkeit von Gesellschaft durch Soziale Arbeit.

In einem zweiten Schritt werden wir uns das Verhältnis „Soziale Arbeit und Interaktionssysteme“ anschauen. Hier geht es um die Frage, in welchem Verhältnis Soziale Arbeit als Interaktions- und Organisationssystem zu ihrer Klientel steht. Wir beleuchten damit die Frage, wie die Erreichbarkeit von Personen und Interaktionssystemen durch Soziale Arbeit bewertet werden kann. Von zentraler Bedeutung wird die Kommunikation zwischen ‚Profession–Person‘ und ‚Klient–Person‘ sein. Hier entscheidet sich zu einem großen Teil, ob in modernen Gesellschaften (Zeitdimension), die funktional differenziert sind (Sachdimension), über Kommunikation (Sozialdimension) Hilfen so erfolgreich verhandelt werden können, dass sie gesellschaftliche Inklusion vermitteln und Exklusion vermeiden. Es geht also um die Frage der Erreichbarkeit von Klientel durch Soziale Arbeit.

In einem dritten Schritt werden wir kurz auf das Verhältnis „Soziale Arbeit und Organisation“ eingehen. In diesem Beziehungsverhältnis steht Soziale Arbeit als Organisation vor der Frage ihrer eigenen Autopoiesis und ihres eigenen Überlebens (Management). Es geht also um die Selbst-Erreichbarkeit Sozialer Arbeit im Verhältnis zu den Komplexitätsanforderungen von Umwelt und Eigenkomplexität. Wir beleuchten damit die Frage: In welchem Verhältnis steht Soziale Arbeit als Organisation zu sich selbst in der Kommunikation mit andern Systemen (Umwelt)? Die Handlungsperspektive und die Erlebensperspektive von Organisation stellen sich hier als Aufgabe der Systemgestaltung, der Systementwicklung und der Systemsteuerung dar.

6.3.1. Soziale Arbeit und gesellschaftliche Funktionssysteme

Die hohe Komplexität der gesellschaftlichen Funktionssysteme beeinflusst die Autonomie der Interaktionssysteme: Je komplexer die Funktionssysteme, desto geringer die Autonomie der Interaktionssysteme. Auf welche Exklusionsrisiken ein Jugendlicher z.B. in der Ausbildung einer Online-Game-Spielsucht oder Alkoholsucht-Erkrankung zusteuert, kann er aus eigener Anschauung nicht voll erfassen. Was er über Online-Spiele oder Alkoholproprodukte weiß, weiß er möglicherweise aus der Werbung, und wie er sich selber sieht und werden will, möglicherweise auch. Die Gesamtkomplexität, in der sich der Jugendliche bewegt, ist für ihn nicht durchschaubar und gibt ihm kaum Anlass zur Umgestaltung seines Verhaltens. Der Sozialarbeiter wird durch seine Beobachtung (2. Ordnung) diese Komplexität möglicherweise reduzieren können, indem er den Jugendlichen über negative Folgen von Alkoholwerbung und medialen Vorbildern sowie die damit verbundenen Exklusionsrisiken aufklärt. Was der Jugendliche hiervon annimmt, liegt aber nicht in der Macht des Sozialarbeiters. Und wenn es erst zur Exklusion gekommen ist, wird der Jugendliche eine eigene Sichtweise auf seine Lage entwickeln (z.B. „Die Werbung ist schuld an meiner Sucht"). Dem Sozialarbeiter wird deutlich, dass die Bearbeitung sozialer Probleme nicht allein Sache von Interaktionen unter Betroffenen sein kann. Vielmehr wird er erkennen, dass soziale Problem auch von Gesellschaft produziert werden. In diesem Fall wird er an die gesellschaftlichen Funktionssysteme Massenmedien, Wirtschaft und Recht denken und z.B. die Notwendigkeit einer Nachsteuerung im Rechtssystem in den Blick nehmen (z.B. durch rechtliche Regelungen für Produktwerbungen o. Ä.). Das Interaktionssystem ‚Sozialarbeiter–Jugendlicher' ist aber kein System, mit dem gesellschaftliche Funktionssysteme erreicht werden können.

Die operative Begrenzung Sozialer Arbeit wird auf der Interaktionsebene deutlich. Wenn wir von operativer Begrenzung sprechen, heißt dies aber nicht, dass Soziale Arbeit zu Untätigkeit verdammt ist. Damit dies deutlich wird, müssen wir von der Interaktions- auf die Organisationsebene wechseln. Organisationen übernehmen für die Funktionssysteme die Aufgabe, Komplexität zu reduzieren. Wie aber bereits belegt wurde, operiert Soziale Arbeit als Organisation ohne ein dazugehöriges gesellschaftliches Funktionssystem (Kap. 5.2.). Gleichwohl übernimmt Soziale Arbeit als Organisation die Funktion der Komplexitätsreduktion von Hilfe in modernen Gesellschaften.

Als wir uns den Wandel gesellschaftlicher Differenzierung angeschaut haben, konnten wir feststellen, dass sich Hilfe in allen Stadien gesellschaftlicher Differenzierungen autopoietisch entwickelt hat (Kap. 4.1.). Aus der wechselseitigen Hilfe in archaischen Gesellschaften wurde die moralisch codierte Hilfe der hochkultivierten Gesellschaft. Im Stadium der modernen Gesellschaft schließlich wurde Hilfe zu einer sicher erwartbaren, staatlich organisierten Leistung. Sie bearbeitet solche Inklusions- und Exklusionsprobleme, die die großen gesellschaftlichen Funktionssysteme nicht bearbeiten können. Soziale Arbeit hat es auf der Ebene von Organisation demnach mit Komplexitätsthemen unterschiedlicher gesellschaftlicher Funktionssysteme zu tun. Soziale Arbeit bearbeitet jene Komplexitätsprobleme gesellschaftlicher Funktionssysteme, die über ihre eigenen Codes und Programme nicht oder nicht mehr bearbeitet werden können. Die daraus entstehenden Folgeprobleme werden den Sozialsystemen überlassen.

Hieraus folgt: Soziale Arbeit agiert als bedeutsamer Sensor für Themen gesellschaftlicher Inklusions- und Exklusionsprobleme. Es gibt keine prinzipielle Grenze der Expansionsmöglichkeiten Sozialer Arbeit (Bommes/Scherr 2000:200). Auf der Interaktionsebene stellt sich dies z. B. als Aufklärungsfunktion dar. Diese verschafft sich als Politisierungsfunktion Raum in gesellschaftlichen Funktionssystemen. Arbeit in Gremien, Aufbau von Interessensnetzwerken und die Entwicklung von Einmischungsstrategien sind hierfür einige Beispiele (Mielenz 1981). Diese Funktion wird von den Organisationen Sozialer Arbeit und ihrer Vernetzung mit Organisationen gesellschaftlicher Funktionssysteme (hier besonders Politik und Recht) wahrgenommen. Beispiele hierfür findet man im Kinder- und Jugendhilfegesetz (KJHG). Dort wurde schließlich im Zuge der Novellierung des vor dem KJHG geltenden Jugendwohlfahrtsgesetzes gesetzlich festgelegt, dass Soziale Arbeit bei der Schaffung und Erhaltung einer familienfreundlichen Umwelt (z. B. Stadtplanung, Stadtentwicklung) mitwirken soll.[82] Viele weitere Beispiele der politischen Einmischung, wie die Reform der Heimerziehung in der Jugendhilfe, die Psychiatriereform oder die Reform des Entmündigungsrechtes, lassen sich an dieser Stelle anführen.

Regulative Ideen (Solidarität, soziale Gerechtigkeit usw.) sind praktisch der Stoff der Autopoiesis Sozialer Arbeit. Die Frage ist sicherlich, ob es gelingen kann, mit regulativen Ideen Sozialer Arbeit der Gesellschaft ein eindeutiges Gesicht zu geben und sie sich selbst erreichbar zu machen. Die Antwort ist: das ist zumindest unwahrscheinlich. Regulative Ideen werden in modernen Gesellschaften als Medien gebraucht und sind damit der Kontingenz und Selektivität von Kommunikation ausgesetzt. Anders wäre dies – theoretisch – in einer Gesellschaft, die darüber verbindliche Auskunft gibt, was Gesellschaft sei. Das wären dann aber Gesellschaften ohne Kontingenzen, die wissenschaftlich, politisch, religiös determinierend und allgemein anerkannt vorgeben, was Gesellschaft zu sein habe. Gesellschaftliche Zentralinstanzen also, die als allgemein anerkanntes Steuerungszentrum Gesellschaft definieren. Dass dieses Konsensmodell keine realistische Vision ist und es zum

82 „Jugendhilfe soll … dazu beitragen, positive Lebensbedingungen für junge Menschen und ihre Familien sowie eine kinder- und familienfreundliche Umwelt zu erhalten oder zu schaffen" (§ 1 (3) 4. KJHG).

Zwangsmodell würde, wenn es sich trotzdem durchsetzen ließe, braucht nicht extra betont zu werden.

Diese Einordnung der gesellschaftlichen Reichweite Sozialer Arbeit bedeutet hingegen nicht, dass systemisch orientierte Soziale Arbeit werturteilsfrei und eine Profession ohne Moral sei. Diese Schlussfolgerung findet man als Kritik an der Systemtheorie leider immer wieder. Luhmann hat für die Forschungsperspektive die Abwesenheit von Moral und Werturteil gefordert, und dies aus guten Gründen. Sein Interesse war schließlich zu klären, wie regulative Ideen in Gesellschaften erst entstehen können. Brächte Forschung diese Ideen bereits im Forschungsprozess mit ein, würde hierdurch bereits das verändert, was es zu beobachten und zu verstehen gilt. Das bedeutet aber nicht, dass Kommunikation frei von Moral, Werten und Normen ist oder gar darauf verzichten soll. Werturteilsfreiheit in der Sozialen Arbeit heißt nicht, auf Normen zu verzichten, sondern vielmehr: nicht die Achtung vor dem zu verlieren, der Normen verletzt oder nicht erfüllen kann. Solange die Codes funktionieren, ist Moral verzichtbar, und erst, wenn die Codes bewusst ignoriert werden, ist Moral einzubringen.[83]

Die Reichweite Sozialer Arbeit gegenüber gesellschaftlichen Funktionssystemen lässt sich im Kontext der Systemtheorie also in ihrer sensorischen, aufklärerisch-politischen, einmischenden und damit werturteilsgebundenen Funktion bestimmen. Soziale Arbeit kann hingegen das auf der Makroebene Auseinandergerissene für ihre Klientel nicht wieder zusammenfügen. Diese Funktion erfüllen die sozialen Bewegungen (Arbeiterbewegung, Frauenbewegung, Friedensbewegung, Umweltbewegung, politische Bewegungen usw.). Sie sind eine Form der gesellschaftlichen Selbstbeobachtung, die die Mängel gesellschaftlicher Funktionssysteme anzeigt (Kern 2008).

Das Verhältnis von Sozialer Arbeit und gesellschaftlichen Funktionssystemen

Gesellschaftliche Funktionssysteme sind durch Interaktions- und Organisationssysteme nur sehr begrenzt erreichbar. Soziale Arbeit als Interaktion und Organisation fungiert aber als Sensor für die Probleme gesellschaftlicher Inklusion und Exklusion. Diese Beobachtungen bringt Soziale Arbeit als Aufklärungsthemen in die Mikroebene ein (z. B. Deutung von Lebensplänen, Aufklärung über prekäre Folgen usw.). Erst auf der Makroebene können diese Beobachtungen in den Organisationen Sozialer Arbeit zu regulativen, werturteilsgebundenen Ideen umformuliert und in Richtung gesellschaftlicher Funktionssysteme (z. B. Politik, Wirtschaft, Recht) kommuniziert werden.

83 Vgl. Interview mit Niklas Luhmann in Bardmann/Lamprecht (1999).

Nachdem wir die Funktion Sozialer Arbeit hinsichtlich ihrer gesellschaftlichen Gestaltungsaufgabe abgesteckt haben, betrachten wir nun ihr Verhältnis zur Interaktion.

6.3.2. Soziale Arbeit als Interaktion

Interaktionssysteme spielen im Kontext Sozialer Arbeit eine doppelte Rolle. Zum einen beobachtet Soziale Arbeit die Interaktionssysteme ihrer Klientel (Einzelne, Gruppen, Familien, Gemeinwesen) im Aufbau eines helfenden Interaktionssystems (Klient-Helfer-System). Zum anderen agiert Soziale Arbeit in diesem Bemühen vor allem auf der Ebene von Organisation. Sie handelt nicht als Privatperson und nur in wenigen Fällen in freiberuflicher Profession (z. B. Berufsbetreuer in der rechtlichen Betreuung). Das Interaktionssystem ‚Professionsperson-Klientperson' ist in der Regel durch strukturelle Kopplung an Organisationen Sozialer Arbeit gebunden. Selbst für Freiberufler in der Sozialen Arbeit ist diese Ebene nicht durchgängig ausgeschaltet.[84] Dieser doppelte Bezug Sozialer Arbeit erzeugt ein komplexes Verhältnis von Selbst- und Fremdreferenz. In der Berufsausübung kommt dieses Verhältnis als ‚doppeltes Mandat' zum Tragen (Kap. 5.3.2.).

Nun ist grundsätzlich sowohl auf der Beobachtungsebene des Erlebens als auch auf der Aktionsebene des Handelns mit der Selbstreferenzialität psychischer Systeme (Personen) umzugehen. So wird z. B. eine Sozialarbeiterin aus systemtheoretischer Perspektive sofort realisieren, dass problematisch erlebte Verhaltensweisen eines Klienten zunächst Ausdruck seines sinnhaft gegebenen Interaktionssystems sind. Sie wird demzufolge nicht davon ausgehen, dass sie sein Verhalten, seine Haltungen und Einstellungen durch Ratschläge oder Instruktionen steuern kann. Vielmehr wird sie sich daran erinnern, dass Sinn – so sinnlos er ihr im Einzelfall erscheinen mag – die Steuerungszentrale sozialer und psychischer Systems ist. Also muss sie an dem systemeigenen Sinn anschließen, um die Person zu dem Handeln (Verhalten, Haltungen, Einstellungen) zu motivieren (irritieren), das in eine von ihr und dem Klienten gewünschte Richtung führen kann. Das heißt, beide Personen brauchen das Interaktionssystem, damit Neues entstehen kann (→ Emergenz).

Wenn an selbstreferenziellen Sinn des psychischen Systems direkt angeschlossen werden kann, ergibt sich keinerlei Steuerungsproblematik. Klienten Sozialer Arbeit würden in diesen Fällen die von der Sozialarbeiterin an-

84 Zum Beispiel wieder der Berufsbetreuer in der gesetzlichen Betreuung. Hier ergibt sich strukturelle Kopplung zwar nicht mit einer Organisation Sozialer Arbeit, jedoch mit einer Organisation des Rechtssystems, dem Vormundschaftsgericht.

gebotenen Lösungsvorschläge als passend zu ihrem Problem begrüßen. Dass Klienten die vom Sozialarbeiter angebotenen Lösungen (Sinnangebote, Sinnirritationen) direkt übernehmen können, bildet jedoch eher die Ausnahme. Wahrscheinlicher ist die Erfahrung, dass der vorgeschlagene Lösungsweg nicht zum Erfolg geführt hat und der Sozialarbeiter vom Klienten um eine Alternative gebeten wird. Der Sozialarbeiter gerät auf diese Weise in eine Spirale von stets neuen und wieder abgelehnten Lösungsvorschlägen. Das eher passive Erleben von Hilfe ist die Folge, und das kann in der Regel keine aktivierenden Wirkungen im Sinne eigener Systemhandlungen auslösen.

Da sich ‚Sinn' infolge der Selbstreferenzialität psychischer Systeme nicht von außen steuern lässt, ist die Verunsicherung – oder besser: die konstruktive Irritation – von ‚Sinn' der einzige Weg für eine autonome Systemveränderung. Luhmann beschreibt diesen Sachverhalt mit Irritation oder auch „Perturbation" (Luhmann 1998:790) (Kap. 4.5.1.). Irritationen regen zur Fortsetzung der autopoietischen Operationen eines sozialen Systems an. Sie versetzen das System in eine Situation, in der es entscheiden muss, ob es Strukturveränderungen vornehmen muss oder ob es warten kann, bis die Irritation vorübergeht, da es nur ein einmaliges Ereignis war. Traditionell kennt man dies in der Sozialen Arbeit mit der scheinbar paradoxen Figur der „Hilfe zur Selbsthilfe" schon aus der Zeit, als Systemtheorie noch gar nicht gedacht wurde.[85] Aus systemtheoretischer Perspektive ist hier das Verhältnis der Ko-Produktion von Hilfe angesprochen (Schaarschuch 1999:554)[86] (Kap. 4.5.7.).

Fortgesetzte Irritation ist damit das Mittel der Wahl oder gar der Königsweg Sozialer Arbeit. Beispiele für Irritation als eine Technik innerhalb von Methoden und Konzepten Sozialer Arbeit sind in den re- und dekonstruierenden Verfahren der Pädagogik allgemein und der Sozialen Arbeit beschrieben.[87] Diese Verfahren sind gekennzeichnet durch Freiwilligkeit, Eigeninteresse, Verantwortung, Entscheidungszuständigkeit und subjektive Problembearbeitung des Klienten. Sie entsprechen nichtdirektiven, auf ein implizites Ziel gerichteten Techniken. Verbreitet sind sie unter der Bezeichnung ‚zirkuläre Verfahren' (z. B. nichtdirektive Gesprächsführung, zirkuläres Fragen; Perspektivenwechsel; Sowohl-als-auch-Blick; „von der Wirklichkeitskonstruktion zur Möglichkeitskonstruktion"; Skulpturen; Systemaufstellungen;

---

85 Intentional zumindest in den Ideen enthalten z. B. von Thomas Chalmers (1780–1847); „no alms", in der Frühkindpädagogik Maria Montessoris (1870–1952); „Hilf mir, es selbst zu tun", in der Idee der selbstverwaltenden „Kinderrepublik" von Janusz Korczak (1878–1942) und auch in der Befreiungspädagogik Paulo Freires (1921–1997).

86 Siehe Vertiefungskommentar ‚Ko-Produzent'.

87 In der Pädagogik allgemein vgl. z. B. Reich (2000:224 ff.). In der Sozialen Arbeit vgl. Kleve (2003).

Beobachterlandschaften; Reframing; Optionenpolitik; Rekonstruktionsarbeit; Reflecting Team usw.) (von Schlippe/Schweitzer 1998). Über den methodisch verfahrensmäßigen Aspekt hinaus geht das sogenannte „Empowerment" (Herriger 1997).[88] Es ist als Leitfigur einer grundsätzlichen Professionshaltung der Hilfe zur Selbstermächtigung bekannt geworden.

Sozialgesetzlich hat sich die Beachtung selbst- und fremdreferenzieller Sachverhalte z. B. im Kinder- und Jugendhilfegesetz niedergeschlagen. Ein Beispiel hierfür ist das Hilfeplanverfahren nach § 36 KFHG, an dem das Kind/der Jugendliche sowie seine Eltern beteiligt werden müssen. Theoretischer Hintergrund war weniger die Systemtheorie als vielmehr die Theorie alltags- und lebensweltorientierter Sozialpädagogik (Thiersch). Gleichwohl zielt der Lebensweltbegriff auf die Bedeutung selbstreferenzieller Zusammenhänge ab. Mit diesem Königsweg Sozialer Arbeit – er wird in der Sozialen Arbeit als ‚Aushandlungsparadigma' bezeichnet[89] – ist aber nur ein Teil der Wahrheit von Selbst- und Fremdreferenz gesagt. Die Selbstreferenz der Organisation, in deren Auftrag Sozialarbeiterinnen und Sozialarbeiter handeln, ist damit noch nicht in den Blick genommen. Dieser Blick jedoch wird zeigen, dass sich das Spannungsverhältnis von Selbst- und Fremdreferenz nicht durch ein Aushandlungsparadigma in Luft auflösen kann.

Aus der Sicht der Hilfeadressaten wird die Seite des Helfens als persönliches, konkretes Hilfeinteresse wahrgenommen. Da dies jedoch strukturell an die Durchsetzung der rechtlich codierten Hilfeerbringung gekoppelt ist, kann im Bewusstsein der Hilfeadressaten eine Ambivalenz im Hilfeprozess ausgelöst werden. Diese Ambivalenz drückt sich allgemein als Spannungsfeld von Hilfe und Kontrolle aus (Kap. 5.3.2.). Drastischer wird dies deutlich bei einem sozialarbeiterisch eingeleiteten Sorgerechtsentzug oder der sozialpädagogisch begleiteten Ableistung von Sozialstunden zwecks Abwendung einer Jugendstrafe, bei einer sozialarbeiterisch beim Gericht angeregten Einrichtung einer gesetzlichen Betreuung für eine psychiatrisch ambulant betreuungsbedürftige wohnungslose Person oder bei der Zwangsunterbringung eines Klienten in der Psychiatrie. Dies sind nur einige wenige Beispiele Sozialer Arbeit in unterschiedlichen Zwangskontexten und des Gebrauches von Eingriffsnormen.[90] Die Symbolik der Rechtsmacht schwingt bei allem Bemühen um Konvertierung in ‚Hilfe' im Hintergrund mit.

---

88 Siehe Vertiefungskommentar ‚Empowerment'.

89 Nicht eine einseitige Diagnostik durch den Experten bestimmt das Ziel, sondern die ständige Aushandlung realisierbarer Ziele zwischen Klient und Sozialarbeiter. Soziale Diagnostik (Fallverstehen) ist somit Ergebnis und Tätigkeit zugleich. Man spricht auch vom Uno-actu-Prinzip (Schrapper 2004.10).

90 In erster Linie sind gemeint: Sorgerechtsentzug bei Kindeswohlgefährdung nach dem Bürgerlichen Gesetzbuch (BGB) in Verbindung mit den Eingriffsnormen des Kinder-

Aus der Theorie sozialer Systeme ist nun nicht ableitbar, dass sich infolge der Autopoiese und mangels konstruktiven Irritationspotenzials keine direktiven Steuerungsversuche durch Soziale Arbeit rechtfertigen ließen.[91] Auch wenn sozialarbeiterische Eingriffe gegen die Autopoiese psychischer Systeme erlebt werden, ist damit nicht gesagt, dass notwendige Sinnirritation damit auf der Strecke bleiben wird. Im Sinne anschlussfähiger Kommunikation ist es jedoch nicht damit getan, Soziale Arbeit in Zwangskontexten auf die Funktion von Kontrolle zu reduzieren. Gefordert ist eine Auflösung des drastisch auftretenden Spannungsverhältnisses von Hilfe und Kontrolle, um Anschlusskommunikation im Sinne selbstproduzierter Veränderung durch den Klienten möglich zu machen. Die →Varietät (d.h. das vom System verkraftbare Ausmaß der Verschiedenartigkeit seiner vom ihm selbst produzierbaren Ereignisse) wird durch den Gebrauch von Eingriffsnormen nicht zwingend zerstört. Wenn Soziale Arbeit ‚Kontrolle' in ‚Hilfe' konvertieren kann, und Anschluss an die Hilfekommunikation findet, können Interventionen sekundär auch als Hilfe erlebt werden. Diese kommunikative ‚Not-Wendigkeit' lässt sich auch als Merkmal einer advokatorischen Ethik begründen. Soziale Arbeit kann „pädagogische Eingriffe" (Brumlik 1992) legitimieren, da nur sie in der Lage ist, mit dieser Paradoxie umzugehen. Die Konvertierungsleistung von ‚Kontrolle' in ‚Hilfe' braucht einen Ort. Dieser Ort ist in Gesellschaft nur mit Sozialer Arbeit verfügbar.

Soziale Arbeit als Interaktion

- Soziale Systeme steuern sich selber. Sie sind in ihrem Sinn jedoch irritierbar und indirekt zu eigenen Umlenkungsversuchen anregbar. Soziale Arbeit als Interaktionssystem regt durch konstruktive Sinnirritation Personen zur Entwicklung von alternativen, problemlösenden Einstellungen und Verhaltensweisen an. Klient und Sozialarbeiter treten in ein Verhältnis der Ko-Produktion von Hilfe.
- Der Gebrauch von Eingriffsnormen erfordert die Konvertierung von ‚Kontrolle' in ‚Hilfe', um Anschlusskommunikation im Sinne gemeinsam mit dem Klienten produzierter Veränderung wahrscheinlich zu machen.

---

und Jugendhilfegesetzes (KJHG). Einschränkungen der Geschäftsfähigkeit im Zuge des Betreuungsgesetzes (BGB/BtG). Zwangsunterbringung nach dem Gesetz über Hilfen und Schutzmaßnahmen bei psychischen Krankheiten (Psych-KG).

91 Vgl. als Kritik an Luhmann Klassen (2004.273). Vgl. als Auslegung von Luhmann bei Kleve (1999, 2000, 2003). Im Kontext konstruktivistischer Pädagogik vgl. Reich (2000).

Nachdem nun das Verhältnis Sozialer Arbeit zu Interaktionssystemen beschrieben ist, lenken wir unseren Blick auf das Verhältnis zur Organisation. Das mag zunächst paradox klingen, da Soziale Arbeit ja selber auf der Ebene von Organisation operiert, wird aber unmittelbar wieder einsichtig, wenn wir daran denken, dass Soziale Arbeit kein eigenes gesellschaftliches Funktionssystem ist und auf der Ebene von Interaktion und Organisation operiert. Folglich muss sie sich auch auf dieser Ebene in Differenz ‚System/Umwelt' selbst beobachten.

6.3.3. Soziale Arbeit als Organisation

Die Beobachtung Sozialer Arbeit auf der Ebene der Organisation führt auf die Ebene der Selbstbeobachtung der Sozialen Arbeit als Organisationssystem. Damit sind wir unmittelbar mit der Thematik des Sozialmanagements befasst. Da dies ein sehr weit reichendes Feld eröffnet, können wir uns hier nur einen kurzen Überblick verschaffen. Dieser ist dennoch elementar. Da wir davon ausgegangen sind, dass Soziale Arbeit nur auf den Ebenen von Interaktion und Organisation operiert und eine Ausdifferenzierung als eigenständiges gesellschaftliches Funktionssystem eher unwahrscheinlich ist, haben wir mit der Organisationsebene offensichtlich die zentrale Überlebensfrage Sozialer Arbeit vor uns.

6.4. Kleiner Exkurs zum Thema Sozialmanagement

Ähnlich wie im Management der Privatwirtschaft greift man auch in der Sozialwirtschaft (Sozialmanagement) auf Systemtheorien zurück. Im Management hat systemisches Denken Eingang gefunden, da es sich mit den in den Organisationen zu bearbeitenden Steuerungs- und Entscheidungsaufgaben befasst. Gestaltung, Entwicklung und Steuerung wird in Organisationen zu einer zentralen Frage, da Organisationen für ihren Fortbestand ständig Entscheidungen treffen müssen, die ihr diesen Fortbestand zumindest wahrscheinlich machen.

In der Managementtheorie wird auf der einen Seite ein Zugang verfolgt, der konstruktivistische und kybernetische Erkenntnisse zu verknüpfen versucht. Diese Richtung tritt als angewandte Kybernetik unter dem Namen „St. Galler Management-Modell"[92] auf. Auf der anderen Seite werden stärker

92 Das St. Galler Management-Modell geht auf Hans Ulrich und Walter Krieg (1974)

Luhmanns Theorie Sozialer Systeme sowie seine Arbeiten zur Organisation und Entscheidung zugrunde gelegt (Baecker 2003, 2003b, 2004, Willke 2001, 2004). Diese Konzepte werden seit langem in der Privatwirtschaft thematisiert.

Mittlerweile sind auch Anknüpfungspunkte dieser beiden Konzepte zum Non-Profit-Management sowie speziell zum Sozialmanagement gefunden worden (Schwarz 2005, Theuvsen 2003). Beide Ansätze finden ihre Gemeinsamkeit darin, dass sie an der Entdeckung von Steuerungsoptionen interessiert sind, obwohl es diese gemäß ihrem konstruktivistischen Theoriestandort eigentlich nicht geben kann. Heinz von Foerster hatte hierfür eine paradoxe Formulierung gefunden:

> „Wir müssen die unentscheidbaren Fragen entscheiden."
> (von Foerster 1993:73)

Aus der Gemeinsamkeit dieser paradoxen Ausgangsfrage werden wiederum unterschiedliche Antworten gefunden. Die einen suchen sie eher in der Rückkoppelung von Unternehmen und Umwelt, die anderen eher im Kommunikationssystem Organisation. Im ersten Fall wird die Lösung eher in der unternehmensinternen Schaffung von Strukturen der Selbstorganisation mit Blick auf sich verändernde Umweltanforderungen gesucht.[93] Solche Lösungsversuche sind top-down organisiert. Im zweiten Fall versucht man die Selbststeuerung anzuregen, indem man die systemexternen Bedingungen der Mitarbeiterinnen und Mitarbeiter in den Blick nimmt (→ Kontextsteuerung).[94] Diese Konzepte stellen eher ein Wissensmanagement in den Vordergrund. Dabei geht es primär nicht um ein Wissen, das ein externer Beobachter (z. B. Unternehmensberatung) einbringt. Vielmehr geht es um die Entwicklung von Wissen für die Problemlösung „aus der Sicht des lernenden Systems" (Willke

---

sowie Fredy Sidler (Krieg/Siedler 1977) zurück und die darauf aufbauenden Weiterentwicklungen auf Knut Bleicher (2004), Fredmund Malik (2003), Johannes Rüegg-Stürm (2003), Günter Müller-Stewens und Christoph Lechner (2005). Insbesondere Malik verknüpft seine Arbeiten mit dem Begründer der Management-Kybernetik Anthony Stafford Beer (1985), der Erkenntnisse der Biokybernetik und neuronaler Netze in seine Forschung einbezog.

93 St. Galler Modell, vgl. besonders bei Beer und Malik (z. B. Stakeholder-Ansatz; er versucht die Interaktionsthemen mit den Interessengruppen des Unternehmens in den Blick zu nehmen und für die strategische Ausrichtung zu nutzen).

94 An luhmannscher Theorie orientiert. Vgl. besonders Willke zum Thema Wissensmanagement (2001:247–357, 2004:66–105) sowie Organisationsentwicklung (2005:141–215) und Baecker (2003, 2003b:105–115).

2004:49). Dieses Konzept ist eher projektorientiert und an ‚Bottom-up-Prozessen‘ interessiert.

Die luhmannsche Systemtheorie bietet dem Management keine direkten Lösungen für die strategische Planung eines Unternehmens. Systemtheorie dient dem systemischen Management Sozialer Arbeit als reflexionstheoretische Grundlage. Die bekanntesten Managementtheoretiker greifen nicht nur auf die luhmannsche Theoriebildung zurück. Sie beziehen sich darüber hinaus auf unterschiedliche Organisations- und Netzwerktheorien und besonders auf die Kybernetik.

6.4.1. Unternehmen als System

Ein Unternehmen ist aus Sicht der Systemtheorie eine Organisation und damit ein soziales System. Es ist zunächst unerheblich, ob es sich dabei um ein gewinnorientiertes, sprich: Profit-Unternehmen (Privatwirtschaft) oder um ein gemeinnütziges, sprich: Non-Profit-Unternehmen (z. B. Soziale Arbeit) handelt. Sowohl wirtschaftliche als auch soziale Organisationen sind keine konditional-, sondern überwiegend zweckprogrammierte Organisationen (Kap. 4.5.4.). Damit ist eine besonders hohe Kontingenz gegeben. Das erfordert Selektionsleistungen, mit denen sich auch die Leitung und Führung (Management) von Wohlfahrtsorganisationen auseinandersetzen muss.

In der (betriebswirtschaftlichen) Managementtheorie finden sich Bestrebungen, die Systemtheorie mit Erkenntnissen der Kybernetik zu verbinden und Beobachtungen einer bedingten Steuerung mehr Raum zu geben. Die Analyse der Gestaltungs- und Steuerungsprobleme bezieht sich nicht reduziert auf die Steuerungsversuche der Systemelemente (Personen, Aufbau, Ablauf, Wissen, Struktur, Kultur usw.) in der Unternehmung selbst; sie erweitert diese um die Analyse der Beziehungen der Unternehmung zu der sich ständig wandelnden Umwelt (Wirtschaft, Technologie, Politik, Interessengruppen usw.) und möglicher Einflussnahmen.

Im Verhältnis Interaktionssystem-Organisationssystem zielt der Blick von Managementanforderungen auf die Frage der konkreten Unternehmensgestaltung, Unternehmensentwicklung und Unternehmenssteuerung.

Da soziale Systeme sich selbst intransparent sind (black box), wird die Frage nach den Managementanforderungen in der Regel zur Frage für Unternehmensberater (Consulter) und Organisationsentwickler. Sie werden als Irritationspotenzial dem Management zur Verfügung gestellt. Diese Irritationen sollen bei dem helfen, was der Unternehmer und Manager tun muss und der Organisationsentwickler qua Rolle nicht tun kann: entscheiden. →Entscheidung ist der spezifische Kommunikationsmodus von Organisationen. Damit stellt sich das Problem von Organisation als doppeltes Problem dar: Es ist ein Problem von Entscheidungen und der Kommunikation von Entscheidungen.

Das Entscheidungsproblem wird besonders als Versuch der Kontextsteuerung und des Wissensmanagements diskutiert. Ein konkretes Managementmodell liegt als Orientierungsrahmen mit dem St. Galler Konzept vor. Dieses Konzept greift in erster Linie auf die Kybernetik (Beer, Ashby, von Foerster) und teilweise auf Elemente der Kommunikationstheorie (Watzlawick) und der Kognitionstheorie (von Glasersfeld) des radikalen Konstruktivismus zurück (Kap. 2.2.). Es wurde international besonders durch Fredmund Malik bekanntgemacht. Mit diesem Modell werden Entscheidungsprobleme in drei Dimensionen betrachtet:

- Gestaltung des Unternehmens,
- Entwicklung des Unternehmens und
- Steuerung des Unternehmens.

6.4.2. Unternehmensgestaltung

Unternehmensgestaltung bedeutet die Schaffung und Erhaltung einer Organisation und ihre Aufrechterhaltung als zweckgerichtete Ganzheit. Dies geschieht in ständiger Auseinandersetzung mit der Umwelt. In der Auseinandersetzung mit der Umwelt des Unternehmens erfüllt sich der Zweck der Organisation. Umwelt ist aber gleichzeitig von steigender Komplexität gekennzeichnet. Für das Unternehmen bedeutet dies: Auseinandersetzung mit steigender Komplexität sowie Versuche, diese Komplexität für das Unternehmen zu reduzieren und sie ihrem Zweck zugänglich zu machen.

Für die Frage nach der Unternehmensgestaltung werden damit die Umweltsphären des Unternehmens (Natur und gesellschaftliche Funktionssysteme) und die Interessen- und Anspruchsgruppen aus dem näheren Umfeld des Unternehmens (Stakeholder) von entscheidender Bedeutung. Die Gestaltungsaufgabe des Unternehmens wird im Wesentlichen zur Frage nach den normativen Rahmungen des Unternehmens (normatives Management). Die ethischen, normativen und faktischen Dimensionen der Unternehmensumwelt und die Interaktionsthemen mit den Anspruchsgruppen werden hier auszuloten sein. Beispiele für solche Interaktionsthemen sind die Kundeninteressen, die Mitarbeiterinteressen und die Interessen der Geldgeber und Gesellschafter am Unternehmen. Alle vertreten bestimmte Interessen gegenüber dem Unternehmen und entwickeln Erwartungen und Vorstellungen zum Unternehmenserfolg. Diese systemgestaltende Selektionsaufgabe ist für die strategische und operative Seite der Organisation von grundlegender Bedeutung, da sie als Entscheidung die Basis ihrer Lebensfähigkeit darstellt. Nur ein Unternehmen, das die richtigen Entscheidungen trifft über die anzubietenden Produkte oder Dienstleistungen und die optimale Art und Weise ihrer Herstellung, wird die Chance auf ein Weiterbestehen wahren können.

6.4.3. Unternehmenssteuerung

Unternehmenssteuerung bedeutet das permanente Fällen von Entscheidungen, als Ergebnis der Auseinandersetzung mit der Eigenkomplexität. Managementscheidungen sind aus Sicht der Systemtheorie soziale Konstruktions- und Interpretationsleistungen. Diese Leistungen zielen auf

- **Managementprozesse:** Sie umfassen die Gestaltung, Steuerung und Entwicklung der Führungsprozesse (normative, strategische und operative Führung). Die normative Ebene betrifft die Wertebasis (z.B. Gewichtung der Stakeholderinteressen). Die strategische Ebene betrifft die Entwicklung und Implementierung von Strategien, Prozessentwicklungen, Kooperationen, Vernetzungen und strategischem Controlling. Die operative Ebene betrifft operatives Controlling, Kennzahlen, Reporting, Finanzierung, Qualitätsmanagement.
- **Geschäftsprozesse:** Sie umfassen die dienstleistungsbezogenen Kernaktivitäten, die Klientennutzen produzieren und die Aktivitäten der Leistungserstellung (Beschaffung, Logistik, ggf. Herstellung).
- **Unterstützungsprozesse:** Sie ermöglichen die Durchführung der Geschäftsprozesse durch interne Dienstleistung und Bereitstellung von Infrastruktur (Personalmanagement, Facility Management, d. h. Bewirtschaftung der Infrastruktur, interne und externe Pressearbeit, Rechtsabteilung usw.).

6.4.4. Unternehmensentwicklung

Unternehmensentwicklung bezieht sich auf die ständige Optimierung der Organisationsstruktur in ihrem Aufbau und ihren Abläufen (Ordnungsmomente). Es geht nicht um eine statische Lösung, die, einmal gefunden, für alle Zeiten Gültigkeit beanspruchen kann. Vielmehr geht es um Prozesse organisierten Lernens und der Selbstentwicklung der Unternehmung und ihrer Organisationseinheiten. Der Prozesscharakter der Unternehmung gestaltet sich als Versuch des Organisationslernens. Hierbei geht es um ständige Optimierung und ggf. auch um völlige Re-Organisation (Innovation).

Als Kenngrößen sind hierfür drei Ordnungsmomente einer Organisation zu sehen; sie stehen in Wechselbeziehung zu den Managementprozessen:

- **Strategie:** Sichert den Organisationserfolg (Identifikation der Bedürfnisse der Interessen- und Anspruchsgruppen und der Kommunikation mit ihnen; Definition des Leistungsangebotes, der Leistungserstellung und der Preise; ggf. Festlegung von Kooperationen; Aufbau von Kernkompetenzen zwecks Positionierung im Wettbewerb).
- **Struktur:** Sichert die Aufbau- und Ablauforganisation (Organigramme, Stellenbeschreibungen, Prozessdiagramme, Leistungsbeschreibungen usw.).
- **Kultur:** Sichert geteilte, nicht hinterfragte Werte und Normen, Einstellungen und Haltungen (Verhalten, Umgangsformen, Sprache, Rituale, Bekleidung).

Das St. Galler Modell bietet den Vorteil eines konkreten Orientierungsrahmens für die Entwicklung des Unternehmens und seines Managements. Es nimmt bewusst Abschied von ausschließlich nach innen gerichteten Optimierungsversuchen, da diese die Gestaltungsanforderungen mit Blick auf die Unternehmensumwelt zu wenig beobachten. Das Modell ist für Profit-Un¬ternehmen entwickelt worden und wurde hier für Non-Profit-Organisationen entsprechend umgestaltet. Dieses modifizierte Modell differenziert die Umwelt von Organisationen Sozialer Arbeit als gesellschaftliche Funktionssysteme und greift die spezifischen Interessen- und Anspruchsgruppen von Unternehmen Sozialer Arbeit auf. Ferner wird in diesem Modell die sozialwirtschaftliche Dimension abgebildet (Abb. 10).

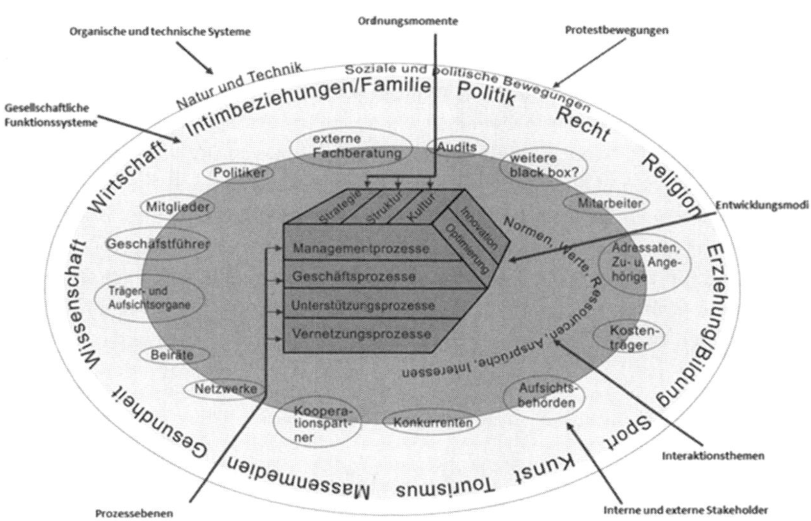

Abb. 10: Modifiziertes NPO-Modell (eigene Darstellung)

Die im St. Galler Modell eingebundenen Dimensionen von Natur und Technik, werden in diesem Modell außerhalb von Gesellschaft aufgeführt. Mit organischen und technischen Systemen kann man nicht kommunizieren. Sinnbezüge zur Natur werden in gesellschaftlichen Funktionssystemen hergestellt und kommunikabel gemacht (z.B. Umweltschutz in der Politik, Bewahrung der Schöpfung in der Religion) sowie quer dazu in sozialen und politischen Bewegungen (z. B. Umweltbewegungen, Friedensbewegungen). Ähnliches gilt für technische Systeme (z.B. Datenschutz in der Politik, Informationsverbreitung in den Massenmedien, Informationstechnologie in der Wirtschaft).

In diesem für Non-Profit-Organisationen modifizierten Modell werden zudem die spezifischen Interessen- und Anspruchsgruppen Sozialer Arbeit benannt. Die Interessengruppen (Stakeholder) sind nicht als abschließender Katalog abgebildet. Jede soziale Unternehmung ist darauf angewiesen, bei der Erstellung eines Umweltkonzeptes und der Entwicklung entsprechender Unternehmensszenarien seine spezifischen Interessengruppen zu identifizieren. Hierbei können Anspruchsgruppen auftreten, an die man vorher noch gar nicht gedacht hat oder die man leicht übersieht. Das können z.B. Bürger- oder Nachbarschaftsgruppen oder vielleicht eine Konkurrenzorganisation sein. Generelle Leerstellen – weitere black boxes – für möglich zu halten und in Umweltanalysen zu versuchen, sie zu identifizieren, sollte angesichts der steigenden Komplexität sozialer Organisationen zum Standard von Unternehmens- und Managemententwicklung gehören.

Soziale Arbeit als Organisation

Entscheidung ist der spezifische Kommunikationsmodus von Organisationen. Das Problem von Organisationen stellt sich als doppeltes Problem von Entscheidungen und der Kommunikation von Entscheidungen im Sinne von Organisationssteuerung dar. Da – wie im Fall aller psychischen und sozialen Systeme – direkte Steuerung von Organisationen nicht möglich ist, bleibt nur die Beeinflussung ihrer Kommunikationskontexte übrig. Das Problem von Entscheidung wird zum Problem von Kontextsteuerung. Ein an den Interaktionsthemen (Kontexten) der Anspruchsgruppen ausgerichtetes Managementmodell (Stakeholderansatz) bietet hierfür einen Orientierungsrahmen auf drei Ebenen: der Systemgestaltung, -entwicklung und -steuerung.

6.5. Zusammenfassung

Soziale Arbeit und Systemveränderung

Soziale Arbeit und gesellschaftliche Funktionssysteme	Auf der Makroebene sind direkter Intervention enge Grenzen gesetzt. Das Interaktionssystem fungiert hier als Sensor für gesellschaftliche Inklusions- und Exklusionsprobleme, die als Aufklärungsthemen auf der Mikroebene beobachtet werden. Auf der Makroebene können diese Beobachtungen erst in den Organisationen Sozialer Arbeit zu regulativen, werturteilsgebundenen Ideen eingebracht, umformuliert und in Richtung gesellschaftlicher Funktionssysteme (Politik, Wirtschaft usw.) kommuniziert werden.
Soziale Arbeit und Interaktion	Klient und Sozialarbeiter treten in ein Verhältnis der Ko-Produktion von Hilfe. Der funktionale, organisationale Kontext von Hilfekommunikation stellt hierbei eine besondere Herausforderung für die Übersetzungsleistung Sozialer Arbeit dar.
Soziale Arbeit und Organisation	Entscheidung und Kommunikation von Entscheidungen sind die spezifischen Mittel von Organisationen, sich zu organisieren. Das Problem von Entscheidung wird zum Problem der Kontextsteuerung, da direkte Steuerung von Organisationen nicht möglich ist. Damit bleibt nur die Beeinflussung der Kontexte von Organisation übrig. Hierfür bietet ein an den Anspruchsgruppen (Stakeholder) orientiertes Managementmodell einen Orientierungsrahmen auf drei Ebenen: der Systemgestaltung, -entwicklung und -steuerung.

Kapitel 7
Die Nutzenfrage

Frage: Welchen Nutzen kann die Systemtheorie der Sozialen Arbeit bringen?

Bereits in der Einleitung wurde darauf hingewiesen, dass die soziologische Systemtheorie zwar eine gewinnbringende, keineswegs aber hinreichende Grundlage für eine Theorie Sozialer Arbeit bietet. Befragt man die Systemtheorie nach ihrem Orientierungswert für Gesellschaft, stellt man die falsche Frage. Systemtheorie kann und will nach eigenem Verständnis keine gesellschaftliche Orientierung geben. Welchen Nutzen soll sie dann für die Soziale Arbeit haben? Soziale Arbeit ist eine Handlungswissenschaft und braucht als solche Orientierung. Wenn im Folgenden dennoch nach dem Nutzen der Theorie sozialer Systeme für die Soziale Arbeit gefragt wird, haben wir es dann mit einer → Paradoxie zu tun? Ja und nein. Ja, wenn man die folgende Nutzenbilanz als eine Art Betriebsanleitung für Soziale Arbeit liest. Nein, wenn man sie als Bezugsrahmen für die Reflexion von Beobachtung und Kommunikation in professionellen Kontexten betrachtet.

Die Frage nach dem Nutzen lässt sich also nur beantworten, wenn wir die Ausgangsfrage anders stellen. Statt nach dem Orientierungswert luhmannscher Theorie müssen wir nach ihrem Erklärungswert fragen. Erst mit dieser Frage stellen wir fest, dass uns Luhmanns Theorie keine fertigen Antworten (Orientierungen), sondern eine bestimmte Art von Erklärungen anbietet. Das sind nicht Erklärungen vom Typ positiver Wissenschaften, die die Welt in Ursache-Wirkungs-Zusammenhängen (Kausalität, Linearität) erklären wollen. Luhmanns Erklärungen sind konstruktivistische Einsichten, ein Typus des Erklärens also, der zu einem kritischen Umgang mit seinem eigenen Anspruch an Erklärung Anlass gibt. Erst in dieser Perspektive bietet die soziologische Systemtheorie Luhmanns der Entwicklung Sozialer Arbeit als Profession und Disziplin einen ergiebigen Reflexionsrahmen. Die Einschätzung von Erklärungs- und Wertewissen sowie die Entfaltung von Verfahrens- und Evaluationswissen kann mittels Systemtheorie kritisch reflektiert werden. Systemtheorie ist insofern für die Soziale Arbeit keine Leittheorie, sondern eine reflexionstheoretische Grundlage. Sie bietet Einsichten in die Soziale Arbeit als Reflexion von Kommunikation in ihren unterschiedlichen Kontexten von Praxis und Theorie. Systemtheorie gibt keine Antworten darauf, wie man ein Problem löst, vielmehr bietet sie Orientierung, wie man sich vor ein Problem stellt. Wir können somit nur von einem potenziellen Nutzen sprechen. Soziale Arbeit selber hingegen benötigt nicht nur einen metatheoretischen Reflexionsrahmen. Sie braucht als Handlungswissenschaft ebenso eine eigene Theorie. Dass es hier Schwierigkeiten gibt, liegt auf der Hand, denn: Soziale Arbeit verfügt mittlerweile über viele, unterschiedliche Versuche einer Theoriefundierung (May 2010, Lambers 2013). Diese Theorievielfalt kann durch Systemtheorie nicht ersetzt werden. Aber sie kann helfen, den Diskurs, den diese Theorievielfalt ausmacht, mit Abstand zu beobachten und dabei zu dem Schluss zu kommen, dass in der Theoriebildung Sozialer Arbeit die Aufgabe noch zu leisten ist, Gesellschaft und Individuum und die darin für alle gegebenen Bewältigungsaufgaben auf der Theorieebene zusammenzubringen.

7.1. Theorieentwicklung

Bisweilen begegnet man heute noch der begrifflichen Trennung von Sozialarbeit und Sozialpädagogik. Sozialarbeit und Sozialpädagogik in der Praxis stehen dann als Differenzbegriffe für eine Soziale Arbeit, die sich entweder mehr mit den psychosozialen Hilfen für erwachsene Zielgruppen und der Bewältigung akuter Problemlagen (Sozialarbeit) oder mehr mit der sozial unterstützenden Erziehung, Bildung und Betreuung von Kindern, Jugendlichen und Erwachsenen beschäftigt (Sozialpädagogik). Auch die steuernde, eingreifende, ressourcensichernde und hilfevermittelnde Tätigkeit der Sozialbehörden (z.B. des Kommunalen sozialen Dienstes[95]) wird eher mit dem Begriff ‚Sozialarbeit' in Verbindung gebracht, die operative Ebene der Umsetzung von Hilfen und Hilfeprozessen wiederum eher mit dem Begriff ‚Sozialpädagogik'.

In der Sozialarbeit und Sozialpädagogik als wissenschaftliche Disziplin findet man zuweilen Bestrebungen, von Sozialarbeit im Kontext des „Hilfevollzuges" und von Sozialpädagogik als „Theorie des sozialpädagogischen Handelns" zu sprechen (Hünersdorf 2009:14). Dem Begriff der universitären Sozialpädagogik setzte man den Begriff der „Sozialarbeitswissenschaft" (Puhl

95 Ein ‚Kommunaler sozialer Dienst' (KSD) oder auch ‚Allgemeiner sozialer Dienst' (ASD) stellt die psychosoziale Grundversorgung der Bürgerinnen und Bürger sicher. Er soll in der Regel als Anlaufstelle dezentral nah am Wohnort angesiedelt sein (entweder in den Sozialbezirken, die oft identisch mit den Wahlbezirken der Kommunen sind, oder in bestimmten Orten, die nach sozialräumlichen Kriterien festgelegt wurden).

1996) entgegen. Damit sollte der wissenschaftlichen Reflexion von Sozialarbeit Raum gegeben und der Überformung der Sozialarbeit durch eine einseitig pädagogische Wissenschaftsperspektive entgegengetreten werden. Soziale Arbeit umfasst Problembereiche, die nicht ausreichend als pädagogische Problemstellungen gefasst werden können (Bommers/Scherr 2000:240).

Die Unterscheidung ‚Sozialpädagogik/Sozialarbeit' ist mittlerweile weitestgehend aufgegeben worden. Der Begriff ‚Soziale Arbeit' steht heute für die Konvergenz von Sozialarbeit und Sozialpädagogik in Ausbildung und Praxis. Sozialarbeit und Sozialpädagogik treten mittlerweile kaum noch als getrennte Professionen auf. Daher lassen sie sich nicht mehr durchgängig in einer Zuordnung zu rein sozialpädagogischen oder sozialarbeiterischen Handlungsfeldern beschreiben.

7.1.1. Konvergenz von Sozialpädagogik und Sozialarbeit

Mit Sozialpädagogik bezeichnet man allgemein „Pädagogik an den Konfliktstellen der sozialen Ordnung" (Blankertz 1982:257). Diese Konfliktstellen brachen besonders mit der Industrialisierung des 19. Jahrhunderts auf. Gesellschaftliche Gleichgültigkeit gegenüber einem massenhaften Ansteigen der durch die Industrialisierung produzierten individuellen Not ließ eine neue Perspektive in der Armenfürsorge und Armenpädagogik entstehen. Die Frage nach den Möglichkeiten der Beseitigung von Armut und Not stellte sich in der Geschichte der Armenpflege und Armenfürsorge neu, und zwar als eine soziale Frage. Bislang war diese Frage an der Einzelperson orientiert, nun boten die Folgen der Industrialisierung genügend Anlass, die Perspektive auf die Beobachtung gesellschaftlicher Ursachen von Armut und Not zu lenken. Seitdem wird die Ursachenperspektive im Diskurs Sozialer Arbeit systematisch eingenommen. Der Diskurs über soziale Ungleichheit und ihre Ursachen wird aber auch zusammen mit der Frage von Alltags- und Lebensbewältigung geführt. In modernen Gesellschaften wird der Alltag selbst zum Problem sozialer Ordnungsbildung. Alltag ist zunehmend schwieriger zu durchschauen, und die Aufgaben der Lebensbewältigung gestalten sich entsprechend komplexer. Soziale Arbeit bewegt sich damit im ständigen Spannungsfeld von Individuum (Autonomie) und Gesellschaft (Anpassung).

Mit dem Reichsjugendwohlfahrtsgesetz (RJWG) von 1922 wurde erstmals ein „Recht auf Erziehung" festgeschrieben. Entscheidender war jedoch die „politische Anerkennung des Rechtes auf pädagogische Kritik der Gesellschaft" (ebd.). Systemtheoretisch ist dies ein Beispiel dafür, wie funktionale Differenzierung die Selbstirritation von Gesellschaft steigert, indem Formen zur Steigerung von Selbstinformation für den gesellschaftlichen Bedarfsausgleich entwickelt werden. Fortan gestaltete sich der Auftrag der Sozialpädagogik zweideutig: als Kritik an Gesellschaft und als Versuch, mittels Pädagogik nach Lösungen der sozialen Frage zu suchen. Dieser Auftrag wird durch die Entwicklung und Gestaltung von sozialen Erziehungs-, Bildungs-, Betreuungs- und Beratungsprozessen im Kontext von Hilfe wahrgenommen. Das heißt: Mit Erziehung, Bildung, Betreuung[96] und Beratung sind in der Sozialen Arbeit Absichten verbunden, soziale Lern- und Unterstützungsprozesse der Alltags- und Lebensbewältigung einerseits und die Fähigkeit zur kritischen Gestaltung von Gesellschaft andererseits in Gang zu setzen. Sozialpädagogik ist an die Form „Hilfe" gebunden: Es geht um die Gestaltung „sozialer und erzieherischer Hilfen" (§ 1, SGB I). Sozialpädagogik ist damit eine Form des gesellschaftlichen Bedarfsausgleiches (Kap. 4.1.). Lose Kopplungen entstehen zudem mit Themen der Freizeit-, Erlebnis-, Sport-, Gesundheits-, Kultur- und Heilpädagogik. Sozialpädagogik ist strukturell in erster Linie mit den Rechtsprogrammen „Kinder- und Jugendhilfegesetz" (SGB VIII) und „Rehabilitation und Teilhabe behinderter Menschen" (SGB IX) gekoppelt.[97]

Soziale Arbeit kann hingegen nicht auf den Gegenstand von Pädagogik als Hilfe reduziert werden. Der Idee von Bildung und Erziehung als Medium der Armutsbekämpfung und gesellschaftlichen Kritik ging historisch gesehen die Idee des Bedarfsausgleichs durch Geld, persönliche Hilfe und Intervention voraus. Intervention kann mit staatlichem Eingriffshandeln verbunden sein. Die Ideengeschichte dieser Formen des Bedarfsausgleiches wird in den Traditionslinien der Sozialarbeit deutlich.[98] Während der Begriff ‚Sozialpädagogik' relativ schnell zu einem Begriff der akademischen Beschäftigung von Pädagogik mit der sozialen Frage und den damit gegebenen Professionalisierungsthemen wurde, verhielt sich dies mit dem Begriff ‚Sozialarbeit' etwas anders. Sozialarbeit ist ein Begriff, der sich aus der Verberuflichung sozialen Helfens im Kontext der sozialen Frauenschulen und späteren Wohlfahrtschulen[99] entwickelt hat. Der Begriff ‚Sozialarbeit' ist damit herkunftsgemäß eher ein Begriff der Berufspraxis und der Ausbildungsthemen des Berufes. Sozialarbeit wurde zum Begriff kommunaler Maßnahmen im Kontext von Armenpflege sowie der späteren Verberuflichung von Fürsorge und Wohlfahrtspflege. Mit der Verberuflichung der Sozialarbeit war auch

96 Siehe Vertiefungskommentar ‚Betreuung'.

97 Vgl. SGB VIII (Auflistung der vielfältigen Angebote und Aufgaben im Kontext von Erziehung, Bildung und Betreuung in § 2). Vgl. SGB IX (Pädagogische Leistungen zur Teilhabe am Arbeitsleben gem. § 33 und an der medizinischen Rehabilitation gem. § 26, der Früherkennung und Frühförderung gem. § 30, der Teilhabe am Leben in der Gemeinschaft gem. § 55 sowie heilpädagogischen Leistungen allgemein vgl. § 56).

98 Vgl. ausführlicher in Lambers (2010).

99 Die sozialen Frauenschulen und späteren Wohlfahrtschulen waren Vorläuferinnen der heutigen Fachhochschulen für Soziale Arbeit.

eine Methodisierung des Helfens verbunden, teilweise inspiriert durch das anglo-amerikanische *social work*.[100] Die berühmte Gründerin der sozialen Frauenschulen, Alice Salomon (1879–1948), schlug 1918 den Ministerien den Begriff ‚Sozialarbeiter' als Berufsbezeichnung vor, und im „Handwörterbuch der Wohlfahrtspflege" von 1929 war von „berufsmäßiger Sozialarbeit" die Rede (Mühlum 2001, c1982:20). Der Begriff fand schließlich auch Aufnahme in die Sprache rechtlicher Programme. Sozialarbeit war in ihren Anfängen stark an den Begriff der ‚sozialen Diagnostik' als eine Form der Bedarfsermittlung und Kategorisierung von Armenhilfe und Armenfürsorge gekoppelt. Staatliches Eingriffshandeln, Krisenintervention und Schutzmaßnahmen (z. B. bei Kindeswohlgefährdung), Sozialberatung und rechtliche Vertretung (z. B. rechtliche Betreuung bei Erwachsenen sowie Vormundschaften und Pflegschaften bei Kindern und Jugendlichen) waren traditionell eher Sache der Sozialarbeit.

Wie schon eingangs festgestellt, geht man heute von einer Konvergenz von Sozialarbeit und Sozialpädagogik aus. Soziale und erzieherische Hilfen sind in der Regel mit materiellen und pädagogischen Aspekten verknüpft. Beratung, Planung und Intervention treten sowohl im Kontext von Hilfen auf, die stärker von Bildungs-, Erziehungs- oder Betreuungsaspekten getragen sind (z. B. Erziehungshilfen, Erziehungsberatung, Schulsozialarbeit und Zusammenarbeit von Jugendhilfe und Schule), als auch im Kontext von solchen Hilfen, die stärker von Aspekten der materiellen Ressourcensicherung geleitet werden. Bildungs-, Beratungs- und Betreuungsaufgaben sind auch im letzteren Fall zu finden (z. B. Sozial- und Schuldnerberatung). Auf die rechtliche Vertretungspraxis schließlich treffen Bildungs- und Beratungsaufgaben in gleicher Weise zu (z. B. Beratung und Begleitung von Angehörigen und Ehrenamtlichen sowie ihre Fortbildung in der rechtlichen Betreuung). Insgesamt lässt sich schließen, dass die historisch unterschiedlichen Stränge von Sozialpädagogik und Sozialarbeit unter dem begrifflichen Dach ‚Soziale Arbeit' sowohl in Praxis als auch Theorie gut aufgehoben sind.

7.1.2. Theoriebildung und Profession

Bezugspunkt Sozialer Arbeit in Wissenschaft und Profession ist der Mensch in der Gesellschaft. Aus systemtheoretischer Sicht kann das Problem personaler Inklusion in modernen Gesellschaften mit dem Begriff der ‚Exklusionsindividualität' beschrieben werden (Kap. 5.1., 4.2. und 4.1.4.). Mit diesem

100 Hier insbesondere im Kontext von sozialer Einzelhilfe sowie Gruppen- und Gemeinwesenarbeit (Müller 2006).

Begriff wird bezeichnet, dass die moderne Gesellschaft Strukturen ausgebildet hat, die „die Individualität des Menschen potenziell exkludiert, da sie dem einzelnen keine feste soziale Position mehr zuweisen kann“ (Hillebrandt 1999:19). Auf diese Weise wird die personale Inklusion zu einem Humanproblem in funktional differenzierten Gesellschaften. Mithilfe der Systemtheorie kann Soziale Arbeit sowohl in der Wissenschafts- als auch der Professionsperspektive die Gesellschaft und ihr Verhältnis zum Menschen in der Gesellschaft als ‚Exklusionsindividualität‘ in den Blick nehmen. Da der operative Konstruktivismus Luhmanns naturgemäß stärker die Sicht für die Begrenzungen psychischer Systeme und die Autopoiese von Kommunikation sozialer Systeme hervorhebt, kommt der Perspektive der Beobachtung von Interaktions-, Organisations- und Funktionssystemen ein starkes Gewicht zu.

Soziale Arbeit schreibt sich als wissenschaftliche Disziplin in ihrer Theorieentwicklung ein gesellschaftliches Innovationspotenzial zu. Theorien Sozialer Arbeit benötigen diesen Potenzialanspruch. Würden sie darauf verzichten, wären es reine Anpassungslehren an Gesellschaft, egal wie diese aussieht. Will man nun das Innovationspotenzial Sozialer Arbeit im gesellschaftlichen Modernisierungsprozess beurteilen, rücken insbesondere die ihr Selbstverständnis betreibenden Theoriebezüge in den Blickpunkt. Hier lassen sich in der Zeitdimension unterschiedliche theologisch, pädagogisch, sozialwissenschaftlich und sozialphilosophisch-ökonomisch orientierte Entwicklungslinien, teilweise mit einigen Konvergenzen, als an Normen und Werte gebundene Theoriebildungen beobachten (Engelke 2004, c2003:437–440).

Obwohl die Systemtheorie Luhmanns keine normative, werturteilsgebundene Theorie darstellen kann und will, ist sie dennoch geeignet, der Sozialen Arbeit einen ergiebigen Reflexionsrahmen zu bieten. Eine Theorie Sozialer Arbeit kann nicht technologisches Instruktionswissen zur Verfügung stellen, da sich ihr Gegenstand genau dieser Handhabung entzieht. Daher sollte sie einen hochgradigen Allgemeinheitsgrad aufweisen. Diesem Anspruch muss sie genügen, wenn sie sich nicht einem unnötigen Technologieverdacht aussetzen will. Dieser Allgemeinheitsgrad trägt der Erkenntnis von →Viabilität Rechnung. Mit Viabilität wird die Einschätzung der Gangbarkeit und Brauchbarkeit eines Weges unter vielen Wegen bezeichnet. Wie Michael Winkler generell für die Funktion der Theoriebildung in der Sozialen Arbeit feststellt, kann eine Theorie mithin nur die Funktion eines abstrakten, orientierenden Bezugsrahmens erfüllen, „die Entscheidung über das konkrete Tun“ (Winkler 1988:81)[101] bleibt aber der Professions-Person in ihrer beruflichen

101 Über die „Funktion einer Theorie der Sozialpädagogik“ (ebd. 72–94).

Rolle überantwortet. Hierbei operiert sie nicht nach willkürlich von ihr gesetzten Sinnfindungen (Kap. 5.3.). Sie ist stets eingebettet in und beteiligt an der Sinnkonstitution sozialer Systeme. Für die Soziale Arbeit ist diese Sinnkonstitution sozialgesetzlich kodifiziert als Gestaltung von „Sozialleistungen einschließlich sozialer und erzieherischer Hilfen", um damit zur „Verwirklichung sozialer Gerechtigkeit und sozialer Sicherheit" (§ 1 (1), SGB I) beitragen zu können. Das Ziel ist somit klar, die (Wissens-)Wege dahin sind hingegen nicht technologisierbar, sondern allein in Verständigung durch Kommunikation und Sinnbildung – mit all ihrer Kontingenz – begehbar.

Theorie, wenn sie denn der Praxis einen Nutzen bringen will, muss der Praxis mithin im Wege stehen. Sie verlöre ihre sinnstiftende Wirkung, wenn sie Praxis unberührt ließe. Um Praxis zu berühren, braucht Praxis Wissen über ihre Beschaffenheit und Veränderbarkeit. Beides, Beschaffenheit und Veränderbarkeit, unterliegt in modernen Gesellschaften einer hochgradig zunehmenden Komplexität. Soziale Arbeit verfügt über die Operationsweisen ‚Kommunikation' und ‚Entscheidung', um diese Komplexitätsprobleme zu bearbeiten. Diese Operationsweisen verweisen auf die Dimension gesellschaftlicher Inklusion und Exklusion, aus der sich der Gegenstand Sozialer Arbeit erschließen lässt. Der Prozess der professionell gestützten Problembearbeitung wird durch die Notwendigkeit anschlussfähiger Hilfekommunikation bestimmt. Es handelt sich – in Anlehnung an Winkler – um einen „Prozess kommunikativer Sinnstiftung" (Winkler 1988:36).

Auf der Handlungsebene muss Soziale Arbeit Informationen über die Beschaffenheit von Kommunikation bekommen. Dies betrifft sowohl ihre funktionalen als auch ihre strukturellen Aspekte. Kontingenzen einerseits oder Machtverhältnisse andererseits zu beobachten ist eine Sache, damit umzugehen jedoch eine andere Sache und besonders die der Sozialen Arbeit. Die Systemtheorie bietet hierbei ein geeignetes Reflexionsgebäude: Sie thematisiert Gesellschaft in ihrer funktionalen und strukturellen, über Kommunikation hergestellten Beschaffenheit und damit sozialen Konstruktion. Systemtheorie eröffnet einen Weg zur Reflexion sozialer Wirklichkeit und der durch Kommunikation hergestellten Sinnbildungen. Somit ist die Systemtheorie geeignet, den Allgemeinheitsgrad einer Theorie Sozialer Arbeit ohne technologische Zwänge sinnvoll für die Soziale Arbeit zu reduzieren.

So bietet die Systemtheorie geeignete Bezugspunkte für die Reflexion Sozialer Arbeit als Theorie und Profession. Soziale Arbeit als Wissenschaft muss unter den Gesichtspunkten von Profession, Forschung, Theorie- und Disziplinentwicklung betrachtet werden. Ein rein additives Verständnis verschiedener Bezugswissenschaften oder eine „Synthese … durch einfache Addition ihrer Modelle" (Engelke 2004, c2003:346) in der Ausbildung bzw. dem Studium Sozialer Arbeit führt zu einer Segmentierung der Ausbildungsinhalte und einer beruflichen Patchwork-Identität. „Synthesemodelle der Sozialen Arbeit erfordern ankoppelungsfähige Theorieelemente und Teilmodellvorstellungen" (ebd.). Sie müssen erklärungs- und handlungsbezogen sein. Damit ist aber das „Spannungsverhältnis von theoretischer Wissensproduktion und berufspraktischem Handeln" (Bommes/Scherr 2000:230) nicht auflösbar. Luhmanns Theorie sozialer Systeme bietet für die Reflexion dieses Spannungsverhältnisses einen breiten Bezugsrahmen. Für die Soziale Arbeit als Wissenschaft und Profession ist das an ganz konkreten Fragestellungen ihrer Theoriebildung festzumachen:

Allgemeine Wissenschaftsbezüge Sozialer Arbeit

- Bestimmung eines hinreichend abstrakten und damit allgemeingültigen Bezugsproblems (Soziale Arbeit als Hilfekommunikation von Inklusions- und Exklusionsthemen im Kontext von Exklusionsindividualität),
- Formulierung einer anwendungsorientierten Handlungsbeschreibung (Soziale Arbeit als anschlussfähige Hilfekommunikation),
- Distanzierung von einem technokratischen Verständnis Sozialer Arbeit durch eine Selbstbeschreibung Sozialer Arbeit als anwendungsorientierte statt angewandte Wissenschaft,
- Entwicklung eines kritischen Blicks bei der Einschätzung von Synthesebildungen aus den unterschiedlichen Wissenschaftsdisziplinen und ihrer Vernetzung zu einem interdisziplinären Zusammenhang.
- Entwicklung eines organisationstheoretischen Modells Sozialer Arbeit.
- Entwicklung von Forschungsprojekten auf der Basis des systemtheoretischen Paradigmas (Forschung unter polykontexturalen Verhältnissen).[102]

Allgemeines Professionsverständnis Sozialer Arbeit

- Toleranz, Freiheit und Pluralismus in hochkomplexen, modernen Gesellschaften,
- Umgang mit Komplexität im Zusammenspiel von Interaktion, Organisation und symbolisch generalisierter Kommunikation,

102 Dass sich auf der Basis des systemtheoretischen Paradigmas auch gute Forschungsprojekte durchführen lassen, die u.a. für die Soziale Arbeit von Bedeutung sind, zeigt z.B. Werner Vogd in seinem Brückenschlag zur rekonstruktiven Sozialforschung auf (2011).

- Begrenzte Reichweite Sozialer Arbeit im Kontext gesellschaftlicher Verhältnisse und Modernisierungsbestrebungen, Verständnis für die limitierte Erreichbarkeit moderner Gesellschaft
- Erkenntnisse über gesellschaftliche Exklusion
- Erkenntnisse über und Verständnis für segmentierte Lebenslagen
- Erkenntnisse über stratifizierte Lebenslagen
- Sozialpolitisch sensorische Funktion der Profession
- Notwendigkeit der politischen Orientierung und Entwicklung eines Professionsethos als Reflex auf eine funktional differenzierte Gesellschaft
- Realistische Einschätzung der Erreichbarkeit von Gesellschaft durch Soziale Arbeit

7.2. Praxisentwicklung

Der Programmrahmen Sozialer Arbeit ist deutlich eingelagert in Programme des Rechtssystems, insbesondere Sozialgesetzgebungen und Vorschriften des Bürgerlichen Gesetzbuches (BGB). In diesen eher konditionalprogrammierten Entscheidungskontexten findet Soziale Arbeit jedoch lediglich den Anlass ihres Handelns, nicht aber die Lösung ihrer auf Zukunft gerichteten Zweckerfüllung. Hierfür ist sie auf die Entwicklung und Durchführung selbst entwickelter Entscheidungsprogramme (Zweckprogramme) angewiesen, denn: Soziale Arbeit ist laufend vor die permanente Frage gestellt: Welche Hilfe ist die richtige und wie wird sie richtig erbracht? Diese Frage stellt sich für eine Vielzahl von Problemen der Inklusion und Exklusion, die von den verursachenden gesellschaftlichen Teilsystemen nicht oder nicht allein bearbeitet werden können, und dies in zunehmendem Ausmaß.

Allgemein kann das Programm Sozialer Arbeit als ein Bündel überwiegend zweckorientierter Handlungskonzepte lokalisiert werden im Kontext von:

- sozialer Erziehung, Bildung und Betreuung
- sozialer Diagnostik, Beratung, Planung und Intervention,
- Supervision und
- sozialwirtschaftlicher Organisation.

Die systemtheoretische Reflexion der sich aus diesen Handlungskontexten ergebenden Themenstellungen kann für Soziale Arbeit einen potenziellen Reflexionsgewinn erbringen. Dieser Gewinn liegt in der Bereitstellung von

Orientierungspunkten, die Sozialer Arbeit – bildlich gesprochen – als Positionsleuchten dienen bei der Erfüllung ihrer programmatischen Anforderungen: das selbstreflexive Suchen nach und Durchführen von professionell vertretbaren Lösungen.

7.2.1. Programmrahmen Sozialer Arbeit

Soziale Arbeit findet im Sozialgesetzbuch (SGB) den Anlass ihres Handelns. Das Recht des Sozialgesetzbuches soll „Sozialleistungen zur Verwirklichung sozialer Gerechtigkeit und sozialer Sicherheit gestalten". Das schließt das „rechtzeitige und ausreichende Vorhalten sozialer und erzieherischer Hilfen" ein (SGB I, § 1). Das Streben nach sozialer Gerechtigkeit und sozialer Sicherheit ist als Staatsziel in unserer Verfassung festgelegt und gehört zu den Strukturprinzipien unseres Staates. Damit fällt es unter die „Ewigkeitsklausel" in Artikel 79 Absatz 3 des Grundgesetzes. Das heißt: Das Sozialstaatsprinzip darf nicht abgeschafft werden. Es ist sozusagen „auf ewig" kein Gegenstand von Verfassungsänderungen.[103]

Die Sozialleistungen und sozialen und erzieherischen Hilfen sind in verschiedenen Sozialgesetzbüchern kodifiziert. Zusammen mit dem ersten Sozialgesetzbuch, in dem die grundsätzliche Programmatik des Sozialrechts festgelegt ist, sind bislang zwölf Sozialgesetzbücher entstanden. Die Bereitstellung sozialer und erzieherischer Hilfen ist besonders in den nichtversicherungsfähigen Risiken ausbuchstabiert.[104] Dort differenziert sich Soziale

---

103 Entstanden ist ein sogenanntes „Drei-Säulen-Prinzip" der Sozialpolitik. Es besteht aus den drei Grundpfeilern bzw. Säulen: a) Versicherung, b) Versorgung und c) Fürsorge/Hilfe. Der Pfeiler „Versicherung" folgt dem Ordnungsprinzip „Äquivalenz". Er umfasst die versicherungsfähigen, beitragsfinanzierten Risiken (Arbeitslosenversicherung und Arbeitsförderung/SGB III; Krankenversicherung/SGB V; Rentenversicherung/SGB VI; Unfallversicherung/SGB VII; Pflegeversicherung/SGB XI). Der Pfeiler „Versorgung" folgt dem Ordnungsprinzip „Solidarität". Er umfasst nichtversicherungsfähige, steuerfinanzierte Leistungen wie z. B. die Besoldung von Beamten, Richtern, Soldaten, Wehrpflichtigen und Zivildienstleistenden sowie Leistungen für Kriegsopfer, Schwerbehinderte, Impfgeschädigte und Opfer von Gewalttaten. Die dritte Säule folgt dem „Subsidiaritäts- und Individualprinzip". Sie umfasst die nichtversicherungsfähigen, steuerfinanzierten Risiken (Grundsicherung für Arbeitssuchende/SGB II; Kinder- und Jugendhilfe/SGB VIII; Rehabilitation und Teilhabe behinderter Menschen/SGB IX; Sozialhilfe SGB XII; Bundesausbildungsförderungsgesetz/BAföG).

104 Grundsicherung für Arbeitssuchende SGB II, Kinder- und Jugendhilfegesetz SGB VIII, Rehabilitation und gesellschaftliche Teilhabe behinderter Menschen SGB IX, Sozialhilfe SGB XII.

Arbeit als Organisation gesellschaftlicher Hilfe aus. In den versicherungsfähigen Risiken kommt es zu unterschiedlichen Kopplungen mit dem Gesundheitssystem.[105] Soziale Arbeit ist in den Entwicklungslinien von Sozialpädagogik und Sozialarbeit auf der Ebene von Organisation eng in den sozialgegesetzlichen Kontext eingebunden. Die darin rechtlich gestalteten „sozialen und erzieherischen Hilfen" (§ 1, SGB I) müssen mit entsprechenden Mitteln Sozialer Arbeit ausgestaltet werden. Die Frage, welche sozialpädagogischen und sozialarbeiterischen Mittel für den zu erfüllenden Zweck angemessen sind, ist jedoch nicht mit den Mitteln rechtlicher Konditionalprogrammierung beantwortbar. Vielmehr wird die Ausgestaltung von ‚Hilfe', für die es einen Rechtsrahmen gibt, zu einer Frage Sozialer Arbeit. Zweckprogrammierung ist hierfür der einzige Weg, da dem Rechtssystem die für die künftig zu erreichenden Zwecke[106] keine eigenen Mittel zur Verfügung stehen können.

Der programmatische Rahmen Sozialer Arbeit sieht demnach wie folgt aus:

Programmrahmen Sozialer Arbeit

- Soziale Arbeit als Praxis findet im Sozialgesetzbuch, das heißt im Kontext eines konditional abgearbeiteten Entscheidungshandelns den Anlass ihres Handelns, nicht aber die Lösung ihrer auf Zukunft gerichteten Zweckerfüllung.
- Soziale Arbeit gestaltet die sozialen und erzieherischen Hilfen aus, für die es einen Rechtsrahmen, aber keine direkten Konditionalprogramme geben kann.
- Soziale und erzieherische Hilfen werden in der Sozialen Arbeit überwiegend als zweckorientierte Programme im Kontext sozialer Bildung, Erziehung, Betreuung und Beratung organisiert. Damit sind Planungs- und ggf. Interventionsaufgaben verbunden.
- Die Entfaltung dieser Aufgaben verlangt die Definition eines Ausgangs- und Zielpunktes sozialer und erzieherischer Hilfen. Das bedeutet, dass ein gemeinsames Verständnis von dem Problem und der Problemlösung entwickelt sein muss, bevor Hilfe einsetzt (sozialpädagogische Diagnostik, Fallverstehen). Es bedeutet vor allem, dass dieses gemeinsame Verständnis im Hilfeverlauf stets geprüft und ggf. auch verändert werden muss.

---

105 Zum Beispiel Soziale Arbeit im Konzept der integrierten Versorgung von schwerst- und chronisch kranken, behinderten oder pflegebedürftigen Menschen (SGB V gesetzliche Krankenversicherung und SGB XI gesetzliche Pflegeversicherung) (Greuèl/Mennemann 2006).

106 Zum Beispiel „selbständige Lebensführung", „gesellschaftliche Teilhabe", „Erziehung zu einer eigenverantwortlichen und gemeinschaftsfähigen Persönlichkeit" oder eine „dem Kindeswohl entsprechend geeignete erzieherische Hilfe".

- Die hohe Kontingenz von Zweckprogrammatik erfordert Versuche der ständigen Reduktion der von den Entscheidungsprogrammen produzierten ‚blinden Flecken'. Beobachtungen auf den Ebenen 2. und 3. Ordnung sind damit unerlässliche Organisationsmittel, um die erforderlichen Reflexionsleistungen auf Dauer stellen zu können. Soziale Arbeit ist daher eingebettet in einen Prozess
  a) der ständigen professionellen Selbstbeobachtung und Selbstreflexion (Supervision),
  b) der Selbstgestaltung, Selbstentwicklung und Selbststeuerung ihrer Organisation (Sozialmanagement) sowie
  c) der wissenschaftlichen Reflexion und Entwicklung ihrer Handlungsgrundlagen (Theorieentwicklung als Handlungswissenschaft).

7.2.2. Soziale Erziehung, Bildung und Betreuung

Erziehung und Betreuung im Kontext sozialer Problemstellungen ist das klassische Handlungsfeld der Sozialpädagogik. Neben Erziehung, Betreuung und Beratung im Kontext sozialer und erzieherischer Hilfen ist zunehmend das Thema Bildung in den Mittelpunkt gerückt. In den traditionellen Feldern der Jugend- und Erwachsenenbildung war es zwar immer schon vertreten, ist aber seit vielen Jahren auch Thema der Frühpädagogik. Man geht davon aus, dass Einrichtungen der Frühpädagogik nicht nur einen Erziehungs- sondern auch einen Bildungsauftrag haben. Das Verständnis von Bildung ist hier nicht identisch mit schulischer Bildung, zumindest sollte es dies nicht sein. In Kindertageseinrichtungen beispielsweise geht es nicht um Bildung im Sinne formell angestrebter Bildungsziele und Bildungsabschlüsse. Es geht dort um nichtformelle Bildung (z. B. Sprachförderung) und informelle Bildung (z. B. Entwicklung sozialer Kompetenzen). Zudem müssen neue Programme entwickelt und entschieden werden, wie das Zusammenspiel von Bildung, Erziehung und Betreuung im Kontext von Hilfe wirkungsvoll organisiert werden kann (z. B. Familienzentren).

Aber nicht nur in Kindertageseinrichtungen wird das Thema Bildung entfaltet. Bildung als Hilfe und soziale Bildung – im Sinne eines Erwerbs sozialer Kompetenzen und des Lernen-Lernens – bestimmen heute die Arbeit in einigen Bereichen der schulischen und beruflichen Bildung. Das soziale Lernen in der Schule oder die berufliche Vorbereitung, Ausbildung, Begleitung und Qualifizierung in der Jugendberufshilfe sind – um nur einige Beispiele zu nennen – zu etablierten Feldern sozialpädagogischer Hilfen geworden. Zudem ist diese Entwicklung nicht auf den Erziehungsbedarf von Kindern, Jugendlichen und jungen Erwachsenen begrenzt. Der pädagogische Topos von Bildung, Erziehung und Betreuung taucht über die sozialgesetzlichen Normierung im Kinder- und Jugendhilfegesetz (SGB VIII) hinausgehend auch in der Arbeit mit psychisch erkrankten, suchterkrankten, wohnungslosen, arbeitsuchenden und rechtlich betreuten erwachsenen Personen auf.[107]

Soziale Arbeit agiert in sozialisatorischen Kontexten als ein Versuch gesellschaftlich organisierter Menschensorge. Sozialisation umfasst jedoch einen Prozess, der sich nicht in inszenierten, geplanten oder planbaren Prozessen formeller und nichtformeller Bildung erschöpft (→Technologiedefizit). Jede Bildung ist eingebettet in die ungeplanten, informellen Bildungsprozesse der Lebensbewältigung: Das Leben allgemein bildet. Solche Bildungsprozesse finden abseits organisierter, strukturierter Lernsituationen statt (z. B. Familie, peer groups, Medienwelt). Zunehmende Bedeutung für die Sozialisation erhalten in modernen Gesellschaften neben den formellen die nichtformellen Bildungsorte. Hierzu gehören die offenen, außerschulischen Bildungsangebote (Einrichtungen der Kinder- und Jugendhilfe wie z. B. die Jugendarbeit, die Jugendsozialarbeit, die Kinder- und Tageseinrichtungen). Hier geht es in erster Linie um die Förderung personaler und sozialer Kompetenzen. Die Nutzung dieser Angebote ist freiwillig (Harring u. a. 2007:8 f).

Sozialisation besteht also aus einem vielschichtigen Zusammenwirken formeller, nichtformeller und informeller Bildung. Jede Ebene für sich ist nicht steuerbar und erst recht nicht die Komplexität ihres Zusammenwirkens untereinander. Sozialisation kann niemals das gezielte Ergebnis einer Summe von ‚Wenn-dann-Bedingungen' sein (Kausalität). Vielmehr ist sie vielschichtig bedingt und sowohl in den geplanten als auch ungeplanten Prozessen hinsichtlich vorab festgelegter Effekte nicht steuerbar (Kap. 3.1.). Die darin gegebenen Bildungs-, Erziehungs-, Betreuungs- und Beratungsaufgaben können mithin nicht allein als Prozesse formeller Bildung organisiert werden. Vielmehr ist man auf Räume nichtformeller und informeller Bildung angewiesen. Die Entfaltung dieser Räume erfolgt in der zeitlichen, sachlichen und sozialen Dimension von Sinnbildung (Kap. 4.1.1. und 4.5.1.).

Nachfolgend werden einige Beispiele gegeben, die auf den potenziellen Nutzen der Systemtheorie für die Orientierung und Positionierung Sozialer Arbeit im Kontext von Bildung, Erziehung und Betreuung verweisen. Dabei kann es sich nicht um einen abschließenden Katalog handeln. Vielmehr geht es um einige exemplarische Themen der Praxis Sozialer Arbeit, die so oder ähnlich ausfallen, wenn Systemtheorie als ein Reflexionsrahmen von Sozialer Arbeit herangezogen wird und auf diese Weise Unterstützung bei der Bear-

---

107 Vgl. SGB II (Grundsicherung für Arbeitssuchende), SGB III (Arbeitsförderung), SGB IX (Rehabilitation und Teilhabe behinderter Menschen), SGB XII (Sozialhilfe) und Betreuungsgesetz BGB/BtG (rechtliche Betreuung Erwachsener).

beitung der Frage von Zweck-Mittel-Relationen und der Gestaltung anschlussfähiger Klient-Sozialarbeiter-Interaktion erhält.

Beispiele **Orientierungspunkte im Kontext von Erziehung, Bildung und Betreuung:**

- Lernen uns Bildung als Prozess der Selbstaneignung von Wissen (Selbstorganisation, Selbstbildung),
- Erfahrung von Selbstwirksamkeit (Selbstreferenzialität, Sinnstiftung),
- Entwicklung sinnirritierender und damit sinnstiftender Kommunikation wie z. B. aktivierende Didaktik des Fragens, Beobachtens und Entwickelns, interaktionistische Lernformen in Gruppen und Projekten, problembasiertes Lernen, Lernen durch Lehren (Perturbation, Modifikation von Sinn),
- Perspektivenwechsel und Perspektivenübernahme (zirkuläre Kommunikation),
- Differenz von Beziehungsstrukturen (komplementäre und symmetrische),
- Ambivalenztoleranz (Polykontexturalität, Hyperkomplexität, Heterarchie,
- Eingeschränkte Planbarkeit und Steuerbarkeit von Bedingungen des Erziehungs- und Bildungserfolges (Technologiedefizit).

7.2.3. Soziale Diagnostik, Beratung, Planung und Intervention

Soziale Diagnostik, Beratung, Planung und Intervention verlangen fortlaufende Entscheidungen von Personen, die sich über die Bearbeitung von Inklusions- und Exklusionsproblemen (Inklusionshilfe und Exklusionsvermeidung) verständigen wollen. Hier bewegt sich Soziale Arbeit in der Sozialdimension. Die Zeitdimension wiederum erfordert die Definition eines Ausgangs- und Zielpunktes sozialer und erzieherischer Hilfen. Der Zielpunkt verweist gleichzeitig auf die Sachdimension, in der die materiellen und immateriellen Mittel zur Zielerreichung erwogen werden. Das bedeutet, dass in den meisten Fällen ein gemeinsames Verständnis von Problem und Problemlösung (Zweckprogramm) entwickelt sein muss, bevor Hilfe einsetzt. Anders bei Krisenintervention, die sich an allgemein anerkannten und damit bekannten Kriterien von Sachverhalt und Handlungsfolge orientieren muss (Konditionalprogramm).

Mit der Gestaltung Sozialer Arbeit in den drei Sinndimensionen wird ihr die Erarbeitung eines Handlungskonzeptes aufgegeben. In den Anfängen Sozialer Arbeit wurde dies sehr verkürzt als soziale Diagnostik verstanden. Es ging dabei um die schlichte und distanzierte Überprüfung von Hilfebedürftigkeit und der daran gebundenen Hilfeleistung (Müller 2006:22–35). Mit Beginn der 1990er Jahre wurden die Methodenklassiker der Sozialarbeit und Sozialpädagogik wiederentdeckt (Müller 1997, c1988, 1999, c1982, 2006). Insbesondere der Begriff der „sozialen Diagnostik“ wurde wieder salonfähig (Mollenhauer/Uhlendorff 1992, 1995). Den klassischen Methoden und ihren Weiterentwicklungen und Spielarten wurde der Platz von Elementen innerhalb von Konzepten beruflicher Handlungsorganisation zugewiesen.

Ein Konzept wird nunmehr als ein Handlungsmodell verstanden, in dem die Ziele, die Personen, die Inhalte, die Ressourcen (Mittel, Zeit), die Verfahren, die Methoden und Instrumente bzw. Techniken in einen sinnvollen Zusammenhang für die Lösung eines sozialen Problems gebracht werden (Geißler/Hege 2007, c1978:21).

Nicht mehr die jeweilige Methode auf der Grundlage einer konditional orientierten Diagnostik ist also der Kern des sozialpädagogischen/sozialarbeiterischen Handelns, sondern das zu entwickelnde Handlungskonzept, in dem die Methode neben anderen Aspekten (z. B. Ressourcen) nur eine Funktion zur Lösung sozialer Probleme übernimmt, das Handlungskonzept hingegen einen Orientierungsrahmen für die Zweckerfüllung bietet.. Dies ermöglicht einen variablen, dem Problem angemessenen Einsatz von Methoden, Techniken und Instrumenten und verhindert den Einsatz von Methoden als statische und zentrale Intervention. Auch die weiteren Methodenentwicklungen, wie z. B. das Krisen- und Konfliktmanagement, das Case- und Care-Management oder die systemische Familienarbeit müssen in diesem Kontext gesehen werden (Galuske 2007). Entscheidend ist aber, dass mit dem neuen Verständnis von sozialer Diagnostik nunmehr eine Form des verständigungsorientierten Fallverstehens gegeben ist (Schrapper 2004).

So versucht man den Entscheidungsprozess, der im Rahmen von Hilfeplanung zur Feststellung des erzieherischen Bedarfes und der Festlegung der hierfür „notwendigen und geeigneten Hilfe“ (§ 27 KJHG) zu durchlaufen ist, durch kollegiales und dialogisches Fallverstehen zu optimieren (Ader 2006:13–52). Das bedeutet, dass ein gemeinsames Verständnis von Problem und Problemlösung mit allen am Hilfeprozess beteiligten Akteuren (Kind bzw. Jugendlicher, Eltern bzw. Sorgeberechtigter und Fachkräfte) entwickelt werden muss, bevor Hilfe einsetzt. Es bedeutet zudem, dass dieses gemeinsam gefundene Verständnis im Hilfeverlauf stets überprüft und ggf. auch verändert werden muss. Evaluation wird nach diesem Verständnis nicht lediglich als ein Bewertungsvorgang nach Abschluss der Hilfe durchgeführt, sondern als ein prozessbegleitender, zirkulärer Vorgang praktiziert.

Im Kontext von Kinder- und Jugendhilfe ist dieses beteiligungsorientierte Hilfeverständnis im Kinder- und Jugendhilfegesetz (KJHG, SGB VIII) als Rechtsanspruch definiert. Entsprechend ist ein Hilfeplanverfahren durchzuführen (§ 36 KJHG). Hierbei geht es nicht allein um die Sicherung von Rechtsansprüchen. Partizipation in der Erziehungshilfe schafft Räume der individuellen Lebensplanung und Lebensbewältigung (Blandow u. a. 1999, Kriener/Petersen 1999).[108]

Nachfolgend einige Beispiele, die auf den potenziellen Nutzen der Systemtheorie für die Orientierung und Positionierung Sozialer Arbeit im Kontext von Sozialer Diagnostik, Beratung, Planung und Intervention verweisen:

Beispiele

Orientierungspunkte im Kontext von sozialer Diagnostik (Fallverstehen), Beratung, Planung und Intervention:

- Strukturbedingte Ursachen sozialer Probleme (System statt Person),
- nicht beliebig konstruierbare Wirklichkeit (operativer Konstruktivismus,
- gesellschaftlich schwache Stellung von Personen (Exklusionsindividualität),
- Beobachtungsabhängigkeit von Wirklichkeit (Selektivität des Wahrgenommenen),
- Sinnverstehen und funktionaler Sinn von Verhalten (Handeln und Erleben),
- Unvollständigkeit des Verstehens (blinder Fleck),
- Achtung von gegenseitiger Autonomie (Verhältnis der Autopoiesis zueinander),
- multiperspektivische Fallarbeit (Kontextbedingungen des Falls),

108 Hilfeplanverfahren und Partizipation an der Erziehungshilfe können auf diese Weise auch als Prozesse informeller Bildung beschrieben werden (Hünersdorf 2009: 203–243).

- prozessorientierte Evaluation von sozialer Diagnostik, Fallverstehen (Zirkularität),
- Beratung als Prozess der Selbstaneignung von Lebensplanung und Lebensbewältigung (Ko-Produktion),
- Berücksichtigung der Eigenständigkeit und Eigensinnigkeit psychischer und sozialer Systeme (Systemgrenze in den Sinndimensionen),
- Erfordernisse von Selbstorganisation und Selbstwirksamkeit (Selbstreferenzialität),
- Begrenzung von Vorstellungen der direkten Systemsteuerung (nicht-lineare Systeme),
- Bedeutung von Kommunikation (Komplexitätsaufbau und -re duktion),
- Kommunikation als zirkulärer, selektiver Prozess von Information, Mitteilung und Verstehen (soziale Adressierbarkeit),
- Merkmale von Kommunikation (Komplexität, Selektivität, Selbstreferenzialität, Kontingenz, doppelte Kontingenz),
- Interaktion als doppelt kontingenter Zusammenhang (Voraussetzung von Sinnkonstituierung und Systembildung),
- Funktion von Kommunikation (Komplexitätsreduktion)
- Perspektivenwechsel und Perspektivenübernahme (zirkuläres Verstehen, Selbst- und Fremdreferenz),
- Ge- und Misslingen von Kontrakten (Anschlussfähigkeit von Kommunikation),
- Aushandlungsbedürftigkeit von Hilfeplanungen und Zielvereinbarungen (Perturbation),
- Offenlassen von Optionen und Einbau von Freiheitsgraden in Kommunikation (Viabilität),
- Vermeiden klassischer Beratungsfehler wie z. B. klassifizierte Interpretationen, Tröstungen, Wertungen, Moralisierungen, Lösungsangebote, Vorschriften und Festlegungen sowie von außen angetragene Ausforschungen (Vermeiden von vorschnellen Systemschließungen),
- Grenzen von Kommunikation und Aushandlung (Krisenmanagement, Interventionserfordernisse),

- Begrenzung von Ganzheitlichkeit und Integrationszwängen (plurale Lebensentwürfe),
- Verantwortungsübernahme für das eigene Handeln (Selbstkontrolle, Selbstreferenz),
- Schutz vor Expertenherrschaft, Autoritarismus und Expertentum (Selbstreferenzialität von Erkenntnis),
- Orientierung an den Bedürfnissen der Klienten (Selbstreferenz),
- Toleranz gegenüber Ambivalenz (Polykontexturalität),
- Bedeutung von Macht (Chancen aber auch limitierte Möglichkeiten von Macht).

7.2.4. Supervision und Coaching

Die bislang betrachteten potenziellen Vorteile für die Praxis sozialpädagogischer und sozialarbeiterischer Hilfeprogrammatik sind ebenfalls für ihre methodisch angeleiteten Reflexionsprozesse von Belang. Soziale Arbeit ist auf die professionelle Beobachtung von Personen-Beobachtungen (Klienten und ihre Sichtweisen) angewiesen und muss daher immer die 2. Ebene von Beobachtung einnehmen. Beobachtungen auf der 2. Ordnungsebene haben – ähnlich wie bei Organisationen – Entscheidungscharakter. Komplexität, Selektivität und daraus gegebene doppelte Kontingenz erfordern zwangsläufig die Reflexion der eigenen Beobachtung. Soziale Arbeit ist professionell gestaltete Kommunikation. Sie ist daher in einem hohen Maße auf Erkenntnisse angewiesen, die ihr Einblicke und Einsichten in die Bedingungen des Gelingens und Scheiterns von Kommunikation und der Suche nach Optimierungen geben können. Betrachten wir Kommunikation als ein durch Bewusstsein zumindest intentional gestaltbares Geschehen, rücken Fragen der Kompetenzentwicklung in den Vordergrund. Dabei sind – neben Wissen und Können – besonders die Kompetenzen in den Blick zu nehmen, die auf die Förderung einer spezifischen Professionshaltung abzielen (von Spiegel 2008:94–112). Hierunter sind die in älteren Kompetenzmodellen als reflexive und soziale Komeptenz beschriebenen Aspekte des Professionshandelns zu verstehen (Geißler/Hege 2007, c1987:196–207). Systemtheorie begründet theoretische Einsichten in die Notwendigkeit der Variation von Beobachtungsperspektiven. Erst damit ist die Voraussetzung für das Einlassen auf konkrete Verfahren und Techniken der angesprochenen Kompetenzerweiterung gegeben.

Der Versuch einer systematischen und methodisch angeleiteten Selbstbeobachtung und Selbstreflexion wird bei Fach- und Leitungskräften als Supervision und auf der Leitungsebene auch als Coaching erbracht. Darüber hinaus werden interne Reflexionsformen, wie z. B. die kollegiale Fallberatung, praktiziert. Supervision und Coaching sollen als selbstreflexiv angelegtes Programm den in allen Hilfeprogrammen notwendigen Bezugsrahmen zum Austausch von Selbst- und Fremdreferenz herstellen.

Supervision hat sich in der Praxis fest etabliert und gehört heute zu den grundlegenden Standards Sozialer Arbeit als Profession. Systemtheoretisch-konstruktivistische Denk- und Handlungskonzepte spielen in der Supervision eine große Rolle, geht es hier doch zentral um die Reflexion von Handlungs- und Möglichkeitskonstruktionen. Den Nutzen systemtheoretischer Reflexion für den Gegenstandsbereich der Supervision zu deklarieren, erübrigt sich daher weitgehend. Daher nur einige potenzielle Nutzenaspekte:

Orientierungspunkte im Kontext von Selbstbeobachtung, Selbstreflexion und Selbstentwicklung (Supervision, Coaching):

- Angewiesensein von Kommunikation auf Differenzerfahrung, nicht auf Konsens, (doppelte Kontingenz),
- Verständnis für die Beobachtungsabhängigkeit von Wirklichkeit (Selektivität und Selbstreferenzialität des Wahrgenommenen),
- Verständnis für die fachliche Notwendigkeit von Selbst-, und Fremdbeobachtung sowie ihrer Kommunikation in Supervision, Coaching, kollegialer Fallberatung, kollegialem Coaching (blinder Fleck, Beobachtung 3. Ordnung),
- Selbstreflexiver, kritischer Umgang mit der eigenen beruflichen Rolle und dem eigenen Handlungsfeld (Technologiedefizit, Allzuständigkeit, Helfersyndrom[109]),
- Verständnis für differente Wirklichkeitskonstruktionen (Selbstreferenzialität von Verstehen),
- Verständnis von Hilfekommunikation als selektiver, hochkontingenter Prozess (Anschlussfähigkeit von Hilfekommunikation),

---

109 Das Helfersyndrom ist ein von Wolfgang Schmidbauer (1977, 2007) beschriebenes Phänomen helfender Berufe. Hilfeerbringung und Hilfeannahme werden demnach dann zu einem selbstschädigenden Interaktionsverhältnis, wenn sie die Identität beider Seiten derart bestimmen, dass beide aus ihrer Rolle nicht mehr herauskommen, und alles tun, um sie zum Zweck der jeweils eigenen Identitätsbestätigung weiter aufrechtzuerhalten. Es entsteht eine beidseitige Abhängigkeit (Sozialarbeiter: „Ich bin unverzichtbar!“ Klient: „Ich kann nicht ohne den Sozialarbeiter!“).

- Verbesserung kommunikativer Kompetenz (Metakommunikation),
- Verbesserung der Fähigkeit zum Perspektivenwechsel (Selbstbeobachtung)
- Entwicklung von alternativen Deutungsmustern, Handlungsalternativen, Möglichkeitskonstruktionen (Viabilität),
- Emotionale Entlastung, Verminderung von Stress, Stressbewältigung (Produzentenstatus als Ko-Produzent).

7.2.5. Sozialwirtschaftliche Organisation

Soziale Arbeit steht im Spannungsfeld von Politik, Ökonomie und Recht auf der einen sowie einem rasanten, kaum antizipierbaren gesellschaftlichen Wandel auf der anderen Seite. Wenn man von der Möglichkeit einer Sozialwirtschaft sprechen kann (Wöhrle u.a. 2013), sieht sie sich unter den Bedingungen dieses Spannungsfeldes und Komplexitätszuwachses erhöhten Anforderungen an ein Management sozialer Dienstleistungsorganisationen ausgesetzt.

Organisationen haben einen gesonderten Operationsmodus: Entscheidung (Kap. 4.5.4.). Entscheidungen werden auf der Beobachtungsebene 2. und 3. Ordnung gewonnen. Daher sind sie immer auch Entscheidungen über das Handeln und nicht nur Prognosen über ihren potenziellen Ausgang. Prognosen lassen sich zurücknehmen, Entscheidungen dagegen nicht. Besonders die symbolischen Medien wie Macht und Geld sind mit zunehmenden Entscheidungsrisiken konfrontiert (Luhmann 2002b, c2000:433f).

Im Kontext Sozialer Arbeit ist – ähnlich wie im Wirtschaftssystem – der Umgang mit Entscheidungsrisiken mittlerweile auch ein Thema von Führung und Leitung geworden. Es wird mit Blick auf die eher diffus ausfallenden Steuerungsmöglichkeiten von Organisationen mit dem Begriff von ‚Management' bearbeitet (Kap. 6.4.). Management finden wir hier auf verschiedenen Ebenen, da sein Bezugsrahmen unterschiedlich sein kann:

- Management von Fallarbeit (Case Management),
- Management von Organisation (Sozialmanagement),
- Management von Organisationsbeziehungen (institutionelles Netzwerkmanagement),
- Entwicklung und Beratung von Managementprozessen (Organisationsentwicklung, Unternehmensberatung).

Auch im Kontext der hier genannten Managementfelder bietet die Systemtheorie Organisationen einen geeigneten Bezugsrahmen

a) für die Reflexion ihrer Operationsweise und
b) für die Entwicklung von Managementmodellen.

Orientierungspunkte im Kontext von Management in der Sozialen Arbeit:

- Organisationshandeln ist Entscheidungshandeln (Entscheidungsprogramme),
- Entscheidungshandeln in Organisationen ist hochkontingent, entsprechend geringe Prognostizierbarkeit der Folgerisiken (Zweckprogramme),
- nichtlineare Steuerbarkeit von Person und Organisation, Überwindung des Steuerungsmythos (post-heroisches Management),
- Wissensmanagement ist eine Möglichkeit der Unternehmenssteuerung bei gleichzeitigem Verständnis für die Unmöglichkeit vollständiger Risikobeseitigung (Kontextsteuerung),
- begrenzte Erwartungen an die Linearität von zweckrationalen Strategien hinsichtlich ihrer Wirkungen und ihres Erfolgs (Kontingenz von Zweckprogrammen),
- pro-aktive Unternehmensentwicklung (Behandlung von Ungewissheit, Kontingenz),
- Konzeptionierung auf den Ebenen von Unternehmensumwelt, Unternehmensplanung und Unternehmensführung (Systemgestaltung, -entwicklung und -steuerung),
- Störungen in einer Organisation als Chance zur Weiterentwicklung (lernende Organisation, Umgang mit Kontingenz, Heterarchie),
- Entwicklung operativer Kopplungen (Kooperationen und Vernetzungen, siehe z. B. Case Management und Netzwerkmanagement),
- Interaktionsthemen (Normen, Werte, Ressourcen) der Interessen- und Anspruchsgruppen als primäres Kapital von sozialen Unternehmungen (Stakeholderansatz).

7.3. Schlusswort

Moderne Gesellschaft kann dem Einzelnen keine feste soziale Position mehr zuweisen. Folge ist die Exklusion von Individualität oder mit den Worten Luhmanns: „Das Individuum wird durch Teilbarkeit definiert ... Was ihm für sich selbst bleibt, ist das Problem seiner Identität“ (Luhmann 1994c:193). Moderne Gesellschaften sind vor allem durch eine Individualisierung von Inklusionsrisiken gekennzeichnet. Personale Inklusion von →Exklusionsindividualität wird auf diese Weise immer mehr zu einem Humanproblem in funktional differenzierten Gesellschaften (Hillebrandt 1999:276). Da das Individuum in modernen Gesellschaften gesellschaftlich unbestimmt ist, wird es im Spannungsfeld von Inklusionsanforderungen und Individualitätsansprüchen zum Bezugspunkt Sozialer Arbeit.

Soziale Arbeit ist dabei nicht die Retterin der Postmoderne.[110] Sie ist auch weit davon entfernt, Erfüllungsgehilfin eines neoliberalen oder „neosozialen“ (Lessenich 2008) Funktionalismus zu sein. Soziale Arbeit ist spätestens seit der Industrialisierung der Zweideutigkeit ausgesetzt, sowohl aufklärende als auch adaptierende Funktion zu übernehmen. Sie ist als gesellschaftliche Form der Selbstinformation und Selbstirritation etabliert. Hieraus bezieht sie die Autopoiese ihres Handelns. Auf der systemischen Handlungsebene erfordert dies, gesellschaftliche Differenzierungen in ihren funktionalen, teilweise auch immer noch stratifikatorischen und segmentären Erscheinungsformen zu beobachten und darin reflexiv zu handeln. Dabei kann Soziale Arbeit nicht Komplexitätsprobleme lösen, die als Folgeprobleme funktionaler Differenzierung produziert werden. Vielmehr wird Soziale Arbeit in den gesellschaftlichen Funktionssystemen und ihren Organisationen als →Joker, als Störer, als Irritation, als Wiedereinschluss des ausgeschlossenen Dritten benötigt (→*re-entry*). Auf diese Weise leistet sie ihren Beitrag zur Verringerung der „humanen Folgeprobleme funktionaler Differenzierung“ (Hillebrandt 1999:293).

Luhmann stellte in seiner Analyse des Helfens im Wandel gesellschaftlicher Bedingungen fest: alle Formen des Helfens „arbeiten an der Beseitigung von Problemfällen, die sich aus der Verwirklichung der vorherrschenden Strukturen und Verteilungsmuster immer neu ergeben“ (Luhmann 1973:35). Die Änderung der Strukturen, die die Verhinderung von „Problemfällen“ bewirken kann, bearbeitet Soziale Arbeit hingegen nicht (Kap. 4.1.4.). Das heißt nicht, dass Soziale Arbeit keine präventiven Aufgaben übernehmen und auf

110 Sofern man von einer solchen Epoche überhaupt sprechen kann. Siehe Vertiefungskommentar ‚Postmoderne und Dekonstruktion‘.

politisches Engagement verzichten kann. Inklusionsvermittlung und Exklusionsvermeidung sind nicht nur auf problemlösungsorientierte, sondern auch auf präventive Programme und sozialpolitisches Engagement Sozialer Arbeit angewiesen. Prävention und Sozialpolitik tragen zum Abbau gesellschaftlicher Exklusion bei, sie lösen hingegen keine grundsätzlichen gesellschaftlichen Strukturfragen. Soziale Arbeit als Potenzial der Selbst- und Fremdirritation komplexer Systeme zu nutzen ist ein Weg, der die Exklusionsmechanismen der Problementsorgung funktionaler Differenzierung nicht abschalten, ihnen aber entgegenwirken kann. Exklusionsindividualität ist auf personale Inklusion in die gesellschaftlichen Funktionssysteme angewiesen. Sozialer Arbeit bleibt in ihrer Leistungsrolle nur die Aufrechterhaltung anschlussfähiger Hilfekommunikation nach innen (Klientel) und nach außen (Funktionssysteme) durch die Strategie gesellschaftlicher Einmischung. Hierbei segelt sie eng im Windschatten →sozialer Bewegungen.[111] Soziale Arbeit kann nicht selbst die Funktion von Politik (und sozialer Bewegungen) ersetzen, funktionale Teilsysteme sind nicht substituierbar und können überdies jeweils für sich nicht gesellschaftliche Gesamtstruktur herstellen. Daher wird es in der Sozialen Arbeit „nur“ um die Verringerung humaner Folgeprobleme funktionaler Differenzierung gehen können, nicht aber um die Beseitigung struktureller Folgen funktionaler Differenzierung. Soziale Arbeit ist Teilhabe an der Verbesserung sozialer, und das heißt: politischer, wirtschaftlicher, rechtlicher, gesundheitlicher sowie erziehungs- und bildungsbezogener Verhältnisse.

Im strategischen Bemühen um Einmischung und in den operativen Umsetzungen von Hilfe ist die Systemtheorie eine wichtige reflexionstheoretische Grundlage für eine Theorie und Praxis Sozialer Arbeit. Sie bestätigt zudem subjekttheoretische Positionen innerhalb der Theoriebildung Sozialer Arbeit. Diese Positionen verlangen der Theorie einen Allgemeinheitsgrad ab, der sich bewusst technologischen Ambitionen zu entziehen vermag. Kommunikation und Sinnbildung sind die hierfür vorhandenen Mittel. Oder mit den eingangs zitierten Worten Luhmanns: „Das wichtigste menschliche Ordnungsmittel in dieser Welt ist Sinnbildung und Kommunikation, mit der die Menschen sich darüber verständigen, dass sie dasselbe meinen und weiterhin meinen werden“ (Luhmann 2008:12). Dass dies letztlich den Umgang mit →Paradoxien bedeutet, lässt sich mithilfe der Systemtheorie erklären.

---

111 Ein Beispiel hierfür ist die Heimreform der Jugendhilfe in den 1968er Jahren. Sie war stark von der Studenten- und Jugendbewegung inspiriert (Schmutz u.a. 2000:67f). Soziale Bewegungen haben immer wieder Impulse für die Entwicklung Sozialer Arbeit als Organisation gesetzt (Wagner 2009).

Glossar

Fachbegriffe sollen in diesem Glossar verständlich erklärt werden, damit sie den Einstieg in die Systemtheorie erleichtern. Verständlichkeit erfordert oftmals die umschreibende, damit wortreiche und vereinfachende Erklärungsweise. Der hohe Abstraktionsgrad luhmannscher Terminologie wird auf diese Weise unterschritten und damit das Risiko von Verkürzungen zwangsläufig eingegangen.[112]

allopoietische Systeme: Triviale → Systeme, die keine Fähigkeit der Selbstreproduktion, → Selbstorganisation und Selbststeuerung besitzen (z. B. Maschinen).

Autonomie: Bezeichnet die Fähigkeit autopoietischer → Systeme zur Selbstregulierung eigener Abhängigkeit und Unabhängigkeit von Umwelt (→ Autopoiese, → operative Geschlossenheit).

Autopoiese: Autopoiese bedeutet ‚Selbstermöglichung'. Autopoietische → Systeme sind selbstreproduzierende (selbstreferenzielle), operativ geschlossene Einheiten. Luhmann schlägt drei Klassen autopoietischer Systeme vor: → Leben, → Bewusstsein und → Kommunikation. Die soziale Konstruktion von → Wirklichkeit folgt keiner substanziellen Vorgegebenheit der Welt, vielmehr muss auch diese sinnhaft erzeugt werden. Autopoiesis ermöglicht, dass ein System die Elemente, aus denen sie bestehen, durch die Elemente produzieren, aus denen sie bestehen (z. B. Kommunikation durch Kommunikation). Der Neurobiologe Humberto Maturana und der Neurowissenschaftler Francisco Varela haben den Begriff ‚Autopoiesis' zur Kennzeichnung lebender Systeme vorgeschlagen. Luhmann hat den Begriff übernommen und auf psychische und soziale Systeme übertragen (Luhmann 1987:60ff).

Bedarfsausgleich: → *Helfen.*

Beobachtung: Beobachtung ist die Operation des gleichzeitigen Unterscheidens und Bezeichnens (George Spencer Brown). Jede Beobachtung braucht eine Unterscheidung, mit der sie beobachten kann. Auf diese Weise ist Beobachtung immer eine Konstruktion eines

---

112 Das vorliegende Glossar beschränkt sich auf knapp über 120 Einträge, was für eine Einführung in die Systemtheorie ausreichen mag. Eine lexikalische und auch inhaltliche Einführung in das Gesamtwerk Luhmanns liegt mit dem Standardwerk „Luhmann-Lexikon" von Detlef Krause (2005) vor. Es enthält über 600 Einträge. Ein Wörterverzeichnis mit über 60 fachlich vertiefenden Erklärungen findet man im „GLU" von Claudio Baraldi, Giancarlo Corsi und Elena Esposito (1997) sowie in vergleichbarer Größenordnung bei Johann Dieckmann (2006). Kleinere Glossare finden sich auch bei Helmut Willke (2000) und Dieckmann (2004, 2005). Als multimediale Einführung in die Systemtheorie im Kontext von Sozialmanagement und Sozialer Arbeit sei verwiesen auf die beiden CDs von Theodor M. Bardmann und Alexander Lamprecht (1999, 2003).

beobachtenden Systems. Elemente, die beobachtet werden, sind Handlungen und Erleben. Bezeichnet kann etwas nur werden, wenn es von etwas anderem unterschieden werden kann. Drei Ebenen der Beobachtung können unterschieden werden: Beobachtung 1. Ordnung = eigene Beobachtung. Beobachtung 2. Ordnung = Beobachtung der Beobachtung Anderer und auch die Beobachtung der eigenen Beobachtung (Selbstbeobachtung). Beobachtung 3. Ordnung schließt eigenes und fremdes Erkennen zusammen. Jede Beobachtung produziert einen blinden Fleck, da während des Unterscheidens nicht gleichzeitig die andere Seite beobachtet werden kann. Letztbeobachtung ist nicht möglich. Beobachtung 2. Ordnung sieht immerhin, dass Beobachtung 1. Ordnung nicht das sehen kann, was sie nicht sehen kann. Erst auf der Ebene der Beobachtung 3. Ordnung kann gefragt werden, wie sich aufgrund der Beobachtung 2. Ordnung (der Beobachtung von Beobachtung) soziale Systeme bilden (z. B. Vorgang, der in der Praxis Sozialer Arbeit als Supervision und in der Theorie Sozialer Arbeit als Reflexionstheorie vorkommt). (→ Unterscheidung, → blinder Fleck, → Formenkalkül, → Unterscheidung, → *re-entry*).

Bewusstsein: Operationsweise psychischer Systeme. Das Bewusstsein verlegt körperinterne Zustände nach außen und konstruiert damit eine äußere Realität, die es dann für seine Gedanken und Vorstellungen verantwortlich machen kann. Umweltkontakt erhält es erst durch die strukturelle Kopplung an das Nervensystem. Das Nervensystem ist eine Einrichtung zur Selbstbeobachtung des Organismus. Der Organismus ist operativ geschlossen und bezieht sich ausschließlich auf körpereigene interne Reize. Das Bewusstsein rechnet diese körperinternen Reize der Umwelt zu. „Das Bewusstsein ... kehrt sozusagen das Innen des Körpers nach außen, und selbst der eigene Leib wird vom Bewusstsein als bewusstseinsextern, als Gegenstand des Bewusstseins erlebt" (Luhmann 1992:19 f). (→ Person).

Bezeichnungen: → *Unterscheidung*.

blinder Fleck: Die in Ermangelung der Möglichkeit von Letztbeobachtung nicht beobachtbare Stelle einer Beobachtung. In organischen Systemen analog der Stelle auf der Netzhaut des Auges, die keine Rezeptorstellen für die Aufnahme von Licht hat. Beobachtungen sind daher immer unvollständig, was durch den sie vornehmenden Beobachter im Akt der Beobachtung selber aber nicht beobachtbar ist. Jede Beobachtung produziert somit einen ihr selbst unbekannten, blinden Fleck. Seine Aufdeckung ist möglich, denn: Die Beobachtung der Beobachtung ist im Nachhinein durch den Beobachter (Selbstbeobachtung) oder durch andere Beobachter beobachtbar (→ *re-entry*).

Code, binärer: Ein binärer (zweistelliger) Code ist die sprachliche Bezeichnung für einen Wert und seinen Gegenwert als Begriffspaar (z. B. wahr/unwahr oder krank/gesund usw.). Der kommunikative Gebrauch von Codes ermöglicht die Herausbildung spezieller Funktionssysteme (z. B. Wissenschaft mit dem Code „wahr/unwahr", Wirtschaft mit dem Code „zahlen/nicht zahlen" usw.). Jede an einem Code orientierte Handlung (→ Kommunikation) ermöglicht im Fall des Gebrauches des Positivwertes die Anschlussfähigkeit an das System (→ Inklusion). Der Gebrauch des Negativwertes hat nicht zwingend Ausschluss (→ Exklusion) zur Folge, sondern bedeutet zunächst als Kontingenz die Folge von Reflexion potentieller Inklusion. Was z. B. im Wissenschaftssystem als unwahr beobachtet wird, kann potentiell inkludiert werden, indem der Code „wahr/unwahr" auf sich selbst angewendet wird. Hierzu benötigt der Code ein Programm. Dadurch erst kommt es zu Folgeoperationen. Im Beispiel des Wissenschaftssystems sind das Theorien und Methoden. Sie ermöglichen, dass das, was als „unwahr" identifiziert wurde, seinerseits wieder Eingang in die wissenschaftliche Reflexion finden kann. Programme sind Medien, mit denen die

Codes angewendet werden können (z.B.: im Funktionssystem Recht: Gesetze, Rechtsnormen oder im Funktionssystem Medizin: diagnostische, therapeutische Verfahren). (→ Programme).

Differenz, Leitdifferenz: Unterscheidung eines Systems, in der es sich als verschieden zu seiner von ihm selbst gesetzten Umwelt wahrnimmt.

Differenzierung: Grundlegender Mechanismus von Evolution. Ein System differenziert sich aus, indem es zwischen den anschlussfähigen und nicht anschlussfähigen Elementen differenziert und selektiert. Jede Beobachtung beginnt mit einer Unterscheidung, erzeugt damit eine Differenz und eine Systemgrenze (→ System/Umwelt-Differenz).

Einheit: Eine Einheit kann als Einheit infolge des blinden Flecks nicht beobachtet werden. Dennoch wird sie als Einheit beobachtet. Jede Beobachtung verfährt insofern paradox. Eine Einheit kann nur als Operieren im Kontext von Differenzen realisiert werden (z.B. Soziale Arbeit als die Einheit der Differenz von Hilfe und Kontrolle).

Emergenz: Befähigung zur Herstellung systemeigener, neuartiger Eigenschaften. Diese Eigenschaften lassen sich nicht aus der Summe irgendwelcher Systemeigenschaften erklären. Die Entstehung einer neuen, eigenständigen Ordnungsebene ergibt sich vielmehr aus den vom System selbsterzeugten und nicht von außen geplanten oder herstellbaren Verknüpfungsleistungen. Lebende und soziale Systeme besitzen emergente Eigenschaften. Kommunikation ist das emergente Geschehen in sozialen Systemen.

Entscheidung: Entscheidung ist die besondere Operationsweise von Organisationen. Organisationen müssen ihren Fortbestand mittels Entscheidungen sichern. Entscheidungen sollen Kontingenzen in Gewissheiten umformen, gleichwohl sind sie kontingent wie jede Kommunikation. In Organisationen werden Entscheidungen auf Entscheider zugerechnet und tendieren zur Ausdifferenzierung von Rangstellungen und Macht.

Erleben: Erleben ist ein sinnhaftes Verhalten, das ein Beobachter der Umwelt eines Systems zurechnet. Aus der Sicht eines Systems ist eigenes sinnhaftes Verhalten Handeln und fremdes sinnhaftes Handeln Erleben (→ Handeln).

Erziehung: Änderungsabsicht mittels darauf spezialisierter Kommunikation, die sich an Vorstellungen des Erlebens der zu erziehenden Person orientiert.

Evolution: Systeme reproduzieren sich mittels Variation und Selektion. Nachfolgen unterscheiden sich also durch bestimmte Merkmale und Eigenschaften (→ Variation), die durch Selektion für die Nachfolge zugelassen wurden. Nicht die Umwelt selektiert, sondern das System. Aus systemtheoretischer Sicht beruht die Evolution autopoietischer Systeme auf ihrer selbstselektiven Abkoppelung von ihrer Umwelt zur Ermöglichung ihrer selbst (→ Selektion, → Variation, → Stabilisierung). Luhmann verfolgt einen sozial-evolutiven Ansatz. Er geht von der Evolution biologischer Systeme aus bzw. beobachtet, dass sich mit der Entstehung biologischer Systeme auch soziale und psychische Systeme bilden. Sie evoluieren ebenfalls, bzw. co-evoluieren. Co-Evolution ist also soziale Evolution. Eine Voraussetzung hierfür ist die System/Umwelt-Differenz. System und das als Umwelt beobachtete verändern sich unterschiedlich. Das führt zur weiteren Ausdifferenzierung im System aber auch zur Entstehung stets neuer sozialer Systeme.

Exklusion: → *Inklusion/Exklusion.*

Exklusionsindividualität: Für Gesellschaft bzw. die sozialen Systeme ist Exklusionsindividualität Umwelt, da sie Folge funktionaler Differenzierung ist. Gesellschaftliche Funktionssysteme stellen jeweils differente Inklusionserwartungen an die Person. Gesellschaftliche Inklusion wird so zum individuellen Problem psychischer Systeme (→ Person). Das Problem stellt sich doppelt. Zum einen kann das Individuum nicht mehr als Ganzes (z. B. mit all seinen Wünschen, Hoffnungen, Fähigkeiten usw.), sondern nur noch mit den von den gesellschaftlichen Teilsystemen erwarteten Kommunikationseigenschaften inkludiert werden. Zum anderen ist nicht nur die potenzielle, sondern die faktische – wenn auch nicht immer gleichzeitige – Inklusion in möglichst alle gesellschaftlichen Teilsysteme (Politik, Wirtschaft, Erziehung/Bildung, Recht, Familie usw.) erforderlich. Die gleichzeitige Teilnahme an verschiedenen gesellschaftlichen Funktionssystemen verlangt der Person ab, eigene Individualitätsansprüche an den jeweiligen Inklusionsanforderungen der Teilsysteme auszurichten und sich sozusagen in eine Vielzahl sozialer Adressen zu zerlegen. Dadurch ist das Individuum gesellschaftlich unbestimmt und wird im Spannungsfeld von Inklusionsanforderungen und Individualitätsansprüchen zum Bezugspunkt Sozialer Arbeit.

Form: Durch Unterscheidung erzeugte Innen- und Außenseite des Unterschiedenen. Formen können nur durch Beobachtung 2. Ordnung erkannt werden. Der Beobachter, der Beobachtungen beobachtet, erkennt die Differenz von Bezeichnetem zum Unterschiedenen. Die Form einer Unterscheidung verweist immer auf potentiell andere, alternative und ausgeschlossene Formen der Unterscheidung (→ Formenkalkül).

Formenkalkül, *laws of form* (*draw a distinction*): Von Luhmann übernommene Bezeichnung des englischen Mathematikers und Psychologen George Spencer Brown (1923) für das gleichzeitige Unterscheiden und Bezeichnen. Jede Beobachtung vollzieht sich in der Herstellung einer Differenz. So wird bei der Beobachtung nicht nur eine Seite bezeichnet, sondern immer auch ihre andere Seite (z. B.: überschuldeter Haushalt meint auch immer den nicht verschuldeten Haushalt). Eine Bezeichnung ist demnach nur möglich, wenn das Beobachtete von etwas unterschieden wurde, ein Negativoperator als Abgrenzung konstruiert wird. Am Beispiel: Überschuldete Haushalte könnten nicht beobachtet und bezeichnet werden, wenn nichtüberschuldete Haushalte nicht beobachtbar wären (→ Beobachtung, → *re-entry*).

Freiheit: Freiheit wird nicht als die Abwesenheit von Zwang verstanden. Freiheit setzt immer Unfreiheit voraus und ist kein Begriff, der die in sich enthaltene Differenz aufheben kann. Freiheit (→ Autonomie) ist der Zwang zur Fortsetzung von sich selbst und die Möglichkeit zur Negation.

Funktion: Systeme erfüllen Funktionen im Kontext ausdifferenzierter Systeme (z. B. im wissenschaftlichen System die Herstellung neuen Wissens, im politischen System die Herbeiführung gesellschaftlich bindender Entscheidungen usw.). Hierbei geht es weniger um Zweck-Funktionen (z. B. die Politik entscheidet A weil sie B erreichen will). Vielmehr geht es in der Funktion von sozialen Systemen und ihren Ausdifferenzierungen um Vorgänge für die Beurteilungen der Gleichwertigkeit verschiedener Problemlösungen (z. B. Kommunikation verschiedener psychosozialer Diagnosen).

funktionale Differenzierung: Bezeichnet die in modernen Gesellschaften beobachtbare Form der gesellschaftlichen Strukturwandels. Sie ist zu unterscheiden von segmentären und stratifikatorischen Differenzierungen. Bei der funktionalen Differenzierung geschieht das Ziehen von System/Umwelt-Differenzen unter dem Gesichtspunkt der Sicherung ungleicher, spezialisierter Problembearbeitung für das Gesamtsystem (Religion, Politik, Recht, Wirtschaft, Wissenschaft, Erziehung, Militär usw.). Moderne Gesellschaften erleben mithin einen Prozess der Ausdifferenzierung in voneinander getrennte Teilsysteme. Diese haben jeweils eigenständige Aufgaben für die Gesellschaft zu bearbeiten (z. B. die Funktionssysteme Politik, Recht, Wirtschaft, Medizin, Wissenschaft, Bildung, Kultur, Religion, Militär usw.). Gleiches gilt relativ für die Organisationsebenen. Funktionale Differenzierung entspricht bildhaft einer Ausdifferenzierung relativ autonomer Funktionssysteme auf horizontalem Niveau.

Funktionssystem, gesellschaftliches: Neben Interaktionssystem und Organisationssystem das komplexeste aller sozialen Systeme. Ein Operieren außerhalb gesellschaftlicher Funktionssysteme ist nicht möglich. Eine Voraussetzung zur Ausdifferenzierung eines Funktionssystems ist seine Unersetzbarkeit (→ funktionale Differenzierung).

Funktionssystem, sekundäres: Funktionssysteme, die sich erst in der Folge der primären Ausdifferenzierung der Funktionssysteme Politik, Wirtschaft, Recht usw. ausdifferenzieren. In der systemtheoretischen Diskussion besteht keine Einigkeit darüber, ob Soziale Arbeit ein eigenständiges gesellschaftliches Funktionssystem ist oder ob es als sekundäres Funktionssystem beschrieben werden kann.

Geld: → *symbolisch generalisierte Kommunikationsmedien.*

Gesellschaft: Gesamtheit erreichbarer Kommunikation, die sich in verschiedene Systeme ausdifferenzieren kann (→ System, soziales). Gesellschaft besteht nicht aus der Summe der Teile ihrer sozialen Systeme. Ihre Einheit ist Vielfalt.

Handeln: Handeln ist ein sinnhaftes Verhalten, was ein Beobachter einem System als Kommunikation zurechnet (Mitteilungshandeln, → Mitteilung). Die Wahrnehmung dieses Handelns durch ein anderes System wird dem → Erleben zugerechnet.

Helfen: Hilfe ist eine Form des Bedarfsausgleiches in menschlichen Gesellschaften. Sie wird durch Strukturen wechselseitigen Erwartens bestimmt und gesteuert. Helfen kommt somit nur dann zustande, wenn es erwartet wird. Die Formen des Helfens unterliegen einem gesellschaftlichen Wandel. In archaischen Gesellschaften (→ Differenzierung, segmentäre) ist Helfen an die reziproke Form gebunden. Diese Wechselseitigkeit des Helfens verliert in hochkultivierten Gesellschaften (→ Differenzierung, stratifikatorische) zunehmend an Verbindlichkeit, da die gegenseitige Umkehrbarkeit der Lebenslagen strukturell immer weniger vorkommt. Stattdessen treten verschiedenartige Bedürfnisse von verschiedenen Personen an vielen Orten zu ungleichen Zeiten auf. Das Motiv des Helfens muss fortan kulturell vermittelt werden. Geld und Moral werden zu Formen des Helfens. Moderne Gesellschaften (→ funktionale Differenzierung) benötigen für den Bedarfsausgleich schließlich eine Form, die unabhängig ist von den individuellen Entschlüssen des Helfens. Diese unabhängige Form findet die moderne Gesellschaft in der → Organisation. Helfen ist fortan an Personal und → Programm gebunden und wird zu einer zuverlässig erwartbaren Leistung.

Heterarchie: Heterarchie bezeichnet eine dezentrierte Gesellschaftsordnung, im Gegensatz zu zentralistischer Ordnung von Gesellschaft. Der Wechsel von hierarchischer zu heterarchischer Ordnung kennzeichnet den Übergang zu funktionaler Differenzierung. (→ Polykontexturalität, → Hyperkomplexität).

Holismus: Philosophische Lehre, die alle Erscheinungen des Lebens aus einem einzigen, ganzheitlichen Prinzip heraus ableitet. Damit stellt Holismus die dem Reduktionismus entgegen gesetzte Auffassung (→ Reduktionismus) dar. Das Ganze kann nicht aus seinen Teilen erklärt und hierauf reduziert werden. Das sogenannte Ganze besitzt vielmehr emergente Eigenschaften. Emergenz ist ein „Phänomen höherer Ordnung" (Luhmann 1992:64) (→ Emergenz).

Hyperkomplexität: Fähigkeit sozialer Systeme, die eigene Systemkomplexität zu beobachten. Selbstbeschreibung und Selbstbeobachtung sozialer Systeme sind der Beobachtung, Beschreibung und Bezeichnung durch andere ausgesetzt. Ständige Neubeschreibungen des Beobachteten führen hingegen nicht zwingend zu einer deckungsleichen Perspektive aller Beobachtungen. Soziale Systeme neigen zu einer differenten Selbstbeschreibung. (Luhmann 1998: 876). Hyperkomplexität lässt sich in der Sozialen Arbeit z. B. in ihrem Wissenschaftssystem beobachten. So hält die Theorienlandschaft Sozialer Arbeit eine Ansammlung unterschiedlicher Bezeichnungen ihres wissenschaftlichen Gegenstandes bzw. ihres gesellschaftlichen Bezugsproblems vor. Anzeichen auf das Zustandekommen eines konvergierenden, mehr oder weniger in sich geschlossenen Theoriegebäudes Sozialer Arbeit ist dabei nicht in Sicht (Lambers 2013). (→ Heterarchie, → Polykontexturalität).

Individuum, Individualität, Identität: Das Individuum ist das unteilbare Selbst des Subjekts (→ Subjekt). Individualität ergibt sich nicht in Bezug zu anderen Menschen, sondern zu sich selbst und wird dadurch zur Identität. Identität ist das Ergebnis der Selbstbeobachtung psychischer und sozialer Systeme in modernen Gesellschaften. Identität ist in diesem Sinne nicht mehr ontologisch festgelegt, sondern nur noch ein Begriff für sinnhaft operierende Systeme, der bezeichnet, was zum System gehört und was nicht. Diese Selbstreferenz wird im Sinne sozialer Erwartbarkeit zur Fremdreferenz. Moderne Gesellschaften bieten keine Identitätsmodelle mehr. Das Individuum muss sich vielmehr an sich selbst und den unterschiedlichen Erfordernissen der gesellschaftlichen Funktionssysteme orientieren. So gesehen wird Individualität zu einer gesellschaftlichen Zumutung, in der jeder Mensch sich angesprochen fühlen muss, sich für etwas Besonderes zu halten. Luhmann spricht daher auch von „Anspruchsindividualität", eine Art „Ware von der Stange". Nicht das Individuum, sondern Kommunikation ist das Letztelement von Gesellschaft. Individuen – oder besser: Personen – sind mittels Interpenetration mit Gesellschaft verbunden. Sie übernehmen die Funktion von externen Sensoren für die Teilsysteme, wodurch sich diese weiter ausdifferenzieren.

Information: Ergebnis von Unterscheidung, die ein psychisches oder soziales System mittels Beobachtung trifft. Eine Information verweist immer auf etwas Neues. Im dreischrittigen Kommunikationsmodell Luhmanns bezeichnet Information den ersten von drei selektiven Schritten von Information, →Mitteilung und →Verstehen.

Inklusion/Exklusion: Dient als Differenz mit dessen Hilfe soziale Systeme entscheiden, ob eine Person (soziale Adresse, Adressat sozialer Systeme) an gesellschaftlicher Kommunikation teilnehmen kann oder nicht. In segmentären Gesellschaften bedeutet dies Zugehörigkeit zu einem Segment (Familie, Stamm, Dorf). Inkludiert ist jeder, der dort geboren und aufgezogen wird. Ausschluss (→ Exklusion) bedeutet geringe bis keine Überlebenschance. In stratifizierten Gesellschaften wird die Zugehörigkeit innerhalb von Schichten geordnet. Inkludierbar ist nur derjenige, der in die Schicht hineingeboren wird (Adel) oder emporgehoben wird. Exklusion bedeutet den Abstieg in eine niedrigere Schicht. In funktional differenzierten Gesellschaften ist im Prinzip jede Kommunikation inkludierbar, die Anschluss an die gesellschaftlichen Teilsysteme findet. Eine Generalinklusion ist nicht möglich. Exklusion erfolgt auf der Ebene der Organisation. Allgemein gesprochen erfolgt Inklusion durch Exklusion. Das System schließt alles ein, was es in seiner Selbstbeobachtung als zu sich gehörig beobachtet. Das Ausgeschlossene gehört aus der Sicht des Systems zur Umwelt und bleibt potenziell einschließbar.

Interaktionssystem: Zeitbefristete Kommunikation von mindestens zwei psychischen Systemen (→ Personen). Neben Organisation und gesellschaftlichem Funktionssystem ist das Interaktionssystem ein besonderer Typus sozialer Systeme. Es erfordert Strukturbildung durch sachliche und zeitliche Einschränkung = episodenhaft begrenzter Komplexitätsaufbau (→ Interaktionssystem, → Person).

Interpenetration: Liegt vor, wenn → Penetration zwischen zwei Systemen wechselseitig gegeben ist. Interpenetration bezeichnet demnach die selbstselektive Inanspruchnahme von operativen Elementen anderer Systeme für den Aufbau eigener Operationen. Ausgangspunkt hierbei ist → Irritation durch andere Systeme, die zu → strukturellen Kopplungen der Systeme führen kann. Wenn keines der Systeme ohne strukturelle Kopplungen existieren kann, diese sich also wechselseitig koevolutiv entwickeln, spricht man von Interpenetration (z.B. Nervenzellen und Gehirn oder Bewusstsein und Kommunikation).

Intersubjektivität: Bezeichnung für die (in der Subjektphilosophie) unterstellte Fähigkeit, mittels einer Mehrzahl gemeinsam erkennender Subjekte die den Menschen vorgegebene Welt irrtumsfrei zu erkennen. Aus konstruktivistischer Sicht ist Intersubjektivität weder gegeben noch herstellbar, da der Versuch, kommunikative Verständigung über Wirklichkeit irrtumsfrei zu erzielen, auf die Fähigkeit eines im Erkenntnisprozess sich selbst als Objekt einschließenden Subjekts angewiesen ist. Diese Fähigkeit einer Letztbeobachtung aller Beobachtung ist jedoch nicht gegeben (→ Subjekt).

Intervention: Versuch einer Systemveränderung, die von einem System als solche an sich selbst oder an anderen Systemen beobachtet und von ihm für bewirkbar gehalten wird.

Irritation (Perturbation, Rauschen): Irritationen durch die Umwelt regen zur Fortsetzung der autopoietischen Operationen eines sozialen Systems an. Sie versetzen das System in eine Situation, in der es entscheiden muss, ob es Strukturveränderungen vornehmen muss oder warten kann, bis die Irritation vorübergeht, da es nur ein einmaliges Ereignis war.

Joker: → *Parasit.*

Kausalerklärungen, Kausalität: Bezeichnet allgemein den Zusammenhang von Ursache und Wirkung. und genauer die Abhängigkeit eines folgenden Ereignisses von einem vorhergehenden Ereignis. Außer der Bewirktheit von Wirkungen werden auch gesetzmäßige Abhängigkeiten des Bewirkens von Wirkungen als kausale Ereignisse gedacht (aus A folgt B, B ist abhängig von A). Systemtheoretisch ist Kausalität im Prozess sozialer Ordnungsbildung kein Sachverhalt, da sie infolge fehlender Möglichkeit zur Letztbeobachtung nicht nur nicht erkennbar werden kann, sondern auch keine Funktion hat.

Kommunikation: Operationsweise autopoietischer Systeme, die für soziale Systeme zutrifft. Kommunikation ist ein dreistufiger selektiver Prozess von Information (Alter), Mitteilung (Alter) und Annahme des Verstehens (Ego). Die Mitteilung der Verstehensannahme macht Verständigung über Verstehen, d.h. Anschlusskommunikation möglich (Ego wird zu Alter) (→ Handeln, → Mitteilung).

Komplexität: Mit Komplexität in sozialen Systemen wird die Gesamtheit der Möglichkeiten des Erlebens und Handelns bezeichnet. „Ein Sachverhalt ist komplex, wenn er aus so vielen Elementen besteht, dass diese nur selektiv zueinander in Beziehung treten können" (Luhmann 1986:267).

Komplexitätsreduktion und -steigerung: Die Bildung eines sozialen Systems bedeutet zugleich Reduktion und Steigerung von Komplexität. Ein soziales System bearbeitet Umweltkomplexität (z. B. ungelöste psychosoziale Probleme) durch Schaffung unterschiedlicher Problemlösungsangebote (z. B. verschiedene Angebote der psychosozialen Beratung für Erwachsene). Durch die Entscheidung für bestimmte Lösungsangebote werden die Möglichkeiten nicht gewählter Möglichkeiten vermehrt. (Eine Organisation könnte z. B. über ihre Möglichkeitsauswahl der Schaffung von Erwachsenenangeboten nun erkennen, dass eine Unterscheidung von Erwachsenen- und Jugendlichenproblemlagen möglich ist und sich entscheiden, auch ein Angebot für Streetwork zu entwickeln). Dadurch erhöht sich die Systemkomplexität. Versuche der Reduktion von Komplexität gehen also immer mit dem Aufbau neuer Komplexität einher.

Konditionalprogramm: Form eines Entscheidungsprogramms von Organisationen. Es werden die beiden Programmformen ‚Konditionalprogramm' und ‚Zweckprogramm' unterschieden. Konditionalprogramme unterscheiden zwischen ‚Bedingungen' und ‚Konsequenzen'. Sie sind daher vergangenheits- und inputorientiert. Zweckprogramme unterscheiden zwischen ‚Zwecken' und ‚Mitteln' und sind daher zukunfts- und outputorientiert. Bei beiden Programmformen handelt es sich um Programmierungen, die nur in → Organisationssystemen auftreten und sich von der Programmierung in gesellschaftlichen → Funktionssystemen unterscheiden. Funktionssysteme werden von jeweils spezifischen zweistelligen Codes geführt, die sie lernfähig machen (→ Code, → Programme). Anders verhält es sich in Organisationen. Sie müssen für ihre eigene Aufrechterhaltung Entscheidungen an das Vorliegen bestimmter Gründe binden. Hierzu benötigen Organisationen Regeln. Organisationen können zwar auch als lernfähig betrachtet werden (lernende Organisation). Das erfordert aber, dass sie das Erlernte in ihre Konditionalprogrammierung aufnehmen und zum Gegenstand ihres normativen, regelgebundenen Handelns machen. Konditionalprogramme haben die Form „nur wenn – dann" (z. B.: Nur wenn die Lebensführung aus eigenen oder anderen vorrangigen Mitteln nicht mehr möglich ist, dann wird Sozialhilfe ausgezahlt./Nur wenn eine Klage eingegangen ist, dann wird ein Rechtsstreit vor Gericht behandelt./Nur wenn eine Stelle tätig geworden ist, dann wird eine andere tätig.). Zweckprogramme haben hingegen ebenfalls eine Kausalbestimmung. Sie ist jedoch an die Erreichung eines Zwecks und die Einschätzung der damit für notwendig erachteten Mittel gebunden. Diese Ungewissheitsrelation ist typisch für Organisationen Sozialer Arbeit. Kontingenz wird in diesem Zusammenhang auch durch das „Technologiedefizit" pädagogischer und therapeutischer Sachverhalte verschärft (→ Technologiedefizit).

Konstruktivismus, operativer und radikaler: Der operative und der radikale Konstruktivismus gehen davon aus, dass Erkennen ein konstruktiver Akt von Beobachtung ist. Beide Konstruktivismen stimmen darin überein, dass eine allumfassende Realität prinzipiell unbeobachtbar ist. Dennoch haben beide unterschiedliche konstruktivistische Zugänge. Der radikale Konstruktivismus rechnet Erkenntnis der Beobachtung eines erkennenden Subjekts zu. Im radikalen Konstruktivismus werden soziale Systeme als Netzwerke verstanden, in denen Subjekte als Individuen interagieren und darauf ausgerichtet sind, sich intersubjektiv verständigen zu müssen, wenn sie ein soziales System bilden wollen. Dabei haben die beteiligten Akteure mit ihren jeweils subjektiv unterschiedlich gegebenen Beobachtungsleistungen zu kämpfen. Anders im operativen Konstruktivismus. Beobachtung und Kommunikation – Erleben und Handeln – werden hier nicht wie im radikalen Konstruktivismus an Subjekte gebunden, die in ständiger Gewissheit ihrer Ungewissheit (infolge Nichtübereinstimmung von Erkenntnis und Wirklichkeit) kommunizieren müssen. Operativer Konstruktivismus führt Erkenntnis nicht auf das Subjekt, sondern auf die Beobachtungsoperation eines sozialen Systems zurück. Diese Operation besteht aus dem gleichzeitigen Unterscheiden und Bezeichnen (*draw a distinction*). Beobachtung oder Erkenntnis sind nur möglich, wenn damit eine Unterscheidung vorgenommen wird. Von der Wahl der Unterscheidung hängt ab, was bezeichnet und somit auch gesehen wird. Durch die Operation → *marked space/unmarked space* ist der konstruktive Akt gegeben (operativer Konstruktivismus). Im operativen Konstruktivismus kommt ein soziales System bereits über → Kommunikation und der damit gegebenen Bearbeitung doppelter → Kontingenz zustande.

Kontextsteuerung: Versuche der Anregung von Selbststeuerung durch Beeinflussung der aus Sicht des Unternehmens systemexternen Bedingungen seiner Mitarbeiter.

Kontingenz, doppelte: Der Begriff bezeichnet die Erfahrung, dass nichts in seinem So-Sein treffsicher zu erwarten ist und auch anders möglich sein könnte. Erkenntnis von Realität erscheint somit als Wahlakt des Beobachters. Die beidseitige Unberechenbarkeit der je anderen Seite wird als doppelte Kontingenz bezeichnet. Doppelte Kontingenz zwingt zur Kommunikation und damit zum Aufbau sozialer Systeme. Als empirische Belege für die lebenspraktische Relevanz der Kontingenzerfahrung lässt sich die funktionale Differenzierung, die Pluralisierung der Lebenswelten und die Individualisierung der Lebensformen und damit Errosion der Normalbiografien benennen. Nichts ist mehr treffsicher zu erwarten. Im Gegensatz zu Kontingenz bezeichnet Evidenz das offenkundig bzw. mit Gewissheit erwartbare.

Kybernetik: Kybernetik beschäftigt sich sowohl mit technischen als auch mit lebenden, sprich organischen und kognitiven Systemen. Sie gilt als eine der Schlüsseltheorien der Systemtheorie Luhmanns. Das Interesse der Kybernetik gilt der Steuerung einfacher – also trivialer – und vielschichtig zusammengefügter – also komplexer – Systeme. Man unterscheidet Kybernetik 1. und 2. Ordnung. Kybernetik 1. Ordnung betrachtet Systeme als in sich geschlossene Regelkreise. Bei der Frage nach der Steuerung trivialer und komplexer Systeme geht sie von dem Konzept eines Regelkreises aus (→ Regelung). Diese geschlossenen Regelkreise dienen ausschließlich dem Zweck der Selbststabilisierung des Systems. Kybernetik 2. Ordnung nimmt nun in den Blick, dass lebende Systeme offensichtlich noch eine weitere Fähigkeit besitzen. Sie können sich nicht nur selber gemäß der Umwelterfordernisse stabilisieren. Sie sind auch in der Lage, Umwelt zu verändern und sich selber auf höhere Entwicklungsstufen zu bringen. Die Betrachtung von Systemen hinsichtlich ihrer laufenden Veränderungen in Interaktion mit und Beobachtung von Umwelt erfordert also eine erweitere Kybernetik. Sie wird als Kybernetik 2. Ordnung oder Kybernetik der Kybernetik bezeichnet.

Leben: Autopietische Operationsweise organischer Systeme. Autopoiese von Leben und → Bewusstein ist die Voraussetzung für die Bildung sozialer Systeme (→ Systeme, soziales).

Leistungsrolle: Mit funktionaler Differenzierung geht die Bildung bestimmter Rollen einher, die auf der Ebene von Organisationsbildungen die Aufgaben spezialisierter Problembearbeitung leisten. Diese Entwicklung geht mit zunehmender Professionalisierung einher. Entsprechend zur Leistungsrolle bilden sich Komplementärrollen aus (z. B. Arzt–Patient, Rechtsanwalt–Mandant, Lehrer–Schüler, Sozialarbeiter–Klient usw.).

Liebe: → symbolisch generalisierte Kommunikationsmedien.

Macht: Die Möglichkeit, seinen Willen gegen anderen Willen durchzusetzen. Macht wird in funktional differenzierten Gesellschaften mehr als Darstellungs- und weniger als Durchsetzungsmittel eingesetzt (→ symbolisch generalisiertes Kommunikationsmedium). Es muss unterschieden werden zwischen Macht als Universalie jeder Lebenswelt und Macht als Code des politischen Systems. Letztere berührt den dreistelligen Doppelkreislauf. In stratifikatorischen Gesellschaften spielt sich Macht in den üblichen Oben-Unten-

Relationen ab. In funktional differenzierten Gesellschaften hingegen gibt es mit den Ebenen Wähler (→ Person), Politik (→ Funktionssystem), Verwaltung (→ Organisation) einen offiziellen Machtkreislauf. In diesem Kreislauf wird die Komplexitätsreduktion bearbeitet. In umgekehrter Weise wirkt ein inoffizieller Gegenkreislauf. In diesem Kreislauf wird wieder Komplexität für die Politik aufgebaut.

Management: Management befasst sich mit der Gestaltung, Entwicklung und Steuerung von Unternehmen. Im engeren Sinne geht es um die Lenkung der Unternehmenspolitik und die strategische Ausrichtung einer Unternehmung. Unternehmungen sind Organisationen und entziehen sich damit als ein Typus sozialer Systeme externer Steuerungsversuche. Die zentralen Fragestellungen der Gestaltung, Entwicklung und Steuerung von Unternehmen werden in einem systemischen Management im Kontext von Organisation und Umwelt betrachtet. Die Lösung der paradoxen Ausgangsfrage nach der Unternehmenssteuerung wird in der Schaffung von Strukturen der Selbstorganisation bzw. Versuchen der Anregung von Selbststeuerung durch Beeinflussung der systemexternen Bedingungen seiner Mitarbeiter gesehen (→ Kontextsteuerung).

marked space/unmarked space: Von Luhmann übernommene Bezeichnung des englischen Mathematikers und Psychologen George Spencer Brown für das Beobachterdilemma. Jede Beobachtung erzeugt die Markierung eines Raumes. Das erfordert seinerseits aber Unterscheidung (→ Formenkalkül). Jede Markierung eines Raumes geschieht daher unter Nichtmarkierung eines anderen. Je nach markiertem Horizont werden andere Möglichkeiten der Markierung ausgeschlossen. Jede Bobachtung ist mit einem ausgesparten, nicht markierten Raum von Nichtbeobachtung verbunden (*unmarked space*). Bei jeder Beobachtung und damit auch in jeder Wissenschaft, entsteht dieser Raum. Eine Beobachtung dieser Beobachtung innerhalb eines Systems ist als Wiedereintritt in die Unterscheidung möglich (→ Beobachtung, → *re-entry*).

Medien: Für Kommunikation genutztes Mittel als Verbreitungs- und Massenmedium in Sprache, Schrift und Bild wie z. B. Internet, Fernsehen, Radio, Printmedien sowie als symbolisch generalisierte Kommunikation wie; Werte, Glaube, Moral, Wahrheit, Recht, Geld, Macht und Liebe. Das allgemeinste Medium ist Sinn. Es dient als Steuerungsform in der Kommunikation sozialer Systeme (→ Sinn). Die Existenz eines Mediums wird an der Form erkannt, die in ihm gebildet werden kann (z. B. Internet als Medium der Massenkommunikation, Macht als Medium der symbolischen Kommunikation. Physikalische Beispiele sind: Lichtwellen als Medium der visuellen Wahrnehmung, Schall als Medium der auditiven Wahrnehmung).

Mehrsystemzugehörigkeit: Ein Ereignis, das für zwei oder mehrere unterschiedliche soziale oder psychische Systeme einen unterschiedlichen Informationsgehalt besitzt. Dieser muss in den jeweils eigenen Code übersetzt werden.

Mitteilung, Mitteilungshandeln: Im dreischrittigen Kommunikationsmodell Luhmanns bezeichnet Mitteilung den zweiten von drei selektiven Schritten (von → Information, → Mitteilung und → Verstehen). Der selektive Schritt von der Information zum selektiven Schritt der Mitteilung ist kommunikatives Handeln, wird also der Kommunikation als Handlung zugeschrieben. Man sprich auch von Mitteilungshandeln (→ Erleben, → Handeln, → Kommunikation).

Objekt: In der → Ontologie sind Objekte in der Welt gegebene Dinge. Objekt ist hier die Gegenbezeichnung zum (erkennenden) → Subjekt. In der Systemtheorie sind Objekte Referenzen für Systeme. Objekte sind hier die Gegenbezeichnung zum beobachtenden System.

Ontologie: Lehre vom menschlichen Seienden und seiner Grundstrukturen. Der Begriff ist erst im 17. Jahrhundert aufgekommen. Seiendes bezeichnet das im Werden Mögliche. Er bezeichnet eine Beobachtungsweise, die sich an der Unterscheidung Sein/Nichtsein orientiert. Seiendes und Sein sind zu unterscheiden. Sein bezeichnet das unveränderbare Wesen der Dinge und der ganzen Welt. Das ontologische Prinzip von Sein/Nichtsein wäre demnach, dass es kein Drittes (Mittleres) geben kann (tertium non datur; Satz vom ausgeschlossenen Dritten oder Mittleren). Aristoteles war einer der ersten, der den Einwand brachte, dass dieser Satz für Zukünftiges nicht gelten könne, da über Zukunft noch nichts bekannt ist. Konstruktivismus schließt an der zweiwertigen Logik der Ontologie (Sein/Nichtsein) nicht an. Er betrachtet Realität vielmehr als einwertig gegeben, da Nichtsein nicht beobachtbar ist. Weiterhin schließt Konstruktivismus alternative Seinsmöglichkeiten nicht bzw. die Behauptung nur eines wahren Seins aus.

Operationen: Produktion eines Elementes innerhalb eines Systems mit Hilfe der Elemente desselben Systems (z. B. → Kommunikation).

operative Geschlossenheit, Schließung: Bezeichnet die Fähigkeit von Systemen, über ihre operativen Merkmale (→ Codes, → Programme) und Möglichkeiten (→ Selektionen) selber zu verfügen. Bei dieser Selbststrukturierung und Selbstprogrammierung schließt jedes soziale System nicht nur die für es relevanten Themen ein. Gleichzeitig werden auch andere Themen ausgeschlossen. Das wird mit doppelter Schließung bezeichnet (z. B. soll ein Unternehmensleitbild Möglichkeiten der Identifikation der Mitarbeiterinnen und Mitarbeiter sowie des Klientel mit der Unternehmung geben. Gleichzeitig schränkt es auch ein, welche Sachverhalte (Ziele, Zwecke, Denkweisen usw.) selbst bei tendenziell kognitiver Offenheit ausgeschlossen sind.

Organisationssystem: Neben → Interaktionssystem und gesellschaftlichen → Funktionssystemen besonderer Typus sozialer Systeme. Er ist hinsichtlich des Komplexitätsgrades zwischen Interaktionssystemen und Funktionssystemen angesiedelt. Organisationen grenzen sich durch Mitgliedschaft von ihrer Umwelt ab. Gesellschaftliche Funktionssysteme sind auf Organisationen angewiesen. Sie übernehmen für sie die Aufgabe der → Komplexitätsreduktion (z. B. Medienorganisationen, wie Zeitungshäuser, Rundfunkanstalten usw. reduzieren die Komplexität der Informationen im Mediensystem). Organisationen ersetzen nicht die Funktionssysteme, sondern tragen zur weiteren gesellschaftlichen → Differenzierung bei.

Paradoxie: Der Begriff bezeichnet nicht einen ‚Widerspruch', etwas, das sich gegenseitig real ausschließt, sondern etwas, was gleichzeitig gilt und nicht gilt. Paradoxie ist so gesehen ein realisierbarer Widerspruch. Anders als im radikalen Konstruktivismus sind im operativen Konstruktivismus Beobachtungen immer paradox, da die Einheit einer Differenz niemals beobachtet werden kann. Trotzdem wird in der Beschreibung so verfahren, als gäbe es die Einheit (→ *marked space/unmarked space*, → blinder Fleck, → Formenkalkül). Ein Umgang mit Paradoxie in der Sozialen Arbeit besteht z. B. in ihrem gleichzeitigen Versuch, → Individuen an → Gesellschaft und Gesellschaft an Individuen anzupassen. Hingegen wird im radikalen Konstruktivismus Paradoxie als ein vom Subjekt nicht aufzulösendes Phänomen betrachtet. Zur Auflösung bedarf es einer Beobachtungsebene 2. Ordnung (z. B. Therapeut). Nicht aufgelöste Paradoxien haben demnach eine pathologisierende Wirkung. Im operativen Konstruktivismus ist dagegen Paradoxie ein unvermeidbares Kennzeichen jeder Beobachtung.

Parasit (Joker): Begriff des französischen Philosophen Michel Serres für unterschiedliche Phänomene, die sich darin ähneln, dass sie sich in ein System einmischen. Diese Störung ist ambivalent, da sie die Beziehung voranbringen, aber auch zum Erliegen bringen kann. Die Kybernetik betrachtet Störungen als konstitutives Element von Systemen. Der Parasit kann Impulse zur Neuordnung des Systems liefern. In der Systemtheorie Luhmanns wird der Begriff für die Bezeichnung des Wiedereinschließens des ausgeschlossenen Dritten verwendet (→ *re-entry*). Die Feststellung, dass Soziale Arbeit demnach die Funktion eines Parasiten hat, ließ im Fachdiskurs wenig Freude aufkommen. Ein weniger negativ besetzter Begriff für Parasit ist der Begriff „Rauschen" von Heinz von Foerster. Kein System läuft rund, irgendwo „rauscht" es immer. Aus dieser Irritation bezieht das System Anlass für weitere Selbstorganisation und Ordnung. Luhmann benutzt beide Begriffe identisch.

Penetration: Zurverfügungstellung der eigenen Komplexität eines Systems zum Aufbau eines anderen Systems (→ Interpenetration).

Person: Man kann sich in Interaktionen nie auf den ganzen Menschen beziehen, sondern nur auf kommunikative Eigenschaften, die Kommunikation wahrscheinlich machen (→ funktionale Differenzierung). Der Mensch wird zur Person für die Zurechnung von Kommunikation als Handlung. Personen sind keine sozialen, sondern psychische Systeme (→ System, psychisches) und dienen in sozialen Systemen als Identifikationen, mit deren Hilfe soziale Interaktion geregelt wird. Soziale Situationen sind infolge ihrer zirkulären Konstellation immer unterbestimmt und instabil. Interaktionspartner machen ihr Verhalten vom Verhalten des je anderen abhängig. Jeder weiß von dem anderen, dass sie sich auch jeweils ganz anders verhalten könnten (→ doppelte Kontingenz). Der damit gegebene Überschuss an Möglichkeiten wird im sozialen System reduziert, in dem es Erwartungen und Erwartungserwartungen herausbildet. Für diese wird die Person zur sozialen Adresse.

Perturbation: → *Irritation.*

Polykontexturalität: Bezeichnet die Beobachtung, dass die Gesellschaft nicht mehr einheitlich (monokontextural) beschrieben werden kann. Ständige Neubeschreibung bereits vorliegender Beschreibungen (→ Beobachtungen) erzeugen nicht mehr deckungsgleiche Sichtweisen. Gesellschaften können sich z. B. als Informationsgesellschaft, Dienstleistungsgesellschaft, Mediengesellschaft, Wissensgesellschaft, Freizeitgesellschaft usw. beschreiben. Die Verschiedenheit von Beschreibungen kennzeichnet moderne Gesellschaften. Das führt nicht zu mehr Intersubjektivität, sondern zu unterschiedlichen Selbstbeschreibungen desselben Systems. (→ Heterarchie, → Hyperkomplexität).

Programm: Ein Programm ist das Medium, mit dem die → Codes gesellschaftlicher → Funktionssysteme angewendet werden können (z. B.: Programme im Funktionssystem Recht = Gesetze und Rechtsnormen, oder im Funktionssystem Wissenschaft = Theorien und Methoden). Gesellschaftliche Funktionssysteme schließen sich über die Anwendung ihrer Codes (→ operative Geschlossenheit von sozialen Systemen). Mit Programmen besteht Kontakt zur Umwelt. Umweltoffenheit und damit Lernfähigkeit erreichen soziale Systeme über ihre Programme (→ Codes).

Prozesse: Aneinander anschließende Ereignisse, die sich aufeinander beziehen.

Rauschen: → *Irritation.*

Realität: Das dem Erkennenden durch die Realität so und nicht anders zu erkennen Vorgegebene. In der Systemtheorie gibt es kein beobachtungsunabhängiges Erkennen von Realität.

Reduktionismus: Die dem → Holismus entgegen gesetzte Wissenschaftsauffassung. Das Ganze wird durch seine im gesetzmäßigen Zusammenhang stehenden Einzelbestandteile erklärt (z. B. ein System durch seine einzelnen Elemente). Soziales wird auf Psychisches, Psychisches auf Biologisches, Biologisches auf Chemisches und Chemisches auf Physisches zurückgeführt. Der operative Konstruktivismus (die soziologische Systemtheorie Luhmanns) und der radikale Konstruktivismus verfahren antireduktionistisch bzw. holistisch.

re-entry: Von dem englischen Mathematiker und Psychologen George Spencer Brown übernommene Bezeichnung für das Wiederauftauchen einer Differenz in ihrem Gegenstandsbereich. Beim *re-entry* handelt es sich um den „Wiedereintritt der Unterscheidung in das durch sie Unterschiedene" oder anders ausgedrückt: Wiedereintritt „einer Form in die Form" (Luhmann 1987:640, 1992:94, 1994:82). Es wird die Fähigkeit eines Systems bezeichnet, den → Code der eigenen Problembearbeitung auf sich selbst anzuwenden. So ist z. B. im Funktionssystem Wissenschaft der Code wahr/unwahr operative Grundlage der Beobachtung. Das System kann nun weiterhin den Code zum Gegenstand seiner Beobachtung machen, indem es beobachtet, ob der Code wahr/unwahr seinerseits wahr oder unwahr ist. Soziale Systeme können ihre Differenz zur Umwelt in ihrer internen Kommunikation verwenden und sind auf diese Weise fähig für selbstreflexive Prozesse wie: Selbstbeobachtung und Selbstbeschreibung. Man spricht hier auch von Systemrationalität. *Re-entry* bezeichnet somit die Fähigkeit der Selbstreflexion des Systems durch Verdoppelung und damit Wiedereintritt des Codes in sich selbst. *Re-entry* ist damit ein Begriff für die → Beobachtung 2. Ordnung (→ Formenkalkül, → *marked space/unmarked space,* → Reflexivität). Ein Beispiel für die Soziale Arbeit ist die Supervision.

Referenz: Bezeichnet das, worauf sich Beobachtung im Bezeichnen des Beobachteten bezieht (→ Selbstreferenz/Fremdreferenz).

Reflexionstheorie: Wissenschaftliche Form der → Beobachtung 3. Ordnung. Wissenschaftliche Theorien überprüfen Beobachtungen 1. Ordnung und wenden dabei den Code „wahr/unwahr" an. Theorien beobachten also Beobachtungen und sind somit Beobachtungen 2. Ordnung. Anders ist es bei den Reflexionstheorien. Sie machen Probleme der Theorien zum Thema ihrer Reflexion. „Reflexionstheorien formulieren Sonderprobleme ihres Systems" (Luhmann 1994:82). Sie reflektieren also Beobachtungen zweiter Ordnung auf einer dritten Beobachtungsebene (→ Beobachtung 3. Ordnung). Es geht um eine Selbstthematisierung von Theorie.

Reflexivität: Anwendung von Prozessen auf sich selbst (z. B. Lernen lernen, Denken denken, Sozial- und Selbstkompetenz entwickeln usw.).

Regelung: Neben → Steuerung ein Begriff aus der Kybernetik. Steuerung ist die zielgerichtete Beeinflussung eines Systems zwecks Erreichung erwünschter Zielwerte des Systems. Regelung bezeichnet die Anpassung der Steuerung gemäß Rückmeldung des Systems zum Steuerungsversuch (Rückkoppelungsmechanismus).

Rekursivität: Bezeichnet die Ermöglichung von anschlussfähigen → Operationen im System. Die Ergebnisse vorhergehender Operationen werden zur Grundlage sich anschließender Operationen.

Sachdimension: Bezeichnet die Ausdehnung des Beobachtungsgegenstandes hinsichtlich der Sachebene; hier die gesellschaftliche → Differenzierung (segmentär, stratifikatorisch und funktional).

segmentäre Differenzierung: Das Ziehen von System/Umwelt-Differenzen im System unter dem Gesichtspunkt der Bildung gleicher Teilsysteme (Stämme, Clans, Familien, Dörfer usw.).

Selbstexemptionsverbot: Kein Beobachter kann für sich beanspruchen, außerhalb der von ihm erkannten Welt zu stehen. Letztbeobachtung ist keiner menschlichen Beobachtung zugänglich.

Selbstorganisation: Selbstorganisation meint die Selbstherstellung von Strukturen durch Umsetzung von Umweltereignissen (z. B. Organisationsbildung). → Autopoiesis meint die Selbstreproduktion der Elemente in diesen Strukturen (→ Kommunikation).

Selbstreferenz: Selbstreferenz bezeichnet die operative Bezugnahme organischer, psychischer und sozialer → Systeme auf sich selbst, um sich selbst zu ermöglichen und von → Umwelt zu unterscheiden. Das erfordert gleichzeitig die Bezugnahme auf anderes (Fremdreferenz) durch Bezugnahme auf sich selbst.

Selektion: Systemeigene Auswahl von Umweltereignissen für die Verwendbarkeit und Stabilisierung im eigenen System. In der Evolutiontheorie ist Selektion der zweite von drei Schritten (→ Variation, Selektion und → Stabilisierung). Selektion ist ein konstantes Merkmal von Kommunikation.

Sinn: Der Begriff hat mit dem alltagssprachlichen Begriff von Sinn nichts zu tun. Er wird hier wertneutral als das Medium verstanden, nach dem soziale und psychische → Systeme ihre → Selektionen von → Komplexität vornehmen können und in Kommunikations- und Bewusstseinsinhalte bringen können. Alle sozialen und psychischen Systeme realisieren sich auf diese Weise im Medium Sinn. → Erleben und → Handeln ist → Selektion nach Sinnkriterien. Sinn ist die aktive Auswahl, über die aus der Überfülle der Möglichkeiten das menschliche Leben Ordnung erstellt und der → Selbstreferenz eine Form gibt. Sinn ist auf diese Weise das Steuerungsmedium sozialer und psychischer Systeme. Alle sozialen und psychischen Systeme operieren im Medium des Sinns.

Sinndimensionen: → *Zeitdimension*, → *Sachdimension*, → *Sozialdimension*

Sinnirritation: → *Irritation.*

Sozialdimension: Bezeichnet die Ausdehnung des Beobachtungsgegenstandes hinsichtlich der Sozialebene; hier die gesellschaftliche Kommunikation (→ Information, → Mitteilung und → Verstehen) in ihren Formen (→ Interaktion, → Organisation, → Funktionssystem).

soziale Bewegung: Kommunikationsform, die so kommuniziert, als könne man Gesellschaft von außen vollständig beobachten. Soziale Bewegungen sind auch autopoietische Systeme. Sie zeigen an, was in den gesellschaftlichen Funktionssystemen nicht „rund läuft".

soziale Ordnung: Soziale Ordnung ist aus systemtheoretischer Sicht kein Sachverhalt, der sich jemals herstellen ließe. Obwohl soziale Ordnung evolutionär unwahrscheinlich ist, ermöglicht sie sich immer wieder und stellt sich als Dauerproblem dar.

Sozialisation: „Als Sozialisation wollen wir ganz pauschal den Vorgang bezeichnen, der das psychische System und das dadurch kontrollierte Körperverhalten des Menschen durch Interpenetration formt" (Luhmann 1987:326). Im Gegensatz zu Erziehung handelt es sich bei Sozialisation um eine eigenselektive Aneignung. Sozialisation ist daher immer Selbstsozialisation.

Sozialmanagement: → *Management.*

Stabilisierung: Dritter Schritt der drei evolutiven Schritte (von → Variation, → Selektion und Stabilisierung). Versuch des Systemerhaltes und der Stabilisierung durch Selektion und Variation. Stabilität ist dauerhaft nicht erreichbar. Es geht um den ständigen Ausgleich von Umweltereignissen und Sicherungen des Systemerhaltes.

Steuerung: Steuerung bezeichnet in kausalwissenschaftlichen Programmen die Möglichkeit eines planbaren Erreichens von Zielwerten. Aus systemtheoretischer Sicht ist dies nicht möglich, da psychische und soziale Systeme nicht von der Umwelt gesteuert werden, sondern sich selbst steuern. Das Steuerungsmedium sozialer und psychischer Systeme ist hierbei der Sinn. Alle sozialen und psychischen Systeme sind Sinn gesteuerte Systeme.

stratifikatorische Differenzierung: Das Ziehen von → System/Umwelt-Differenzen im System unter dem Gesichtspunkt der Schaffung von Ungleichheit zwischen Oben und Unten (Schichten, Stände, Klassen usw.). Stratifikatorische Differenzierung entspricht bildhaft einer Ausdifferenzierung relativ abhängiger Funktionssysteme auf vertikalem Niveau.

Struktur: Relativ dauerhafte und selektive Verknüpfung von Elementen eines Systems, die vom System stets aktualisiert werden muss.

strukturelle Kopplung: Psychische und soziale → Systeme setzen bestimmte Eigenarten ihrer Umwelt (anderer Systeme) strukturell und dauerhaft voraus und greifen auf diese zur eigenen Systemerhaltung zurück. Strukturelle Kopplungen zwischen sozialen Systemen (z. B. Wissenschaft und Politik, Wirtschaft und Recht, Kunst und Massenmedien usw.) erfolgen über → Personen, → Organisationen oder → Programme. Den Begriff der strukturellen Kopplung hat Luhmann ebenfalls von Maturana übernommen (Luhmann 1998:100). (→ Interpenetration).

Strukturfunktionalismus: Der Strukturbegriff wird dem Funktionsbegriff vorgeordnet. Die Funktion sozialer Systeme wird aus ihren vorgegebenen Strukturen erklärt. Prominentester Vertreter war Talcott Parsons. Luhmann widersprach Parsons Theorie darin, dass er Strukturen nicht als bestandsförmig ansah, sondern nur von relativer Dauer, solange sie für Gesellschaft eine Funktion erfüllen können. Im Gegenzug zu Parsons struktur-funktionalistischen Theorie entwickelte Luhmann seine funktional-strukturelle Theorie von Gesellschaft. Darin wird der Funktionsbegriff dem Strukturbegriff vorgeordnet.

Subjekt: In der → Ontologie wird das → Bewusstsein zum Subjekt der Objekte erklärt. Das Bewusstsein kann, da selbsterkennend, sich selbst als → Objekt einschließen. Aus der Sicht der Systemtheorie ist dies ein falscher Ausgangspunkt, da hierfür ein Subjekt erforderlich wäre, was sagen könne, welches Subjekt richtig erkenne. Zudem kann die vorausgesetzte Unterscheidung in Subjekt–Objekt in der Selbstanwendung nicht unterschieden werden. Das Subjekt ist die → Selbstreferenz des Bewusstseins und benennt sich selbst als Quelle der Erkenntnis und als Quelle der Erkenntnis der Bedingungen der Erkenntnis zugleich. Eine Umstellung von Subjekt auf „beobachtendes System“ soll dieses Problem umgehen (→ Sebstreferenz, → Objekt, → Individuum, Individualität, Identität).

symbolisch generalisierte Kommunikationsmedien: Spezielle Strukturen, die der → Kommunikation die Erfolgswahrscheinlichkeit sichern sollen (Selektion Alters wird von

Ego akzeptiert). Beispiele sind: Macht, Geld, Wahrheit, Recht, Liebe, Kunst, Werte. Symbolisch generalisierte Kommunikationsmedien kann man sich auch als „zivilisatorisch standardisierte Grundwerte" (Luhmann 1987:222) vorstellen. Sie sind ein Produkt der → Evolution und haben sich erst im Übergang zur modernen Gesellschaft voll entwickelt. Symbolisch generalisierte Kommunikationsmedien werden als → Erleben der Umwelt des Systems und als → Handeln dem System selbst zugerechnet.

System: Unabhängig von den unterschiedlichen Systemtheorien wird als System allgemein eine Menge von Elementen bezeichnet, die zusammenwirken. Im Weiteren werden triviale (z. B. Maschinen) und nichttriviale Systeme (→ Leben, → Bewusstsein, → Kommunikation) unterschieden. Nichttriviale Systeme besitzen emergente Eigenschaften (→ Emergenz).

System, autopoietisches: Autopoietische Systeme sind selbstreproduzierende Systeme. Sie erzeugen die Elemente, aus denen sie bestehen, selber und schaffen damit eine Systemgrenze, die System und → Umwelt des Systems trennt (→ Autopoiese).

System, psychisches: Psychische Systeme sind autopoietische, sinnkonstituierende Systeme. Ihr Operationsmodus ist nicht → Kommunikation sondern → Bewusstsein. Psychische Systeme (→ Personen) gehören jedoch zur → Umwelt der sozialen Systeme. Psychische Vorgänge (Gedanken, gedankliche Beobachtung) sind nicht Teil der Kommunikation, können aber kommunikativ zum Thema gemacht werden (→ Irritation, → strukturelle Kopplung, → Interpenetration).

System, soziales: Soziale Systeme sind → autopoietische Systeme. Zusammen mit den psychischen Systemen und im Gegensatz zu den lebenden Systemen, gehören sie zu den Systemen, die → Sinn konstituieren. Soziale – und psychische – Systeme sind Sinnsysteme. Sie arbeiten nach innen operativ geschlossen und nach außen kognitiv offen. Soziale Systeme bilden sich als Interaktions-, Organisations- und gesellschaftliche Funktionsysteme aus. Der Operationsmodus sozialer Systeme ist → Kommunikation.

System/Umwelt-Differenz: Bezeichnet den Ausgangspunkt luhmannscher Theorie. Systeme können nicht unabhängig von ihrer → Umwelt existieren, operieren aber dennoch eigenständig und grenzen sich dadurch von Umwelt ab. Umwelt ist das für das System als nicht zu sich selbst gehörig Beobachtete.

Systemgrenze: Soziale Systeme konstituieren ihre Grenze anhand der Frage nach ihrem → Sinn und Elementen und → Operationen, welche zu ihnen gehören sollen und welche nicht.

Systemrationalität: → *re-entry*

Technologiedefizit: Bezeichnet das grundsätzliche Nichtvermögen, soziale Systeme in einer technologischen Weise so zu steuern, dass die intendierten Steuerungseffekte auch steuerungsgemäß eintreten. Entsprechend fehlen Technologien der Steuerung. Dieser Sachverhalt bedeutet für die Sozialisation, Pädagogik und Therapie, dass die von ihnen angestrebten Zielzustände nicht linear herstellbar sind.

Umwelt: Umwelt bezeichnet das für das → autopoietische System als nicht zu sich selbst zugehörig Beobachtete. Umwelt wird nicht als an sich existierend angenommen, sondern immer nur in Bezug auf etwas anderes. Umwelt kann nur über → Bewusstsein → Kommunikation irritieren.

Unterscheidung: Jede → Beobachtung ist Unterscheidung mittels Bezeichnung des Unterschiedenen. Unterscheidungen systemischer Art sind wiedereintrittsfähige Unterscheidungen (→ *re-entry*). Eine Beobachtung ohne Unterscheidung ist nicht möglich.

Variation: Erster Schritt der drei (evolutiven) Schritte von Variation, → Selektion und → Stabilisierung. Variation bezeichnet eine unerwartete Information, die für das System von Belang sein könnte (= Variation). Erkennt das System die Information für seine Struktur als bedeutungsvoll (= Selektion), wird es diese für die eigene Wiederverwendbarkeit sichern. Eine neue Ausgangslage würde damit stabilisiert (= Stabilisierung).

Varietät: Bezeichnet das vom → sozialen System verkraftbare Ausmaß der Verschiedenartigkeit seiner vom ihm selbst produzierten Ereignisse.

Verhalten, abweichendes und konformes: Verhalten ist sinnhafter Ausdruck von → Erleben und → Handeln. Abweichendes Verhalten ist sinnirritierender Ausdruck von Erleben und Handeln. Konformes Verhalten ist sinnerwarteter Ausdruck von Erleben und Handeln. Bei der Sinnerwartung werden normativer und kognitiver Erwartungsstil in einen Zusammenhang gebracht. Dem normativen Erwartungsstil entspricht die → Differenz von konformem und abweichendem Verhalten. Dem kognitiven Erwartungsstil entspricht die Differenz von Wissen/Nichtwissen. Abweichendes Verhalten wird stets in diesen Erwartungsstilen rekonstruiert (z. B. „Durfte sie so etwas machen oder hätte sie wissen müssen, dass das nicht geht?"). Die Erfüllung und die Enttäuschung von Erwartungen werden in die Unterscheidung normativer von kognitiver Erwartung eingebaut und je entsprechend als konform/abweichend oder Wissen/ Nichtwissen nachgezeichnet.

Verstehen: Im dreischrittigen Kommunikationsmodell Luhmanns bezeichnet Verstehen den dritten selektiven Schritt (von → Information, → Mitteilung und Verstehen). Mit dem Verstehen und der Mitteilung über die Verstehensannahme wird Anschlusskommunikation erst möglich. Mit dem Verstehen, dass auf allen drei Stufen → Selektionen stattgefunden haben, wird → Kommunikation überhaupt möglich.

Viabilität: Der Begriff geht auf Ernst von Glasersfeld (radikaler → Konstruktivismus) zurück und wird u. a. von Heinz von Foerster (→ Kybernetik) genutzt. Viabilität bezeichnet im allgemeinsten Sinne die Gangbarkeit und Brauchbarkeit eines Weges für eine Lösungsaufgabe, wohl wissend, dass es auch andere Wege geben mag, eine realwissenschaftliche Objektivierbarkeit eines Weges jedoch nicht möglich ist. Der Begriff basiert inhaltlich auf den Erkenntnissen der kognitiven Entwicklungspsychologie J. Piagets, der den Menschen als offenes System betrachtete.

Wahrheit: Ergebnis von beobachtungsabhängigen Aussagen. Z. B. im → Code „wahr/unwahr" sind Theorien und Methoden die entsprechenden Programme für die wissenschaftliche Wahrheitsfindung. Der Code ermöglicht Anschlusskommunikation und die → operative Schließung des Systems Wissenschaft. Wissenschaftliche Wahrheit ist ein → symbolisch generalisiertes Kommunikationsmedium, das die Annahme neuen Wissens wahrscheinlich macht.

Wahrnehmung: Wahrnehmung ist ein Ereignis des → Bewusstseins. Wahrgenommenes erscheint dem Bewusstsein als unmittelbar gegeben. Das Bewusstsein ist zur Wahrnehmung aber auf die Eigenkomplexität des Gehirns angewiesen, dass sich seinerseits erst ein Bild von der Außenwelt konstruiert.

Wirklichkeit: Ergebnis der fortlaufenden → Beobachtung mittels Einführung von Bezeichnung und → Unterscheidung (→ *marked space/unmarked space*).

Wissen: Wissen wird im radikalen und im operativen → Konstruktivismus nicht als absolute Gewissheit verstanden. Der Wissensbegriff der Systemtheorie geht nicht von einer Deckungsgleichheit von Gewusstem und Sein aus. Der Begriff dient somit nur der systeminternen Selbstinstruierung über Wissen als → Beobachtung 2. Ordnung.

Zeitdimension: Bezeichnet die Ausdehnung des Beobachtungsgegenstandes hinsichtlich der Zeitebene; hier die gesellschaftliche → Evolution (archaisch, hochkultiviert, modern).

Zirkularität: Zirkuläre Prozesse sind auf sich selbst verweisende → Operationen. Soziale → Systeme bilden eine in sich zirkulär geschlossene Einheit. Die Einheit entsteht dadurch, dass die Bestimmung jedes Elements in der → Kommunikation von der eines anderen abhängt, z. B.: „Ich tue, was du willst, wenn du tust, was ich will" (Luhmann 1987:166). Der Ausgangspunkt ist zunächst instabil, birgt in sich aber die Möglichkeit der Bildung eines sozialen Systems (→ doppelte Kontingenz).

Zweckprogramm: → *Konditionalprogramm.*

Vertiefungskommentare

Betreuung

Die Begriffe ‚Erziehung', ‚Bildung' und ‚Beratung' sind in der wissenschaftlichen Pädagogik und Sozialpädagogik breit ausgeführt. Der Begriff ‚Betreuung' hingegen nicht. Gleichwohl taucht er im heutigen Kinder- und Jugendhilfegesetz explizit auf, mal unspezifisch als Rahmenbegriff, mal spezifisch als Hilfeform. Ebenfalls spezifisch taucht er als rechtliche Betreuung nach dem Betreuungsgesetz (BtG) im Bürgerlichen Gesetzbuch (BGB) auf.[113] Wissenschaftlich wurde der Begriff ‚Betreuung' in der Sozialpädagogik bis heute kaum behandelt. Allein von Klaus Mollenhauer – einem Klassiker der Sozialpädagogik – wurde er sinngemäß unter den Begriffen von ‚Schutz' und ‚Pflege' als sozialpädagogische Tätigkeit behandelt (Mollenhauer 1964:102–109). Der Begriff ‚Betreuung' wird in der Sozialen Arbeit häufig geführt, ohne dass er inhaltlich gefüllt wäre. Hier besteht also Nachholbedarf.

Case Management

Case Management ist eine Methode, die Ende der 1970er Jahre in den USA entwickelt wurde. Die zunehmende Zergliederung und Ausdifferenzierung soziale Dienste und Einrichtungen führte zu einer Vielfalt von Hilfezuständigkeiten. Dies brachte Orientierungsprobleme bei den Klienten und Überschneidungen und Kooperationsprobleme bei den Hilfeanbietern mit sich. Außerdem wurde das Hilfeleistungssystem von der Politik neoliberaler und konservativer Interessen unter den Druck gesetzt, soziale Dienste und Einrichtungen kostengünstiger zu gestalten. In Deutschland wurde das Case Management seit Ende der 1980er Jahre verstärkt aufgegriffen. Case Management wird als eine Weiterentwicklung der Einzelhilfe (*case work*) verstanden. Sozialarbeiterinnen und Sozialarbeiter in der Einzelfallbetreuung wird im Case Management jedoch eine neue Rolle zugewiesen. An die Stelle der konkreten psychosozialen Beziehungsarbeit mit dem Klienten tritt eine hilfeplanende, organisierende, koordinierende und steuernde Funktion. Fallarbeit wird als eine passend zum Hilfebedarf abgestimmte und zu vernetzende Sammlung sozialer Dienstleistungen organisiert. Kritik am Case Management richtet sich vor allem an sein unkritisches Verhältnis zu seiner eigenen gesellschaftlichen Instrumentalisierbarkeit (Anpassung an den neoliberalen Zeitgeist – Konkurrenz, Effizienz und Kontrolle – und

---

113 Vgl. § 16 Allgemeine Förderung der Erziehung in der Familie; § 19 Gemeinsame Wohnformen für Mütter/Väter und Kinder; § 20 Betreuung und Versorgung des Kindes in Notsituationen; § 22 Grundsätze der Förderung; § 22a Förderung in Tageseinrichtungen; § 23 Förderung in Kindertagespflege; § 30 Erziehungsbeistand, Betreuungshelfer; § 31 Sozialpädagogische Familienhilfe; § 35 Intensive sozialpädagogische Einzelbetreuung; § 41 Hilfe für junge Volljährige, Nachbetreuung. Vgl. Betreuungsgesetz (BGB/BtG).

seine problematischen Auswirkungen auf Individuum und Gesellschaft) (Galuske 2007: 196–204).[114]

Empowerment

Das Konzept hat seinen Ursprung in der amerikanischen Bürgerrechtsbewegung und Parallelen zur Befreiungspädagogik des brasilianischen Pädagogen Paulo Freire (1921–1997). Das Verhältnis von Individuum und Gesellschaft wird besonders unter dem Aspekt von Individualisierungsprozessen thematisiert. Die zunehmende Individualisierung führt zur Herauslösung aus traditionellen Milieus und Sicherheiten (Risikogesellschaft). Die Folge sind viele Lebensoptionen für den Einzelnen, aus denen er auswählen muss. Den Strukturen sozialer Ungleichheit wird die Selbststeuerungsmacht der Individuen gegenübergestellt. Der Mensch wird nicht als ein hilfebedürftiges Mängelwesen, sondern in der Möglichkeit betrachtet, als kompetenter Akteur seiner eigenen Lebensgestaltung aufzutreten. Individualisierte Lebenswelten bedeuteten aber auch anonymisierte Lebenswelten. In modernen Gesellschaften sind Entscheidungsprozesse an der Tagesordnung, zu denen der Bürger keinen direkten Zugang hat. Entsprechend ergibt sich der Gegenstand Sozialer Arbeit aus der Notwendigkeit von Selbstermächtigung (Empowerment) der Bürger. Das Erleben von Selbstwirksamkeit, soziale Gerechtigkeit und Partizipation spielen hierbei eine zentrale Rolle. Soziale Arbeit hat entsprechend die Aufgabe, Bürgerinnnen und Bürger bei der Wahrnehmung ihrer eigenen Rechte und Interessen und der Übernahme von Selbstverantwortung zu unterstützen. Empowerment als Unterstützung zur Selbstermächtigung und Entfaltung von Selbstwirksamkeitserfahrung wird somit zu einer Grundhaltung sozialarbeiterischen Handelns. Der Sozialarbeiter ist allenfalls Wegweiser und bietet Starthilfe bei der Einbindung von Menschen in soziale Netzwerke. Er unterstützt und fördert die Einrichtung und Eröffnung von Handlungsräumen, in denen demokratische Partizipation möglich wird. Dazu gehört auch, Bürgerinnen und Bürger zu politischem Bewusstsein und politischem Handeln zu befähigen. Das Konzept des Empowerments wurde besonders von Staub-Bernasconi kritisiert (Staub-Bernasconi 2007: 247–252). Es verfehle den Anspruch sozialer Bewegungen, sich auf einen kritischen Umgang mit Macht einzulassen, da den Adressatinnen und Adressaten Sozialer Arbeit das Wissen, was Macht ist und wie sie zustande kommt, vorenthalten werde. Es werde zudem Macht versprochen, ohne sie jedoch anspruchstheoretisch einlösen zu können. Mit dem Empowerment-Konzept erfahre man auf der Ebene von Theorie und Reflexion nichts über die Sachverhalte, die Empowerment notwendig machen. Staub-Bernasconi plädiert dafür, eine entsprechend „weniger irreführende, bescheidenere Bezeichnung zu finden, so zum Beispiel ‚individuelle wie gemeinwesenbezogene Ressourcenerschließung dank partizipativer Lern- und Kooperationsprozesse'" (Staub-Bernasconi 2007:252).

Erleben und Handeln

Luhmanns Unterscheidung von Handeln und Erleben hat Kritik ausgelöst. So verweist Helmut Willke unter Bezugnahme auf Habermas, dass die Gegenüberstellung von Handeln und Erleben konstitutionsanalytisch kaum haltbar sei. Demnach lassen sich Erleben und Handeln nicht trennen. Erleben und Handeln können zwar als je verschiedener Umweltbezug eines Systems gesehen werden, Handlung vollzieht sich hingegen immer unter Mitsteuerung durch wahrgenomene Umweltereignisse, rückgekoppelt an den systemspe-

---

114 Kritisch zum Case Management und Management in der Sozialen Arbeit vgl. Staub-Bernasconi (2007:149 ff).

zifischen Sinn. Erleben wäre demgemäß dem Handeln untergeordnet zu betrachten. Der Kritik entgegenhalten lässt sich allerdings, dass auch das Erleben von Nichthandeln vom Beobachter durchaus als an Sinn gekoppeltes Mitteilungshandeln selektiert werden kann. Das entspricht etwa dem, was Watzlawick als die Unmöglichkeit von Nicht-Kommunikation beschreibt (Watzlawick u.a. 1996, c1969:50–71).

Weiterhin kritisiert Willke, dass die Unterscheidung von Handeln und Erleben als Zurechnungspraxis nichts dazu beiträgt, die Komplexität der möglichen Beziehungen zwischen Handeln und System und damit auch Fragen und Probleme der Systemsteuerung zu thematisieren (Willke 2000:152). Luhmanns Medienkonzept einer Vierfeldertafel ist nach Willkes Kritik sozusagen unterkomplex, da Komplexitätsbearbeitung nicht allein auf die Zurechnung von Alter-Ego und Erleben-Handeln reduziert werden kann. Dadurch werden die symbolisch generalisierten Kommunikationsmedien auf ihre jeweilige systemspezifische Funktion fixiert und die Frage ihres Zusammenspiels taucht gar nicht erst auf. Auch weitere Codierungen der Systemausdifferenzierung – im Sinne von Subcodierungen – und auch neue Systembildungen – im Sinne von höher generalisierten Codes – geraten nicht in den Blick. Willke fragt, wie Systemneubildungen mit Luhmanns Medienkonzept beschreibbar sein können. Dabei denkt er z.B. an die Konzertierte Aktion im Gesundheitssystem (Gesundheitssystem-Ökonomie-Politik) oder die Bundesbank (Politik-Ökonomie) (Willke 2000:214). Diese Systembildungen sind mit Luhmanns Medienkonzept nicht erklärbar. Sie lassen sich auch nicht als strukturelle Kopplungen beschreiben, da strukturelle Kopplungsbeziehungen die Autonomie der Teilsysteme nicht in Frage stellen.

So ist symbolisch generalisierte Kommunikation für funktionale Ausdifferenzierung von Gesellschaft zwar evident, es bestehen aber berechtigte Zweifel daran, dass sich die Ausdifferenzierungen autonomer Systeme allein auf derart spezialisierte Kommunikationspraxis mit den Zurechnungen von Erleben und Handeln reduzieren lassen (Willke 1978:380–389, 2000:151–156, 210–215).

Inklusion/Exklusion

Die Unterscheidung in Inklusion und Exklusion wird heute gelegentlich als terminologische Nachlässigkeit Luhmanns kritisiert. So wird stellenweise kritisiert, dass sich dieser Umstand für die Fruchtbarmachung der Systemtheorie in der Sozialen Arbeit als nachteilig herausstellen würde. Die analytische präzise Differenz müsse daher „Inklusion/Nichtinklusion“ lauten (Merten 2000:184). Auf diese Begriffskritik näher einzugehen, ist hier nicht der geeignete Ort.[115] Da sich Luhmanns Terminologie in der Fachdiskussion eingebürgert hat, wird in diesem Lehrbuch weiterhin von Exklusion statt von Nichtinklusion gesprochen. Ebenfalls undiskutiert bleiben müssen hier die theorieimmanenten Problemstellungen des Inklusion-/Exklusionskonzeptes. Siehe hierzu vertiefend Farzin (2006). Farzin analysiert die Beziehung der Differenz Inklusion/Exklusion zum gesamten Theoriewerk Luhmanns und zeigt dabei auf, wie im Laufe seiner über zwanzigjährigen Theorienentwicklung „drei zentrale Lesarten“ (Farzin 2006:10) entstanden sind. Diese wiederum entfalten „unterschiedliche Bedeutungshorizonte“ (ebd.) in der Bestimmung des Verhältnisses von Individuum und Gesellschaft.[116]

---

115 Siehe auch Fußnote 65 in diesem Buch. Zur näheren Erläuterung der Hintergründe für Mertens Begriffskritik siehe Merten (2000:177–204).

116 Farzin untersucht die „systemtheoretische, differenzierungstheoretische und kommunikationstheoretis che Ausarbeitung von Inklusion und Exklusion“ (ebd.).

Eine weitere Frage stellt sich im Zusammenhang einer gesellschaftstheoretischen Bestimmung sozialer Ungleichheiten. Luhmanns wertneutrales Konzept von Inklusion/Exklusion lässt hierzu eine nur unzureichende Bestimmung zu. Einen ersten Einstieg in diese Diskussion bietet der Band von Roland Merten und Albert Scherr (2004).[117]

Ko-Produzent

Der Begriff ‚Ko-Produzent' ist hier von Schaarschuch übernommen. Schaarschuch verwendet den Begriff nicht aus systemtheoretischer, sondern aus subjekttheoretischer Perspektive: „Im Erbringungsverhältnis der sozialen Dienstleistung ist der Professionelle der Ko-Produzent, das aktiv sein Leben verändernde Subjekt hingegen der primäre Produzent" (Schaarschuch 1999:554). Gleichwohl ist der Begriff auch in systemtheoretischer Perspektive verwendbar. Luhmann ersetzt den Begriff ‚Subjekt' durch ‚Selbstreferenz'. Eine Rolle ist demnach keine Form, die einem Subjekt zuzurechnen ist, sondern einem psychischen System (Person). Beide, Klient und Sozialarbeiter, sind im Erbringungsverhältnis Sozialer Arbeit Ko-Produzenten von Hilfe. Hingegen kann nicht eine einzelne Person (in der Subjekttheorie das Subjekt) die Produzentenrolle einnehmen, da Hilfe als emergente Eigenschaft des Interaktionssystems diesem sozialen System selber und nicht einzelnen Akteuren (Subjekten) zuzurechnen ist. Übersetzt auf das Interaktionssystem ‚Klient–Sozialarbeiter' bedeutet dies zunächst, dass keiner der beiden Interaktionsteilnehmer Produzent von Hilfe sein kann, sondern nur das soziale System selber. Gleichwohl „entscheidet" letztlich das psychische System, welche Sinnherstellung es in der Hilfekommunikation annimmt und weiterentwickelt. Hierbei bezieht es sich letztlich auf seinen Willen. Der Wille, der in der Absicht des Handelns erkennbar wird, ist aber immer der Frage ausgesetzt, ob er sich im Umgang mit Umwelt bewähren kann, kommt ohne Kommunikation also nicht aus. Daher handelt es sich im Ergebnis um einen gemeinsamen Produktionsprozess.

Konstruktivismus als Begriff

Heinz von Foerster, den man neben Ernst von Glasersfeld als einen der Begründer des realen Konstruktivismus bezeichnete, wunderte sich, dass er Konstruktivist sein soll. Er sei viel lieber „Anti-ivist" und womöglich noch viel radikaler als der radikale Konstruktivismus selbst. Auch Humberto Maturana und Francisco Varela, die mit ihrem „Autopoiese-Konzept" dem radikalen Konstruktivismus und der Systemtheorie Luhmanns eine Basis boten, sahen sich nicht als Konstruktivisten, vielmehr als Forscher der Realwissenschaft (Maturana 2001). Und auch Niklas Luhmann hatte mit dem radikalen Konstruktivismus sowohl inhaltlich als auch begrifflich seine Schwierigkeiten. Luhmann bestritt nicht, dass es eine reale Welt gibt. Entsprechend ließe er sich als ‚operativer Konstruktivist' bezeichnen (Luhmann 1992:508–531) (→ Konstruktivismus, radikaler und operativer). Luhmann baute auf der Theorie von Talcott Parsons auf und knüpfte an verschiedene Theorien wie z. B. der Kybernetik, der Biologie und Mathematik an. Nähere Ausführungen zu den „Schlüsselwerken der Systemtheorie" finden sich im gleichnamigen Sammelband von Dirk Baecker (2005).

---

117 Vertiefend hierzu aus systemtheoretischer Perspektive siehe Bendel (2005), Stichweh (2005:163–177) und Schwinn (2007).

Luhmann: Leben, Werk und Wirkung

Niklas Luhmann wurde am 8. Dezember 1927 in Lüneburg geboren. Seine Eltern kamen aus gutbürgerlichen Verhältnissen, der Vater war Brauereibesitzer und die Mutter stammte aus einer Schweizer Hoteliersfamilie. Luhmann wurde noch vor seinem Abitur von der Wehrmacht eingezogen. Er wurde als Luftwaffenhelfer eingesetzt und geriet zum Kriegsende in amerikanische Gefangenschaft. 1946 holte er sein Abitur nach und studierte direkt im Anschluss an der Universität Freiburg im Breisgau Rechtswissenschaft. Nach dem abgeschlossenen Studium und der Promotion zum Dr. jur. machte er von 1949–1953 seine Referendarausbildung am Lüneburger Oberverwaltungsgericht. Seine Karriere als juristischer Verwaltungsbeamter endete als Landtagsreferent im niedersächsischen Kultusministerium in Hannover im Rang eines Oberregierungsrates.

1960 ließ sich Luhmann für ein Jahr beurlauben, um mit einem Fortbildungsstipendium Verwaltungswissenschaft an der Harvard University in Boston, USA zu studieren. Dort machte er Bekanntschaft mit dem amerikanischen Soziologen Talcott Parsons und seiner Systemtheorie. Zurück in Deutschland nahm Luhmann eine Referentenstelle am Forschungsinstitut der Hochschule für Verwaltungswissenschaften in Speyer an. In dieser Zeit veröffentlichte er seine erste Schrift „Funktionen und Folgen formaler Organisation" (1964). Mit dieser Schrift wurde er in der Soziologie bekannt und später promoviert. Luhmann folgte der Einladung Helmut Schelskys, einem in dieser Zeit sehr bekannten Soziologen an der Universität Münster, und leitete von 1965–1968 die Sozialforschungsstelle der Universität Münster in Dortmund. 1966 wurde er zum Dr. sc. pol. promoviert. Im selben Jahr erfolgte seine Habilitation für Soziologie an der Universität Münster bei Dieter Claessens und Helmut Schelsky. 1968 übernahm Luhmann eine kurze Vertretung des Lehrstuhls von dem in der Soziologie und Philosophie berühmt gewordenen Theodor W. Adorno in Frankfurt am Main. Danach wechselte Luhmann – wieder von Schelsky vorbereitet – an die neugegründete Universität Bielefeld. Dort lehrte er bis 1993 als ordentlicher Professor der Soziologie. Nach dem Tod seiner Frau Ursula siedelte Luhmann 1977 mit seinen drei Kindern nach Oerlinghausen bei Bielefeld um und wurde alleinerziehender Vater; seine Kinder waren zu dem Zeitpunkt zwischen 12 und 16 Jahre alt. Am 6. November 1998 verstarb Niklas Luhmann an Krebs. Zwei Jahre nach seinem Tod wurde das städtische Gymnasium in Oerlinghausen in „Niklas-Luhmann-Gymnasium" umbenannt.

Luhmanns Schaffenswerk ist enorm. Aus seinem berühmt gewordenen „Zettelkasten" – mit seinem Aufbau begann Luhmann bereits 1954 am Oberverwaltungsgericht Lüneburg – entstanden zu Lebzeiten über 50 Monografien und über 500 Aufsätze. Der „Zettelkasten" scheint bis heute nicht ausgeschöpft zu sein, aus ihm sprudelt es immer noch. Posthum erschienen bislang 18 weitere Buchveröffentlichungen. Alle Werke Luhmanns zeugen von einem beeindruckenden, kaum vergleichbaren Quellenreichtum. Viele seiner Werke wurden in andere Sprachen übersetzt: ins Englische, Dänische, Griechische, Spanische, Italienische, Polnische, Portugiesische, Französische, Japanische, Russische, Bosnische, Kroatische, Serbische und Schwedische (Jahraus/Nassehi u. a. 2012: 460f). Luhmanns Theorie löste heftige wissenschaftliche Debatten aus, nicht nur in der Soziologie, sondern in nahezu allen Humanwissenschaften. Seine Arbeiten werden an verschiedenen universitären Lehrstühlen weiterentwickelt.

Niklas Luhmann war ein Beobachter von Gesellschaft. Nach seiner Theorie zerfällt die moderne Gesellschaft in unzählige soziale Systeme. Luhmanns zentrale Frage war: „Wie ist soziale Ordnung möglich?" (Luhmann 2006c: 315). Seine überraschend einfache Antwort: Gesellschaft besteht nur aus Kommunikation, ordnet sich aus ihr und setzt sich fort, solange Kommunikation fortgesetzt wird. Diesen Prozess erklärt Luhmann in seiner

Theorie sozialer Systeme. Ein umfassender Überblick über das Werk Luhmanns und seine Wirkung auf verschiedene wissenschaftliche Disziplinen ist 2012 erschienen (Jahraus/Nassehi u. a.). Hier sind auch biografische Hinweise zu finden.

Luhmann-Kritik

Luhmann-Kritiker werfen vor, dass Luhmanns Theorie von einer gesellschaftspolitischen Naivität und Machtblindheit getragen sei. Dieser Vorwurf erkennt das luhmannsche Verständnis von Sozialwissenschaft nicht an. Luhmanns Gesellschaftstheorie verstelle den Blick für die sozialarbeiterische Bearbeitung gesellschaftlicher Ungleichheit und Ursachen von Notlagen. Hierdurch würden statt der Gesellschaft die von ihr betroffenen Menschen selbst zum Gegenstand. Das habe zur Folge, dass die Exklusionsrisiken zu Feldern therapeutischer und sozialarbeiterischer Hilfen umdefiniert würden. Letztlich würden auf diese Weise gesellschaftliche Probleme individualisiert und Sozialer Arbeit die Bearbeitung der Bedingungen der gesellschaftlichen Produktion von Ungleichheit entzogen (May 2000:97–114, Staub-Bernasconi 2000:225–241). Auf diese Weise entfalte die luhmannsche Gesellschaftstheorie eine unkritische, systemstabilisierende Rolle (May 2000, Niederer 2008, Obrecht/Zwicky 2002, Staub-Bernasconi 2000, 2000b).

Zum Vorwurf der Naivität und Machtblindheit gehört schließlich die Feststellung, dass vertikale, über Machtmechanismen vermittelte Ausdifferenzierungen gesellschaftlicher Systeme im luhmannschen Konzept der funktionalen Differenzierung nicht gesehen würden. Mithin verfahre Luhmann machtblind. Seine Radikalisierung des Autopoiese-Konzeptes und damit die grundsätzlich konstruktivistische Ausrichtung würden Sozialer Arbeit letztlich einen gewissen Relativismus bescheren und brächten ihr keine klare Orientierung. Die Systemtheorie luhmannscher Prägung verbinde sich theoretisch zudem gut und damit auf problematische Weise mit dem, was unter den Stichworten einer Ökonomisierung und auch Ökologisierung des Sozialen sowie an gegenwärtigen Strömungen in der Sozialen Arbeit wie Empowerment[118], Sozialmanagement und Case Management[119] zu kritisieren sei (Obrecht/Zwicky 2002, Staub-Bernasconi 1991:12–43, Staub-Bernasconi 2000:225–241, Staub-Bernasconi 2000 b:144–172).

Wie bereits gezeigt, bestreitet Luhmann nicht, dass segmentäre und stratifikatorische Differenzierungen in modernen Gesellschaften keine Rolle mehr spielen (Kap. 4.1.). Hingegen zeigt er auf, dass Schichten- und Klassendifferenzierungen nicht mehr die strukturprägenden Formen der Ausdifferenzierung moderner Gesellschaften sein werden. Gleichwohl haben moderne Gesellschaften und mit ihnen die Soziale Arbeit es in der funktionalen Ausdifferenzierung weiterhin mit Inklusions- und Exklusionsthemen im Kontext segmentärer und stratifikatorischer Differenzierungen zu tun. Mit der luhmannschen Theorie wird nicht geleugnet, dass derartige Asymmetrien auch noch in modernen Gesellschaften bestehen.

Ferner muss man daran erinnern, dass Luhmanns Theorieentwicklung von keinem belehrenden, sondern von einem explizit lernenden Impetus getragen ist. Dies hat er für die Soziologie stets nachhaltig eingefordert (Luhmann 1998: 22). Luhmann verzichtet daher bewusst auf eine normative Ausgangspositionierung. Somit stellt sich für ihn nicht die Frage, ob problematisch erlebbare Sachverhalte gut oder weniger gut zu irgendwelchen eigenen normativen Wissenschaftsannahmen passen. Zudem hat sich Luhmann mit dem

118 Siehe Vertiefungskommentar ‚Empowerment‘.

119 Siehe Vertiefungskommentar ‚Case Management‘.

sehr komplexen Thema Macht und seiner Kopplung an physische Gewalt sehr intensiv und differenziert auseinandergesetzt (Luhmann 2003, c1975). Dieses Thema angemessen zu besprechen ist hier nicht der Platz. Daher nur so viel: Im Gegensatz zu bestehenden Machttheorien kam es Luhmann darauf an, die zwei Seiten von Macht in den Blick zu nehmen. Macht liegt nicht nur auf der Seite der Machtausübung, sondern auch auf der Seite der Machtadressaten. Luhmann beobachtete Macht nicht wie in den klassischen Machttheorien als einseitige Richtungsbeziehung von Unterdrückern zu Unterdrückten, sondern als eine Form der Ordnung von Kommunikation. Nur aus dieser Perspektive kann erkannt werden, dass der ‚Mensch' nicht ausschließlich Produkt und damit entweder immer Opfer oder Nutznießer von Machtverhältnissen, sondern auch Ko-Produzent von Macht ist. Nicht nur die Kommunalpolitik hat Macht über die Bürger, auch die Bürger haben Macht über ihre Politik (z. B. durch Wahl und Bürgerinitiativen), nicht nur die Konsumindustrie hat Macht über die Konsumenten, auch die Konsumenten haben Macht über die Industrie (z. B. durch Verbraucherberatung, Verbraucherverhalten), nicht nur die Gläubiger haben Macht über den verschuldeten Haushalt, sondern auch die Haushalte über die Gläubiger (z. B. durch Einleitung eines Insolvenzverfahrens mithilfe eines Rechtsanwaltes oder eines auf Insolvenzverfahren spezialisierten Sozialarbeiters).

Wenn von Macht die Rede ist, muss sie unterschieden werden von Zwang. Zwang läuft im Extremfall auf die Anwendung physischer Gewalt hinaus, und es besteht für den Gezwungenen keine Wahlmöglichkeit des Handelns mehr (Luhmann 2003, c1975:9). Macht ist an die potenzielle Ausübung von Zwang gebunden. Durch Luhmanns Analyse wird nun erst deutlich, dass soziale Systeme durch Ausübung von physischer Gewalt und Erzwingungshandeln auf Dauer nicht kontrollierbar sind. Auf dem Weg zur funktionalen Ausdifferenzierung von Gesellschaft werden Zwangssysteme zu ihrem eigenen Problem (67 f). Sie werden z. B. anfällig für Revolutionen und Gegenbewegungen, da sie Gegenmacht sozusagen mitkonstituieren. Eine Schwäche der zwangbasierten Macht ist, dass das Handeln, was das Zwangssystem von seinen Mitgliedern erwartet, eben nicht mit Zwang und Befehl, sondern auf Dauer nur durch eigenmotiviertes Handeln der Mitglieder zu bekommen ist (Willke 2001:182). Die von Luhmann analysierte kommunikative Produktion von Macht ist also kein Versuch der Relativierung und Verharmlosung des Machtthemas. Vielmehr reflektiert Luhmann das Thema Macht aus der Perspektive funktionaler Differenzierung von Gesellschaft. Erst aus dieser Perspektive kann die Schwäche von Macht und ihr funktionaler Bedeutungsverlust im Kontext von Zwang reflektiert werden.

Zur Vertiefung der systemtheoretisch-konstruktivistischen Reflexion der Machtthematik im Kontext Sozialer Arbeit sei im weiteren auf die Arbeiten von Björn Kraus (2002, 2011, 2013:119–140) und Wolfgang Krieger (2011:45–94) verwiesen.

Postmoderne und Dekonstruktion

Kleve verbindet luhmannsche Systemtheorie mit der Theorie der Postmoderne und dem Prinzip der Dekonstruktion. Der Begriff ‚Dekonstruktion' wurde von dem französischen Philosophen Jacques Derrida (1930–2004) eingeführt, während der Begriff ‚Postmoderne' auf den französischen Philosophen Jean-François Lyotard (1924–1998) zurückgeht. Der Begriff ‚Postmoderne' kennzeichnet zunächst eine geistig-kulturelle Bewegung oder eher Haltung, die sich in der zweiten Hälfte des 20. Jahrhunderts als Gegenströmung zu einer zunehmend als steril empfundenen Moderne versteht. Zeitlich gibt es verschiedene Einordnungen der Postmoderne; von den ersten Anfängen in den 1960er Jahren bis zum Beginn der 1980er Jahre, wo sich die Postmoderne in der Architektur, besonders aber der Kunst und in Alltagsstilen (z. B. Mode, Popkultur) offen zu zeigen begann. Lyotard setzte sich theoretisch mit dem Wissen der nachindustriellen Gesellschaft auseinander. In seiner vielbeachteten Studie

„Das postmoderne Wissen“ sprach Lyotard vom Ende der beiden „großen Erzählungen“ (Lyotard 2006, c1979). Mit den beiden Erzählungen sind das politische Konzept der Aufklärung und das philosophische Konzept des Humanismus/Idealismus gemeint. Beiden Konzepten sei es nicht gelungen, ihre Ideale (Emanzipation und wissenschaftliche Rationalität) zu realisieren. Stattdessen würden sie unauflösbare Widersprüchlichkeiten produzieren. Viele Wirklichkeitsbeschreibungen stünden nebeneinander, ließen zumindest immer ihre Gegenthese zu, niemals aber letzte Fundierungen und letzte Wahrheiten.

Mit diesem Zweifel an der grundsätzlichen Richtigkeit gesellschaftlicher Modernisierungskonzepte lässt sich nun der Begriff ‚Dekonstruktion‘ von Jacques Derrida in Verbindung setzen. Dekonstruktion ist, vereinfacht gesehen, der Versuch, Eindeutigkeiten und Gewissheiten gegenüber skeptisch zu sein. Moderne Gesellschaften sind aber stets daran interessiert, Gewissheiten auf allen Gebieten zu erreichen. Entscheidungen dafür, was gewiss und richtig ist, haben jedoch zur Folge, dass sie alternative Lösungen ausgrenzen oder gar nicht erst zu Gesicht bekommen. Da die Moderne mittlerweile so viele verschiedene Gewissheiten geschaffen habe, sei das Ausmaß des Ausgegrenzten entsprechend groß. Andererseits haben die Gewissheiten nicht unbedingt zu einer Verbesserung der gesellschaftlichen Lage beigetragen. Daher sei es an der Zeit, nicht ständig neue Gewissheiten zu konstruieren, sondern scheinbar bestehende Gewissheiten zu dekonstruieren. Mit Dekonstruktion ist nun – vereinfacht gesagt – die Auflösung traditioneller Sicht- und Vorgehensweisen verbunden. Bezogen auf die Aufgaben Sozialer Arbeit bedeutet das z. B.: Statt dem Klienten durch bereits konstruierte Hilfeprogramme die Problembearbeitung abzunehmen oder gar stets neue Programme zu konstruieren, soll der Klient vielmehr mit dem Erfordernis der Selbstaktivierung und des Umlernens in seinen Handlungsorientierungen (z. B. seines Erziehungsverhaltens, seines Konsumverhaltens usw.) konfrontiert werden (Kleve 2000:191 ff., 2003:138 ff).

Luhmann stand dem Begriff der Postmoderne skeptisch gegenüber. Wenngleich die moderne Gesellschaft in der zweiten Hälfte des 20. Jahrhunderts weitere tiefe strukturelle Umbrüche erlebt, die mit dem Stichwort der Globalisierung gekennzeichnet werden können, so sei dennoch keine Zäsur in der Moderne festzustellen, die ihr Ende kennzeichnen würde. Luhmann weist darauf hin, dass trotz der strukturellen gesellschaftlichen Umbrüche alle Kennzeichen der Moderne beibehalten und praktiziert werden (z. B. Parteiendemokratie, an Kapital orientierte Ökonomie, positives Recht, altersgestaffelte Schulsysteme etc.) (Luhmann 1998:1143 ff). Gleichwohl ist Luhmanns Theorie mit dem Gedanken der Dekonstruktion eng verbunden (Luhmann 1992:93 f), denn: Jeder Hinweis auf den blinden Fleck des Anderen dekonstruiert dessen Beobachtung. Beobachtung 2. Ordnung ist Dekonstruktion von Beobachtung 1. Ordnung (Kap. 2.2.).[120]

Soziale Arbeit als Funktionssystem der Gesellschaft

Im systemtheoretischen Diskurs Sozialer Arbeit geht man überwiegend davon aus, dass sich Soziale Arbeit als ein gesellschaftliches Funktionssysteme beschreiben lasse. Von verschiedenen Autoren, insbesondere von Dirk Baecker, Georg Cleppien, Peter Sommerfeld, Frank Hillebrandt/Georg Werber, Peter Fuchs, Olaf Maaß, Heiko Kleve, Hans Jürgen Hohm, Roland Merten und Wilfried Hosemann/Wolfgang Geiling wurden Vorschläge gemacht, mittels welchen Codes sich Soziale Arbeit als ein eigenständiges gesellschaftliches Funktionssys-

120 Siehe hierzu auch die Einträge im Glossar: → Beobachtung,→ Form,→ Kybernetik,→ re-entry,→ Reflexionstheorie und → Wissen.

tem beschreiben lasse. Fuchs führt z. B. die Codierung „Fall/Nicht-Fall" ein, Hillebrandt/Weber schlagen „bedürftig/nichtbedürftig", Baecker „helfen/nichthelfen", Hohm „Hilfefähigkeit/Hilfeunfähigkeit" und Hosemann/Geiling „soziale Teilhabe/Nichtteilhabe" vor. Auf der Basis dieser Vorschläge für eine in Gesellschaft anzutreffende Codierung Sozialer Arbeit wird ihre Einheit als Funktionssystem reflektiert.[121]

Olaf Maaß zeigt auf, dass sich in funktional differenzierter Gesellschaft „Anspruch" als ein symbolisch generalisiertes Kommunikationsmedium Sozialer Arbeit durchgesetzt hat. Er knüpft hierbei an den von Fuchs eingebrachten Code „Fall/Nicht-Fall" an. Soziale Arbeit hat sich demnach als ein Hilfesystem ausdifferenziert, das über das Medium „Anspruch" (auf sozialgesetzlich definierte Leistungen = Programme) eine codegeführte Zuordnung von „Fall/Nicht-Fall" erlaube. Hieraus müssen jedoch die Ansprüche, die auf Versicherungsleistungen rückführbar sind (Arbeitslosen-, Kranken-, Unfall-, Renten- und Pflegeversicherung) ausgeklammert werden. Sie zählen in der Regel nicht zur sozialarbeiterischen Kommunikation bzw. nur insoweit, wie diese zur Besorgung und Absicherung solcher Art Ansprüche benötigt wird (z. B. als Sozialberatung oder als Case Management im Krankenhaussozialdienst und in der rechtlichen Betreuung). In diesen Fällen beziehen sich Ansprüche auf zukünftige Leistungen, deren Bedingungen in der Vergangenheit liegen. Soziale Arbeit hingegen bezieht sich primär – so die These – „auf gegenwärtige Anspruchsbedingungen auf zukünftige Leistungen" (Maaß 2009:96). Damit sind die sozialgesetzlichen Ansprüche für nichtversicherungsfähige Risiken angesprochen (z. B. gegenwärtiger Anspruch auf Sicherung des Kindeswohls und damit zukünftig verbundene Leistungen der Erziehungshilfe). Soziale Arbeit ist demnach möglich, weil ein Anspruch auf zukünftige Leistungen besteht. Dieser Leistungsanspruch wird durch Beobachtung 2. Ordnung – in der Regel durch Prüfung der Notwendigkeit der Hilfe – gewonnen und zudem unterschieden von bedingungslosem Helfen (Mildtätigkeit, Spenden, Sozialfonds usw.). Damit ergibt sich die Codierung von „Fall/Nichtfall".

Der binäre Code ist die wichtigste strukturelle Eigenschaft symbolisch generalisierter Kommunikationsmedien. Die Form des Mediums wird über den Code bestimmt (z. B. erfordert der Code „Zahlen/Nichtzahlen" das Medium Geld, der Code „recht/unrecht" das Medium Rechtsprechung). Der Code „Fall/Nicht-Fall" bestimmt die Form des Mediums als ‚Anspruch' und erlaubt im Anschluss an den Positivwert (Fall), sich selbst in diesem Wert zu verorten (Fall = Anspruch = Erbringung sozialer Leistungen). Das Medium „Anspruch" ist demnach das Kommunikationsmedium, das die gesellschaftliche Aufrechterhaltung von Hilfekommunikation erst möglich macht (Maaß 2009:91–103). Soziale Arbeit würde damit die strukturellen Merkmale eines gesellschaftlichen Funktionssystems erfüllen.

Einen weiteren Codiervorschlag liefern Hosemann/Geiling mit „soziale Teilhabe/Nichtteilhabe" (Hosemann/Geiling 2013:63). Diese Codierung träfe die gesellschaftliche Funktion Sozialer Arbeit über die Funktion von Zweitsicherung hinaus und bearbeite eine gesellschaftlich universalisierbare Problemstellung, die sich an alle adressiert und nicht nur an diejenigen, die Hilfe benötigen.

121 Verwiesen sei auf einige Fundorte für diesen Diskurs: (Baecker 1994.93–110, Cleppien 2000:135–156, Fuchs 2000:157–175, Hohm 2003:84, Sommerfeld 2000:115–136, Hillebrandt 1999:140–163; Weber/Hillebrandt 1999, Maaß 2009, Kleve 1997:412–432, 2000:47–66, Merten 1997:75–157, 2000:177–204, 2005:35–62, Hosemann/Geiling 2013:61–63).

Obwohl – oder gerade weil – mittlerweile nicht wenige Codevorschläge vorliegen, gibt es eine Reihe von ungelösten Problemen in der systemtheoretischen Reflexion dieser Fragestellung. Die Menge der eingebrachten Vorschläge an sich erweist schon die Symptomatik, unter der die Fragestellung zu leiden scheint, wen man sie zum Thema erklärt. Ob es binäre Codierungen gesellschaftlicher Problembearbeitung und entsprechende Formen generalisierter Kommunikation gibt, ist eine Frage zeitlich versetzter Beobachtung gesellschaftlicher Ausdifferenzierung. Mithin steht in dieser Diskussion die Frage an, welche der vorliegenden Beobachtungsvorschläge den Stand der Ausdifferenzierung Sozialer Arbeit als sekundäres Funktionssystem von Gesellschaft plausibel formulieren. In diesem Zusammenhang hat nach der hier vertretenen Auffassung Hans-Jürgen Hohm einen interessanten Vorschlag zur Verständigung in dieser Sache gemacht. Hohm spricht von einem sekundären Funktionssystem. Er schlägt den Code „Hilfefähigkeit/Hilfeunfähigkeit" vor. Im Gegensatz zu den genannten negativen Werten „Nichthilfe", „Nichtbedürftigkeit" und „Nichtfall" würde der Negativwert „Hilfeunfähigkeit" dem Hilfesystem als der geeignetere Reflexionswert dienen können. An ihm schließe sich die Beobachtung des Überganges der Hilfekommunikation von hilfefähig zu hilfeunfähig an, da Hilfefähigkeit entweder „noch nicht möglich, nicht mehr möglich, unmöglich oder überflüssig" (Hohm 2003:84) ist. Interessant an Hohms Vorschlag ist, dass er die von Luhmann beschriebene doppelte Funktion binärer Codierung gesellschaftlicher Funktionssysteme berücksichtigt: a) operative Schließung sozialer Systeme über den Positivwert (Inklusion/Exklusion) und b) Selbstanwendung des Codes über die Reflexion des Negativwertes, also die Möglichkeit der Reflexion des Falls, wenn Hilfeunfähigkeit zum Problem wird (*re-entry*) (Maaß 2009: 91–103).[122] Mit Blick auf ein symbolisch generalisiertes Kommunikationsmedium scheint die Differenz „Hilfefähigkeit/Hilfeunfähigkeit" im Medium „Helfen" als Abgrenzungskriterium von „System/Umwelt" flexibler beschreibbar zu sein, als dies über die Engführung „Fall/Nichtfall" (Fuchs, Maaß) im Medium „Anspruch" oder „Bedürftigkeit/Nichtbedürftigkeit" (Weber/Hillebrandt) im Medium „Wohlfahrt" möglich erscheint. Ob die weitgeführte Differenz „soziale Teilhabe/Nichtteilhabe" (Hosemann/Geiling) im Medium „Partizipation" vergleichbares leisten kann, ist fraglich, handelt es sich bei „Teilhabe" doch um einen im Sozialgesetzbuch stark frequentierten Begriff.

Auch wenn die hier vorgetragenen Argumentationen vielversprechend erscheinen mögen und ohne uns angesichts funktionaler Ausdifferenzierung von Gesellschaft endgültig festlegen zu können, gehen wir in dieser Einführung davon aus, dass Soziale Arbeit auf der Ebene von Organisation angesiedelt ist und ihre Autopoiese aus der Bearbeitung von Konditional- und vor allem Zweckprogrammen bezieht (Bommes/Scherr 2000, 2012). In dieser Form findet man Soziale Arbeit als Organisationssystem mit überwiegend heterogen angeordneten Praxisfeldern vor. Soziale Arbeit bearbeitet überwiegend Zweckprogramme und steht in ihren vielfältigen strukturellen Kopplungsbeziehungen in starker Abhängigkeit vom Politik- und Rechtssystem. Soziale Arbeit bearbeitet überwiegend nachsorgend und zunehmend spezialisierend nicht universalisierbare gesellschaftliche Problemstellungen.

122 Zur Vertiefung sei die ungekürzte Fassung der Dissertation (2007) empfohlen.

Soziale Ungleichheit

Soziologische Ungleichheitsforschung und soziologische Systemtheorie bezeichnen zwei unterschiedliche, vielleicht auch unvereinbare Paradigmen in der Soziologie. Während die Ungleichheitsforschung die Konstitution von Ungleichheit im Kontext von sozialen Klassen- und Schichtenbildungen, Milieus, Lebenslagen, Lebensstilen und Verteilungsproblemen untersucht, spielt dieser Gesichtspunkt in der Systemtheorie allenfalls eine sekundäre Rolle (Bommes 2001:237). Funktionale Differenzierung ist die Hauptursache der Produktion von Ungleichheit. Wenngleich dies von Luhmann konzediert wird (Luhmann 1995b: 572), berücksichtig er diese (späte) Einsicht in seiner weiteren Theorieentwicklung kaum. Er betrachtete soziale Ungleichheit in Abgrenzung zum Primat der funktionalen Differenzierung als ein Phänomen von geringer bzw. untergeordneter struktureller Bedeutung. Stratifikatorische wird durch funktionale Differenzierung abgelöst, und an Stelle der gegenseitig nicht substituierbaren Klassen tritt in modernen Gesellschaften die Ausdifferenzierung von gegenseitig sich nicht ersetzbar machenden Funktionssystemen. Nichtsubstituierbarkeit ist Grundlage der jeweiligen Systemautonomie. Demnach dürfte es ausscheiden, dass der Inklusionsstatus innerhalb eines Funktionssystems zwingend für Inklusionschancen in andere Funktionssysteme nutzbar gemacht werden kann. „Dennoch kommen die funktionssystemübergreifenden Transfers von Status und herausgehobenem Rang empirisch vor" (Stichweh 2005:175).

Im soziologischen Diskurs wird heute zu Recht beklagt, dass das Inklusions-/Exklusionskonzept luhmannscher Prägung nicht ausreicht, soziale Ungleichheit analytisch in den Griff bzw. gar in den Blick zu bekommen. Ungleichheit ergibt sich allein schon aus der Ungleichheit der Teilhabe an den funktionalen Kommunikationsprozessen. Zwar ist – formal beobachtet – jede soziale Adresse aus ‚Sicht' der Funktionssysteme potenziell gleich, hingegen nicht die Aktualisierungschancen der Individuen zur Ausbildung der dafür erforderlichen Kommunikationsmerkmale (z. B. mittels Bildung, Wissen, Verstehen, Geld). Zudem bedeutet Inklusion nicht zugleich soziale Gleichheit und Exklusion nicht zwingend soziale Ungleichheit (siehe z. B. das Phänomen der Selbstexklusion). In und mit luhmannscher Theorie geraten die „Gradualität der Teilhabe" (Schwinn 2007:47) sowie die Bestimmung ihrer zugrundeliegenden Mechanismen aus dem Blick. Hinzu kommt, dass in luhmannscher Theorie die „Mechanismen des Außerkraftsetzens von Konvertibilitätssperren" (Stichweh 2005:177) keine Beachtung finden. Das heißt: es ist möglich, Vorteile, die aus einem Funktionssystem kumuliert werden (z. B. Politiksystem), in andere soziale Systeme mitzunehmen, sie sozusagen einzutauschen (z. B. in die Wirtschaft). Die „kumulative Verkettung der funktionsspezifischen Ressourcen" (Schwinn 2007:16), entweder korrupt oder legal herbeigeführt, führt zu sozialer Ungleichheit. Mechanismen der Produktion solcher sozialer Ungleichheit – entweder legal oder korruptiv hergestellt – lassen sich zwar als strukturelle Koppelung sowie im Machtausbau durch Netzwerke auch systemtheoretisch beschreiben. Gleichwohl ist damit noch keine Aussage über Ungleichheit ableitbar, da diese erst aus der Perspektive von Personen und nicht aus der Perspektive sozialer Systeme gewonnen werden kann.

Tatsache ist, dass „die Inklusion der Personen in die Teilsysteme … nie voraussetzungsfrei" (Schwinn 2007: 16) startet, soll heißen: sie ist an funktionsspezifisch nutzungsfähige Ressourcen gebunden. Gleiches gilt für die Bewältigungschancen von Exklusionsrisiken. Diese Beobachtung entgeht luhmannscher Theorie. Weiter führt hier z. B. die Kulturtheorie von Pierre Bourdieu mit seiner Unterscheidung der Kapitalformen, wie dem sozialen, ökonomischen, symbolischen und kulturellem Kapital (Bourdieu 1992).
Michael Bommes plädiert für die Verknüpfung von luhmannscher Differenzierungstheorie und Theorien sozialer Ungleichheit bzw. den Einbau der Problemstellung der sozialen

Ungleichheitsforschung in die Systemtheorie. Dies könne vor allem über die stärkere Ausrichtung der Ungleichheitsforschung an Organisationen in Funktionssystemen geschehen (Bommes 2001: 236–258). Dass Systemtheorie und Sozialstrukturanalyse zwei nicht vergleichbare, jedoch sich ergänzende Beobachtungsperspektiven darstellen, hat Klaus Bendel deutlich herausgerbeitet (Bendel 2009: 127–150).

Strukturelle Kopplung Sozialer Arbeit

Eingelagert – oder besser: strukturell gekoppelt – findet man Soziale Arbeit in einer Vielzahl von Organisationen aus verschiedenen gesellschaftlichen Funktionssystemen vor. Über die genaue Beschaffenheit von strukturellen Kopplungen und Folgen für Soziale Arbeit ist noch nicht viel bekannt. Empirische Forschungen hierzu – z. B. im Kontext diverser großer Wirtschaftsunternehmen (Betriebssozialarbeit) und Kliniken (Sozialarbeit in der Psychiatrie) – verweisen auf teilweise problematische Zusammenhänge. So zeigt Peter Sommerfeld mit seiner Untersuchung auf, dass die Sozialarbeitenden in der Psychiatrie ihre Hilfepraxis teilweise unter dem Code des Gesundheitssystems („heilen/nicht heilen") konzipieren, ohne dass es hierfür einen zwingenden Grund gäbe. Auf diese Weise greifen sie in den Kompetenzbereich von Ärzten und Therapeuten ein und können ihren spezifischen Beitrag zum interdisziplinären Lösungsprozess nicht erfolgreich kommunizieren (Sommerfeld 2000:123–136).

Hier wird eine grundsätzliche Frage struktureller Kopplungsverhältnisse Sozialer Arbeit angesprochen. Soziale Arbeit wird von ihrer Klientel durch strukturelle Kopplungen mit den Funktionssystemen Recht, Wirtschaft, Medizin und Familie in den symbolisch generalisierten Kommunikationsmedien dieser Funktionssysteme erlebt. Soziale Arbeit kann in die dort gültigen Codes nicht eingreifen, weil sie zweckprogrammiert auf der Ebene von Organisation agiert. Auch wenn Soziale Arbeit als eigenes Funktionssystem beschrieben würde, wäre dieses Problem mit der Codierung „helfen/nicht helfen" oder „Fall/Nicht-Fall" nicht gelöst. So steht sie auch dann weiterhin vor der Schwierigkeit der Konvertierung von Macht, Recht, Geld, Heilen und Liebe in das Medium von Hilfe oder Anspruch.[123] Soziale Arbeit wird durch strukturelle Kopplung sozusagen in einer →Mehrsystemzugehörigkeit beobachtbar. Ein Problem, was zu Ambivalenzen führt, so z. B. zum Spannungsfeld von Hilfe und Kontrolle oder zu wirtschaftlichem Effizienzbestreben, ohne über zuverlässige Wirkungsnachweise zu verfügen oder zu einem therapieabstinenten Hilfeverständnis oder zu nicht realisierbarem Versprechen von Vollinklusion in familienanalogen Betreuungsformen.[124] Die hier angesprochenen Konvertierungsprobleme treffen das, was vergleichsweise in subjekttheoretischen Analysen als „Dilemmata und Antinomien" (Greuèl/Mennemann 2006:15 f) Sozialer Arbeit beschrieben wird.

Subjekt

Die gegensätzlichen Theorieansätze – ‚Subjekt' auf der einen, ‚System' auf der anderen Seite – kommen dabei zu vergleichbaren Ergebnissen. Im Aufsatz „Das Subjekt und das Soziale sind auch nicht mehr das, was sie einmal waren!" (Keupp 1992:1–6) fasst Heiner

123 Die Bedeutung der symbolisch generalisierten Kommunikationsmedien ‚Liebe' und ‚Macht' für das Hilfesystem wird in der Analyse von Bettina Hünersdorf (2009) rekonstruiert.

124 Man denke hier an die Konsequenzen für das Familienprinzip, das gerade in der Sozialpädagogik (Kinder- und Jugendhilfe) eine lange Tradition hat (Sauer 1979).

Keupp Beobachtungen zu Vergesellschaftungstendenzen zusammen, die sich mit den Modernisierungsrisiken moderner Gesellschaft befassen. Hier wird aus subjekttheoretischer Perspektive ein gesellschaftlicher Wandel beschrieben, der zu Ergebnissen kommt, die mit der luhmannschen Theorie der funktional differenzierten Gesellschaft vergleichbar sind. Spätestens mit dem zum „Klassiker" gewordenen Text von Ulrich Beck (1986) über die „Risikogesellschaft" wurden die Modernisierungsrisiken moderner Gesellschaft zur Kenntnis genommen (Beck 19986, Beck/Beck-Gernsheim 1994). Der bis heute andauernde gesellschaftliche Entwicklungstrend wird mit der zum Schlagwort gewordenen Redewendung von der „Pluralisierung von Lebenslagen" umschrieben. Dieses mittlerweile nicht mehr besonders neue Subjektverständnis wird zurückgeführt auf die allmähliche Auflösung klassischer Sozialmilieus, von Schicht- und Klassengrenzen sowie Ablösungen der Menschen vom traditionellen calvinistischen Arbeitsethos. Hieran zeigt sich: Im Sinne der luhmannschen Gesellschaftstheorie kann diese Beobachtung als empirischer Beleg für die funktionale Ausdifferenzierung moderner Gesellschaften gelesen werden. Andernorts wird dieser Zustand als Kennzeichen der Postmoderne gesehen (Derrida), was im Prinzip auf das Gleiche hinausläuft (Kleve 2000:23–27, 1996, 1996b, 1997, 1999, 2000b, 2003, 2003b, 2005, 2005b.).[125]

An die Stelle klassischer Bindungen und gewachsener Milieus sind also die jeweils besonderen getreten: die des Wohnortes, des Arbeitslebens, des individuellen Sozialisations- und Bildungsweges. Die „Erosion der Normalbiografie" kann gleichsam als empirischer Beleg für die lebensweltliche Ausformung funktionaler Ausdifferenzierung gesehen werden. Das Subjekt steht vor einer Entstrukturierung von Identität und vor Individualisierungsmöglichkeiten seiner Lebensführung.[126] Gemeint ist damit, dass den Menschen zunehmend durch Klassen- und Schichtschicksal determinierte, verbindende Überzeugungen und Normen abhandenkommen, da der Gesellschaft die Klassen und Schichten selbst abhandengekommen sind. Gemeint ist damit zudem, dass die Menschen hierdurch den unterschiedlichsten Optionen der Lebensführung gegenüberstehen. „Entstrukturierung von Identität" meint schließlich auch, dass sich die Menschen nicht mehr so sehr festlegen müssen, in dem, was sie sind oder sein wollen, und offenkundig viel damit beschäftigt sein müssen, herauszufinden, wer sie denn wohl sein könnten. Pluralisierte Identität wird zum distinktiven Muss und daher zwangsläufig zum marktgängigen Produkt. Ein freiheitlicher Verfassungsstaat, der sich ganz auf das freie Wollen und Wirken seiner Bürger stützt" ist stets ein Konstrukt „riskanter Ordnung" (Dreier 2010:11–38).

Beck denkt in seiner Analyse von Individualisierung in moderner Gesellschaft die Individuen als nichtidentisch mit Gesellschaft. Subjekttheorie und Systemtheorie sind an dieser Stelle näher beieinander, als man vermuten würde: Risikogesellschaft durch Pluralisierung der Lebenslage auf der einen, Exklusionsindividualität durch funktionale Differenzierung auf der anderen Seite. Das Ergebnis ist auf beiden Seiten gleich: Der Mensch steht außerhalb von Gesellschaft. Dadurch, dass Systemtheorie das Individuum außerhalb von Gesellschaft denkt, wird aber beschreibbar, was Individuen integrieren und was sie nicht integrieren. Autopoietische Systeme, mithin auch psychische, werden in der Systemtheorie Luhmanns als Umwelt von Gesellschaft gedacht. Sie integrieren selbstreferenziell in ihre eigene Systemstruktur aus ‚Umwelt' nur das, was mit Blick auf ihre eigene Bewusstseinsgeschichte integrierbar ist. Das erklärt, weshalb sie sich für oder gegen etwas

125 Siehe auch Vertiefungskommentar ‚Postmoderne und Dekonstruktion'.

126 Vgl. hierzu auch kritisch Blandow (1992:19).

entscheiden: für Identitätsbildung als „Ware von der Stange“ oder auch für Aufstand gegen Unterdrückung und Unrecht (Horster 2005:95).

Verhältnis Systemtheorie und systemische Ontologie

Vorschläge einer Verbindung bzw. „Versöhnung“ (Sagebiel 2006:284) der Systemtheorien Luhmanns und Bunges werden im Diskurs einer systemtheoretischen Begründung der Sozialen Arbeit gelegentlich diskutiert (270–285). Das Problem liegt jedoch im Widerspruch der unvereinbaren erkenntnistheoretischen Standpunkte Luhmanns und Bunges. Bunge wirft Luhmann vor, dass „eine menschenlose Theorie sozialer Systeme ... völlig verfehlt, wenn nicht sogar verwerflich im Hinblick auf mögliche soziotechnologische Konsequenzen“ (Bunge/Mahner 2004:253) sei. Entsprechend wird das Autopoiesekonzept für „Akteur und soziale Systeme“ (Obrecht 2008:1) abgelehnt (8, 11 f., 2000:208–223, Obrecht/Zwicky 2002:483–498). Luhmann hingegen wirft einer Systemtheorie, die mit der Annahme arbeitet, „dass soziale Systeme aus (ganzen – H. L.) Menschen bestehen“, vor, dass damit unmöglich gemacht wird, „die Operation präzise anzugeben, die im Falle organischer, ... psychischer und sozialer Systeme die Autopoiesis durchführt“ (Luhmann 1998:24). Im Gegensatz zu Bunge hält Luhmann die menschliche Vernunft, den Willen und die Gefühle nicht für die ausschlaggebenden Ursachen menschlichen Verhaltens. Vielmehr geht Luhmann davon aus, dass es sich dabei um „nachträgliche Interpretationen bereits vorliegender Resultate neurophysiologischer Operationen“ (ebd. 25) handelt. Entsprechend skeptisch darf man sein, wenn es um Entwürfe geht, die eine Verknüpfung beider Theorien versuchen (Sagebiel 2012).

Wohlfahrtsstaat

Luhmann hat sich kritisch mit der Wohlfahrtsidee und dem Begriff ‚Wohlfahrtsstaat‘ auseinandergesetzt (Luhmann 1981, 2002b, c2000:139, 215, 248, 364, 422 ff., 427 f., 2005b: 108-120). Er unterscheidet zwischen Wohlfahrtsstaat und Sozialstaat. Der Sozialstaat folgt dem Bemühen um Vermeidung von Exklusion mittels rechtlicher Regulierungen (Sozialgesetze) und Sozialarbeit. Sozialstaat ist somit die Reaktionsform des Staates auf die Folgen funktionaler Differenzierung (Luhmann 2002b, c2000:423).[127] Mit der Idee des Wohlfahrtsstaates hingegen wird der Staat mit selbst erzeugten Widersprüchen konfrontiert. Hier geht es um die Inklusion aller Bürger in Gesellschaft mittels politischer Regulierungen an. Das Politiksystem müsste demgemäß eine Art Generalinklusion in alle gesellschaftlichen Funktionssysteme gewährleisten. Über Möglichkeiten einer Zentralsteuerung verfügt Politik in funktional differenzierten Gesellschaften jedoch nicht mehr. Luhmann kommt daher zu dem Schluss, dass sich Politik mit der Wohlfahrtsidee überhebt. Letztlich ist Politik ein Funktionssystem unter anderen, das nicht die Funktion von Generalinklusion für alle Funktionssysteme übernehmen kann. Dies widerspräche auch der Beobachtung funktionaler Differenzierung und von Inklusion und Exklusion durch die jeweiligen Funktionssysteme. Luhmann weist auf einen strukturellen Widerspruch von Wohlfahrtsstaaten hin. Einerseits erstrebt ein Wohlfahrtsstaat „die Inklusion der Gesamtbevölkerung in das politische System der Gesellschaft“ (Luhmann 2002b, c2000:423). Andererseits ist die Politik zur Erhaltung des Wohlfahrtsstaates von einer erfolgreich operierenden Wirtschaft abhängig, womit sie „eigene Erfolge nur dadurch erreichen kann, dass sie mehr und mehr Ressourcen der wirtschaftlichen Kalkulation entzieht“ (Luhmann

---

127 Siehe auch Fußnote 23 (ebd.).

1998:490). Entsprechend sei die Politik auf Instrumente der Rechtsdogmatik (Verfassungsgericht) angewiesen, um die Entwicklung der Wohlfahrt weiter möglich zu machen und zu sichern (ebd. 1087).

Luhmann hatte bereits in früheren Jahren zwei weitere Argumente angeführt, die zeigen, dass Folgeprobleme funktionaler Differenzierung nicht mit dem Begriff des Wohlfahrtsstaates gelöst werden können. Zum einen sind dies die globalen ökologischen Probleme sowie die generell nicht steuerbare politische Loyalität von Menschen in modernen Gesellschaften (Luhmann 1981:9 f). Insgesamt lässt sich feststellen, dass die Wohlfahrtsidee in Abhängigkeit der Autopoiesis von Politik, Wirtschaft und von Personen steht. Mit der Wohlfahrtsidee wird Politik zum „Letztadressat für alle ungelöst bleibenden Probleme“ (ebd. 155) ohne über die hierfür erforderlichen Mittel zur Einlösung dieses Anspruchs verfügen zu können. Luhmann war – was gelegentlich behauptet wird (Staub-Bernasconi 1995:15) – kein Gegner des Wohlfahrtsstaates. In seiner Analyse der politischen Theorie im Wohlfahrtsstaat zeigt er auf, dass der Wohlfahrtsstaat ein reflexives Verhältnis zu sich selbst gewinnen muss, wenn Politik nicht in einen Zustand der permanenten Selbstüberforderung gelangen soll (Luhmann 1981:143–158).

Literatur

Ader, Sabine (2006): Was leitet den Blick? Wahrnehmung, Deutung und Intervention in der Jugendhilfe. Weinheim und München

Aderhold, Jens (2010): Soziale Bewegungen und die Bedeutung sozialer Netzwerke. In: Stegbauer, Christian/Häußling, Roger (Hrsg.): Handbuch Netzwerkforschung. Wiesbaden, S. 739–754

Adorno, Theodor W./Dahrendorf, Ralf/Pilot, Harald/Albert, Hans/Habermas, Jürgen/ Popper, Karl R. (1980, c1969): Der Positivismusstreit in der deutschen Soziologie. 8. Auflage, Darmstadt und Neuwied

Ameln, Falko von (2004): Konstruktivismus. Die Grundlagen systemischer Therapie, Beratung und Bildungsarbeit. Tübingen

Baecker, Dirk (Hrsg.) (1987): Theorie als Passion. Niklas Luhmann zum 60. Geburtstag. Frankfurt am Main

Baecker, Dirk (1994): Soziale Hilfe als Funktionssystem der Gesellschaft. Zeitschrift für Soziologie, 23. Jahrgang/Heft 2, Stuttgart, S. 93–110

Baecker, Dirk (2000): „Stellvertretende" Inklusion durch ein „sekundäres" Funktionssystem: Wie „sozial" ist die soziale Hilfe? In: Merten, Roland (Hrsg.): Systemtheorie Sozialer Arbeit. Neue Ansätze und veränderte Perspektiven. Opladen, S. 39–46

Baecker, Dirk (2003): Organisation und Management. Frankfurt am Main

Baecker, Dirk (2003b): Was tut ein Berater in einem selbstorganisierenden System? In: Zirkler, Michael/Müller, Werner R. (Hrsg.): Die Kunst der Organisationsberatung. Praktische Erfahrungen und theoretische Perspektiven. Bern, S. 105–115

Baecker, Dirk (Hrsg.) (2005): Schlüsselwerke der Systemtheorie. Wiesbaden

Baecker, Dirk/Dievernich, Frank E.P./Schmidt (Hrsg.) (2004): Strategien der Organisation. Wiesbaden

Baecker, Dirk/Münkeler, Helfried/Hagen, Wolfgang (2009): Was ist Politik – oder war Luhmann doch unpolitisch? In: Hagen, Wolfgang (Hrsg.) Was tun, Herr Luhmann? Vorletzte Gespräche mit Niklas Luhmann. Berlin, S. 133-160

Baraldi, Claudio/Corsi, Giancarlo/Esposito, Elena (1997): GLU. Glossar zu Niklas Luhmanns Theorie sozialer Systeme. Frankfurt am Main

Bardmann, Theodor M./Hermsen, Thomas (2000): Luhmanns Systemtheorie in der Reflexion Sozialer Arbeit. In: Merten, Roland (Hrsg.): Systemtheorie Sozialer Arbeit. Neue Ansätze und veränderte Perspektiven. Opladen, S. 87–112

Bardmann, Theodor M./Lamprecht, Alexander (1999): Systemtheorie verstehen: eine multimediale Einführung in systemisches Denken. Opladen

Bardmann, Theodor M./Lamprecht, Alexander (2003): Systemisches Management – multimedial. Heidelberg

Baumert, Jürgen/Neubrand, Michael (2001): PISA 2000 – Basiskompetenzen von Schülerinnen und Schülern im internationalen Vergleich. Opladen. Rev. Nachdr. der Erstausgabe,

Beck, Ulrich (1986): Risikogesellschaft. Auf dem Weg in eine andere Moderne. Frankfurt am Main

Beck, Ulrich/Beck-Gernsheim, Elisabeth (Hrsg.) (1994): Riskante Freiheiten. Individualisierung in modernen Gesellschaften. Frankfurt am Main
Beer, Stafford (1985): Diagnosing the System. For Organizations. Chichester
Bendel, Klaus (2005): Inklusion und Integration. Soziale Arbeit zwischen funktionaler Differenzierung und sozialer Ungleichheit. In: Corsten, Michael/Rosa, Hartmut/Schrader, Ralph (Hrsg.): Die Gerechtigkeit der Gesellschaft. Wiesbaden, S. 127–150
Bendel, Klaus (2009): Wie funktioniert Zusammenleben. Grundelemente des Sozialen. In: Greving, Heinrich/Heffels, Wolfgang M. (Hrsg.): Pädagogik und Soziale Arbeit. Kernkompetenzen zentraler Aufgaben. Bad Heilbrunn, S. 53–78
Berger, Johannes (1996): Entfernung von der Truppe. Realanalytische Grenzen des Konstruktivismus in der Soziologie. In: Miller, Max/Soeffner, Hans-Georg: Modernität und Barbarei. Soziologische Zeitdiagnose am Ende des 20. Jahrhunderts. Frankfurt am Main, S. 231-245
Berghaus, Margot (2003): Luhmann leicht gemacht. Köln
Beushausen, Jürgen (2002): Die Konstruktion von Gesundheit und Krankheit im sozialen System Familie. Theorie und Empirie. Diss. Univ. Oldenburg
Blandow, Jürgen (1992): Was leistet die Jugendhilfe für die Modernisierung der Gesellschaft? In: Faltermeier, Josef: Jugendhilfe im gesellschaftlichen Wandel. Deutscher Verein für öffentliche und private Fürsorge, Frankfurt am Main
Blandow, Jürgen/Gintzel, Ullrich/Hansbauer, Peter (1999): Partizipation als Qualitätsmerkmal in der Heimerziehung. Eine Diskussionsgrundlage. Münster
Blankertz, Herwig (1982): Die Geschichte der Pädagogik. Von der Aufklärung bis zur Gegenwart. Wetzlar
Bleicher, Knut (2004): Das Konzept Integriertes Management. Visionen – Missionen – Programme. St. Galler Management Konzept. 7. überarbeitete und erweiterte Auflage, Frankfurt am Main
Böhnisch, Lothar/Lösch, Hans (1998): Das Handlungsverständnis des Sozialarbeiters und seine institutionelle Determination. In: Thole, Werner/Galuske, Michael/Gängler, Hans (Hrsg.): KlassikerInnen der Sozialen Arbeit. Sozialpädagogische Texte aus zwei Jahrhunderten - ein Lesebuch. Neuwied
Bommes, Michael (2001): Organisation, Inklusion und Verteilung. Soziale Ungleichheit in der funktional differenzierten Gesellschaft. In: Tacke, Veronika (Hrsg.): Organisation und gesellschaftliche Differenzierung. 1. Auflage, Wiesbaden, S. 236–258
Bommes, Michael/Scherr, Albert (1996): Exklusionsvermeidung, Inklusionsvermittlung und/oder Exklusionsverwaltung. In: neue praxis 26. Jahrgang/Heft 2, Neuwied, S. 107–123
Bommes, Michael/Scherr, Albert (2000): Soziologie der Sozialen Arbeit. Eine Einführung in Formen und Funktionen organisierter Hilfe. Weinheim, München
Bommes, Michael/Scherr, Albert (2000b): Soziale Arbeit, sekundäre Ordnungsbildung und die Kommunikation unspezifischer Hilfsbedürftigkeit. In: Merten, Roland (Hrsg.): Systemtheorie Sozialer Arbeit. Neue Ansätze und veränderte Perspektiven. Opladen, S. 67–86
Bommes, Michael/Scherr, Albert (2012): Soziologie der Sozialen Arbeit. Eine Einführung in Formen und Funktionen organisierter Hilfe. Weinheim, Basel
Bronfenbrenner, Uri (1976): Ökologische Sozialisationsforschung. Hrsg. von Kurt Lüscher. Stuttgart
Bronfenbrenner, Uri (1989): Die Ökologie der menschlichen Entwicklung. Frankfurt am Main

Bourdieu, Pierre (1992): Die verborgenen Mechanismen der Macht. Herausgegeben von Margareta Steinrücke. Hamburg

Brumlik, Michael (1992): Advokatorische Ethik. Zur Legitimation pädagogischer Eingriffe. Bielefeld

Bunge, Mario (1979): A System Concept of Society. Beyond Individualism and Holistic. Theory and Decision. Volume 10/Issue 1–4, Boston, pp 13–30

Bunge, Mario (1984, c1980): Das Leib-Seele-Problem: ein psychobiologischer Versuch. Erschienen in: Die Einheit der Gesellschaftswissenschaften. Studien in den Grenzbereichen der Wirtschafts- und Sozialwissenschaften. Band 37, herausgegeben von Erik Boettcher. Tübingen

Bunge, Mario/Mahner, Martin (2004): Über die Natur der Dinge. Materialismus und Wissenschaft. Stuttgart

Burkart, Günter (2005): Die Familie in der Systemtheorie. In: Runkel, Gunter/Burkart, Günter (Hrsg.): Funktionssysteme der Gesellschaft. Beiträge zur Systemtheorie von Niklas Luhmann. Wiesbaden, S. 101–128

Chassé, Karl August/Wensierski, Hans-Jürgen von (Hrsg.) (2004): Praxisfelder der Sozialen Arbeit. Eine Einführung. 4., aktualisierte Auflage, Weinheim

Cleppien, Georg (2000): Selbstbeschreibung und Sozialpädagogik. In: Merten, Roland (Hrsg.): Systemtheorie Sozialer Arbeit. Neue Ansätze und veränderte Perspektiven. Opladen, S. 137–156

Corsten, Michael/Rosa, Hartmut/Schrader, Ralph (Hrsg.) (2005): Die Gerechtigkeit der Gesellschaft. Wiesbaden

Dieckmann, Johann (2004): Luhmann-Lehrbuch. München

Dieckmann, Johann (2005): Einführung in die Systemtheorie. Paderborn

Dieckmann, Johann (2006): Schlüsselbegriffe der Systemtheorie. München

Dreier, Horst (2010): Der freiheitliche Verfassungsstaat als riskante Ordnung. In: Rechtwissenschaft. Zeitschrift für rechtswissenschaftliche Forschung. Heft 1, Baden-Baden, S. 11–38

Engelke, Ernst (1992): Soziale Arbeit als Wissenschaft. Eine Orientierung. Freiburg im Breisgau

Engelke, Ernst (2004, c2003): Die Wissenschaft Soziale Arbeit. Werdegang und Grundlagen. 2. Auflage, Freiburg im Breisgau

Engelke, Ernst (2008, c1999): Theorien der Sozialen Arbeit. Eine Einführung. Freiburg im Breisgau

Esposito, Elena (2005): Die Beobachtung der Kybernetik. In: Baecker, Dirk (Hrsg.): Schlüsselwerke der Systemtheorie. Wiesbaden, S. 291–302

Faltermeier, Josef (1992): Jugendhilfe im gesellschaftlichen Wandel. Deutscher Verein für öffentliche und private Fürsorge, Frankfurt am Main

Farzin, Sina (2006): Inklusion/Exklusion. Entwicklungen und Probleme einer systemtheoretischen Unterscheidung. Bielefeld

Filipp, Sigrun-Heide (Hrsg.) (1979): Selbstkonzept-Forschung. Probleme, Befunde, Perspektiven. Stuttgart

Filipp, Sigrun-Heide (Hrsg.) (1981): Kritische Lebensereignisse. München, Wien, Baltimore

Foerster, Heinz von (1993): KybernEthik. Berlin

Foerster, Heinz von/Pörksen, Bernhard (2008, c1998): Wahrheit ist die Erfindung eines Lügners. Gespräche für Skeptiker. 8. Auflage, Heidelberg

Fuchs, Peter (2000): Systemtheorie und Soziale Arbeit. In: Merten, Roland (Hrsg.): Systemtheorie Sozialer Arbeit. Neue Ansätze und veränderte Perspektiven. Opladen, S. 157–176

Fuchs, Stephan (2005): Handlung ist System. Stephan Fuchs über Talcott Parsons' „The Social System" (1951). In: Baecker, Dirk (Hrsg.): Schlüsselwerke der Systemtheorie. Wiesbaden, S. 51–53
Galuske, Michael (2007): Methoden der sozialen Arbeit. Eine Einführung. 7., ergänzte Auflage, Weinheim
Gängler, Hans (2000): Sozialpädagogik: beobachtet. In: Merten, Roland (Hrsg.): Systemtheorie Sozialer Arbeit. Neue Ansätze und veränderte Perspektiven. Opladen, S. 17–25
Geißler, Karlheinz August/Hege, Marianne (2007, c1978): Konzepte sozialpädagogischen Handelns. Ein Leitfaden für soziale Berufe. 11. Auflage, Weinheim
Germain, Carel B./Gitterman, Alex (1999, c1983): Praktische Sozialarbeit: Das ‚Life Model' der sozialen Arbeit. 3. völlig neu bearbeitete Auflage, Stuttgart
Gieseke, Wiltrud (Hrsg.) (2003): Institutionelle Innensichten der Weiterbildung. Bielefeld
Glasersfeld, Ernst von (2002): Abschied von der Objektivität. In: Krieg, Peter/Watzlawick, Paul (Hrsg.): Das Auge des Betrachters. Heidelberg, S. 17–30
Glasl, Friedrich (2004): Konfliktmanagement. Ein Handbuch für Führungskräfte, Beraterinnen und Berater. 8. aktualisierte und ergänzte Auflage, Stuttgart
Greuèl, Marius/Mennemann, Hugo (2006): Soziale Arbeit in der integrierten Versorgung. München
Greving, Heinrich/Heffels, Wolfgang M. (Hrsg.) (2009): Pädagogik und Soziale Arbeit. Kernkompetenzen zentraler Aufgaben. Bad Heilbrunn
Habermas, Jürgen (1981): Theorie des kommunikativen Handelns. Frankfurt am Main
Habermas, Jürgen (1985): Die neue Unübersichtlichkeit. Frankfurt am Main
Hafen, Martin (2004): Luhmann in der Sozialen Arbeit oder: Wie kann die soziologische Systemtheorie für die professionelle Praxis genutzt werden. In: Mäder, Ueli/Daub, Claus-Heinrich (Hrsg.): Soziale Arbeit. Beiträge zu Theorie und Praxis. Basel, S. 203–232
Hafen, Martin (2007): Grundlagen der systemischen Prävention. Ein Theoriebuch für Lehre und Praxis. Heidelberg
Hagen, Wolfgang (Hrsg.) (2009): Was tun, Herr Luhmann? Vorletzte Gespräche mit Niklas Luhmann. Berlin
Harring, Marius/Palentien, Christian/Rohlfs, Carsten (2007): Perspektiven der Bildung. – Kinder und Jugendliche in formellen, nicht-formellen und informellen Bildungsprozessen. Wiesbaden
Hearn, Gordon (1958): Theory Building in Social Work. Toronto
Heiner, Maja (Hrsg.) (2004): Diagnostik und Diagnosen in der Sozialen Arbeit. Ein Handbuch. Berlin
Heisenberg, Werner (1984): Gesammelte Werke. Herausgegeben von Walter Blum, Hans-Peter Dürr und Helmut Rechenberg: Band I. Physik und Erkenntnis 1927–1955. 24. Ordnung der Wirklichkeit. München, S. 217–306
Hejl, Peter M. (1991, c1987): Konstruktion der sozialen Konstruktion: Grundlinien einer konstruktivistischen Sozialtheorie. In: Schmidt, Siegfried J.: Der Diskurs des Radikalen Konstruktivismus. 4. Auflage, Frankfurt am Main, S. 303–339
Herbst, Dieter (2009): Corporate Identity. Aufbau einer einzigartigen Unternehmensidentität. Leitbild und Unternehmenskultur. Image messen, gestalten und überprüfen. 4. Auflage, Berlin
Herbst, Dieter/Scheier, Christian (2004): Corporate Imagery. Wie Ihr Unternehmen ein Gesicht bekommt. Orientierung und Vertrauen durch starke Bilder. Berlin

Herriger, Norbert (1997): Empowerment in der Sozialen Arbeit. Eine Einführung. 2. Auflage, Stuttgart
Hillebrandt, Frank (1999): Exklusionsindividualität. Moderne Gesellschaftsstruktur und die soziale Konstruktion des Menschen. Opladen
Hohm, Hans-Jürgen (2003): Urbane soziale Brennpunkte. Exklusion und soziale Hilfe. Opladen 2003
Hollstein-Brinkmann, Heino (1993): Soziale Arbeite und Systemtheorien. Freiburg im Breisgau
Hollstein-Brinkmann, Heino/Staub-Bernasconi, Silvia (Hrsg.) (2005): Systemtheorien im Vergleich. Was leisten Systemtheorien für die Soziale Arbeit? Versuch eines Dialogs. Wiesbaden
Horster, Detlef (2005): Niklas Luhmann. 2., überarbeitete Auflage, München
Hosemann, Wilfried (Hrsg.) (2006): Potenziale und Grenzen systemischer Sozialarbeit. Freiburg im Breisgau
Hosemann, Wilfried/Geiling, Wolfgang (2013#): Einführung in die Systemische Soziale Arbeit. München
Hoyoung, Choe (2008): Zu einer gemäßigten Perspektive des Konstruktivismus: Mit Kritik am radikal-konstruktivistischen Diskurs. Saarbrücken
Hünersdorf, Bettina (2009): Der klinische Blick in der Sozialen Arbeit. Systemtheoretische Annäherungen an eine Reflexionstheorie des Hilfesystems. Wiesbaden
Jahraus, Oliver/Nassehi, Armin (Hrsg.) (2012): Luhmann-Handbuch. Leben – Werk – Wirkung. Stuttgart
Janich, Peter (2000): Was ist Wahrheit? 2. Auflage, München
Janich, Peter (2000b): Was ist Erkenntnis? München
Jordan, Erwin/Münder, Johannes (2005): Kinder- und Jugendhilfe. Einführung in Geschichte und Handlungsfelder, Organisationsformen und gesellschaftliche Problemlagen. 2., überarbeitete und ergänzte Auflage der Neuausgabe Weinheim
Kant, Immanuel (1966, c1781): Kritik der reinen Vernunft. Stuttgart
Kern, Thomas (2008): Soziale Bewegungen. Ursachen, Wirkungen, Mechanismen. Wiesbaden
Kersting, Heinz J. (2004): Die Macht der Komplexität. Supervision systemisch gewendet. In: systhema, 18. Jahrgang/Heft 3, Weinheim, S. 260–271
Kersting, Heinz J./Neumann-Wirsig, Heidi (Hrsg.) (2004): Supervision intelligenter Systeme: Supervision, Coaching, Organisationsberatung. Aachen
Keupp, Heiner (1992): Das Subjekt und das Soziale sind auch nicht mehr das, was sie einmal waren! Aber... In: Otto, Hans-Uwe/Hirschauer, Paul/Thiersch, Hans (Hrsg.): Sonderausgabe neue praxis. Zeit-Zeichen sozialer Arbeit. Entwürfe einer neuen Praxis. Neuwied, S. 1–6
Klassen, Michael (2004): Was leisten Systemtheorien in der Sozialen Arbeit? Ein Vergleich der systemischen Ansätze von Niklas Luhmann und Mario Bunge. Bern, Stuttgart, Wien
Kleve, Heiko (1996): Konstruktivismus und Soziale Arbeit. Die konstruktivistische Wirklichkeitsauffassung und ihre Bedeutung für die Sozialarbeit/Sozialpädagogik und Supervision. Aachen
Kleve, Heiko (1996b): Soziale Arbeit als wissenschaftliche Praxis und als praktische Wissenschaft. Systemtheoretische Ansätze einer Praxistheorie Sozialer Arbeit. In: neue praxis 26. Jahrgang/Heft 3, Neuwied, S. 245–252
Kleve, Heiko (1997): Soziale Arbeit zwischen Inklusion und Exklusion. In: neue praxis, 27. Jahrgang/Heft 5, Neuwied, S. 412–432

Kleve, Heiko (1999): Postmoderne Sozialarbeit. Ein systemtheoretisch-konstruktivistischer Beitrag zur Sozialarbeitswissenschaft. Aachen

Kleve, Heiko (2000): Die Sozialarbeit ohne Eigenschaften. Fragmente einer postmodernen Professions- und Wissenschaftstheorie Sozialer Arbeit. Freiburg im Breisgau

Kleve, Heiko (2000b): Paradigmawechsel in der Systemtheorie und postmoderne Sozialarbeit. In: Merten, Roland (Hrsg.): Systemtheorie Sozialer Arbeit. Neue Ansätze und veränderte Perspektiven. Opladen, S. 47–66

Kleve, Heiko (2003): Die postmoderne Theorie Sozialer Arbeit. Ein Beitrag zur real- und theoriehistorischen Entwicklung der Sozialarbeit/Sozialpädagogik. In: neue praxis 33. Jahrgang/Heft 3 u. 4, Neuwied, S. 325–339

Kleve, Heiko (2003b): Sozialarbeitswissenschaft, Systemtheorie und Postmoderne. Grundlegungen und Anwendungen eines Theorie- und Methodenprogramms. Freiburg im Breisgau

Kleve, Heiko (2005): Der systemtheoretische Konstruktivismus. Eine postmoderne Bezugstheorie Sozialer Arbeit. In: Hollstein-Brinkmann, Heino/Staub-Bernasconi, Silvia (Hrsg.): Systemtheorien im Vergleich. Was leisten Systemtheorien für die Soziale Arbeit? Versuch eines Dialogs. Wiesbaden, S. 63–92

Kleve, Heiko (2005b): Soziale Arbeit mit Familien und soziologische Systemtheorie. In: neue praxis 35. Jahrgang/Heft 1, Neuwied, S. 5–17

Kleve, Heiko (2009): Konstruktivismus und Soziale Arbeit. Einführung in Grundlagen der systemisch-konstruktivistischen Theorie und Praxis. 3., überarbeitete und erweiterte Auflage, Wiesbaden

Kleve, Heiko/Haye, Britta/Hampe-Grosser, Andreas/Müller, Matthias (2006): Systemisches Case-Management. Falleinschätzung und Hilfeplanung in der Sozialen Arbeit. Heidelberg

Kraus, Björn (2002): Konstruktivismus – Kommunikation – Soziale Arbeit. Radikalkonstruktivistische Betrachtungen zu den Bedingungen des sozialpädagogischen Interaktionsverhältnisses. Heidelberg

Kraus, Björn (2013): Erkennen und Entscheiden. Grundlagen und Konsequenzen eines erkenntnistheoretischen Konstruktivismus für die Soziale Arbeit. Weinheim

Kraus, Björn/Krieger, Wolfgang (Hrsg.) (2011): Macht in der Sozialen Arbeit. Interaktionsverhältnisse zwischen Kontrolle, Partizipation und Freisetzung. 2. Auflage, Lage

Krause, Detlef (2005): Luhmann-Lexikon. Eine Einführung in das Gesamtwerk von Niklas Luhmann. 4., neu bearbeitete und erweiterte Auflage mit 32 Abbildungen und über 600 Lexikoneinträgen einschließlich detaillierter Quellenangaben. Stuttgart

Krieg, Peter/Watzlawick, Paul (Hrsg.) (2002): Das Auge des Betrachters. Heidelberg

Krieger, Wolfgang (2011): „Macht jenseits konstruierter Selbstunterwerfung?“ Begriffe, Formen, Quellen der Interaktionsmacht. Konstruktivistische Ansätze zur Mikrophysiologie der Macht in der Sozialen Arbeit. In: Kraus, Björn/Krieger, Wolfgang (Hrsg.): Macht in der Sozialen Arbeit. Interaktionsverhältnisse zwischen Kontrolle, Partizipation und Freisetzung. 2. Auflage, Lage, S. 45–94

Kriener, Martina/Petersen, Kerstin (Hrsg.) (1999): Beteiligung in der Jugendhilfepraxis. Sozialpädagogische Strategien zur Partizipation in Erziehungshilfen und bei Vormundschaften. Münster

Lambers, Helmut (2010): Wie aus Helfen Soziale Arbeit wurde. Die Geschichte Sozialer Arbeit. Bad Heilbrunn

Lambers, Helmut (2013): Theorien der Sozialen Arbeit. Ein Kompendium und Vergleich. Opladen

Lambers, Helmut (2014): Sozialwirtschaftliche Management- und Unternehmensentwicklung. Ein Praxismodell (in Vorbereitung)
Lessenich, Stephan (2008): Die Neuerfindung des Sozialen. Der Sozialstaat im flexiblen Kapitalismus. Bielefeld
Lewkowicz, Marina (Hrsg.) (1991): Neues Denken in der sozialen Arbeit: Mehr Ökologie, mehr Markt, mehr Management. Freiburg im Breisgau
Löcherbach, Peter/Klug, Wolfgang u.a. (Hrsg.) (2009): Case Management. Fall- und Systemsteuerung in der Sozialen Arbeit. 4., veränderte Auflage, München
Lowy, Louis (1983): Sozialarbeit, Sozialpädagogik als Wissenschaft im angloamerikanischen und deutschsprachigen Raum: Stand und Entwicklung. Freiburg im Breisgau
Luhmann, Niklas (1973): Formen des Helfens im Wandel gesellschaftlicher Bedingungen. In: Otto, Hans-Uwe/Schneider, Siegfried (Hrsg.): Gesellschaftliche Perspektiven der Sozialarbeit. Neuwied, S. 21–43
Luhmann, Niklas (1980): Gesellschaftsstruktur und Semantik. Studien zur Wissenssoziologie der modernen Gesellschaft. Band 1. Frankfurt am Main
Luhmann, Niklas (1981): Politische Theorie im Wohlfahrtsstaat. München
Luhmann, Niklas (1982): Die Voraussetzung der Kausalität. In: Luhmann, Niklas/Schorr, Karl Eberhard (Hrsg.): Zwischen Technologie und Selbstreferenz – Fragen an die Pädagogik. Frankfurt am Main, S. 41–50
Luhmann, Niklas (1986): Ökologische Kommunikation. Kann die moderne Gesellschaft sich auf ökologische Gefährdungen einstellen? Opladen
Luhmann, Niklas (1987, c1984): Soziale Systeme. Grundriss einer allgemeinen Theorie. Frankfurt am Main
Luhmann, Niklas (1990): Soziologische Aufklärung 5. Konstruktivistische Perspektiven. Band 5, Wiesbaden
Luhmann, Niklas (1992, c1990): Die Wissenschaft der Gesellschaft. Frankfurt am Main
Luhmann, Niklas (1993, c1989): Gesellschaftsstruktur und Semantik. Studien zur Wissenssoziologie der modernen Gesellschaft, Band 3. Frankfurt am Main
Luhmann, Niklas (1994, c1988): Die Wirtschaft der Gesellschaft. Frankfurt am Main
Luhmann, Niklas (1994b, c1982): Liebe als Passion. Zur Codierung von Intimität. Frankfurt am Main
Luhmann, Niklas (1994c): Copierte Existenz und Karriere. Zur Herstellung von Individualität. In Beck, Ulrich/Beck-Gernsheim, Elisabeth (Hrsg.): Riskante Freiheiten. Individualisierung in modernen Gesellschaften. Frankfurt am Main, S. 191–200
Luhmann, Niklas (1995): Soziologische Aufklärung 6. Die Soziologie und der Mensch. Band 6, Opladen
Luhmann, Niklas (1995b): Das Recht der Gesellschaft. Frankfurt am Main
Luhmann, Niklas (1996): Die Realität der Massenmedien. 2., erweiterte Auflage, Opladen
Luhmann, Niklas (1996b): Jenseits von Barbarei. In: Miller, Max/Soeffner, Hans Georg (Hrsg.): Modernität und Barbarei. Soziologische Zeitdiagnose am Ende des 20. Jahrhunderts. Frankfurt am Main, S. 219–230
Luhmann, Niklas (1998): Die Gesellschaft der Gesellschaft. Band 1 und 2. Frankfurt am Main
Luhmann, Niklas (2002): Das Erziehungssystem der Gesellschaft. Frankfurt am Main
Luhmann, Niklas (2002b, c2000): Die Politik der Gesellschaft. Frankfurt am Main Luhmann, Niklas (2003, c1975): Macht. 3. Auflage, Stuttgart
Luhmann, Niklas (2005, c1981): Soziologische Aufklärung 3. Soziales System, Gesellschaft, Organisation. Band 3, 4. Auflage, Wiesbaden

Luhmann, Niklas (2005b, c1987): Soziologische Aufklärung 4. Beiträge zur funktionalen Differenzierung der Gesellschaft. Band 4, 3. Auflage, Wiesbaden
Luhmann, Niklas (2006, c2000): Organisation und Entscheidung, 2. Auflage, Wiesbaden
Luhmann, Niklas (2006c): Einführung in die Systemtheorie. Transkription der gleichnamigen Vorlesung WS 1991/92 Univ. Bielefeld. Herausgegeben von Dirk Baecker. 3. Auflage, Heidelberg
Luhmann, Niklas (2008, c1969): Liebe. Eine Übung. Herausgegeben von André Kieserling. Frankfurt am Main
Luhmann, Niklas/Schorr, Karl Eberhard (Hrsg.) (1982): Das Technologiedefizit der Erziehung und die Pädagogik. In: Zwischen Technologie und Selbstreferenz – Fragen an die Pädagogik. Frankfurt am Main, S. 5–40
Luhmann, Niklas/Schorr, Karl Eberhard (1988): Reflexionsprobleme im Erziehungssystem, Frankfurt am Main
Lüssi, Peter (1998): Systemische Sozialarbeit. Praktisches Lehrbuch der Sozialberatung. Bern, Stuttgart, Wien
Lyotard, Jean-François (2006, c1979): Das postmoderne Wissen. 5. Auflage, Wien (Originalausgabe „La condition postmoderne“, erschienen 1979)
Maaß, Olaf (2007): „Die Soziale Arbeit als Funktionssystem der Gesellschaft? Eine systemtheoretische Analyse“. Dissertation zur Erlangung des akademischen Grades doctor philosophiae (Dr. phil.) vorgelegt dem Rat der Fakultät für Sozial- und Verhaltenswissenschaften der Friedrich-Schiller-Universität Jena
Maaß, Olaf (2009): Die Soziale Arbeit als Funktionssystem der Gesellschaft. Heidelberg
Mäder, Ueli/Daub, Claus-Heinrich (Hrsg.) (2004): Soziale Arbeit. Beiträge zu Theorie und Praxis. Basel
Malik, Fredmund (2003): Das St. Galler Konzept der integrierten Management- und Unternehmensentwicklung. In: Malik, Fredmund: Systemisches Management, Evolution, Selbstorganisation. Grundprobleme, Funktionsmechanismen und Lösungsansätze für komplexe Probleme. Bern, S. 235–268
Maturana, Humberto R. (1970): Biology and Cognition. Biological Computer Laboratory Research Report BCL 9.0. Urbana IL. University of Illinois
Maturana, Humberto R. (2001): Das Erkennen des Erkennens verpflichtet. In: Pörksen, Bernhard: Die Gewissheit der Ungewissheit. Gespräche zum Konstruktivismus. Heidelberg
Maturana, Humberto R./Varela, Francisco (1991): Autopoiesis and Cognition: The Realization of the Living. Boston
May, Michael (2000): Wider den Zynismus einer Luhmanisierung der Theorie Sozialer Arbeit. Eine Antwort auf Albert Scherr. Widersprüche. Zeitschrift für sozialistische Politik im Bildungs-, Gesundheits- und Sozialbereich. Heft 78, Bielefeld
Merten, Roland (1997): Autonomie der Sozialen Arbeit. Zur Funktionsbestimmung als Disziplin und Profession. Weinheim
Merten, Roland (Hrsg.) (2000): Systemtheorie Sozialer Arbeit. Neue Ansätze und veränderte Perspektiven. Opladen
Merten, Roland (2000): Soziale Arbeit als autonomes Funktionssystem der modernen Gesellschaft? Argumente für eine konstruktive Praxis. In: Merten, Roland (Hrsg.): Systemtheorie Sozialer Arbeit. Neue Ansätze und veränderte Perspektiven. Opladen, S. 177–206
Merten, Roland (2005): Soziale Arbeit aus einer (erweiterten) Perspektive der Systemtheorie Luhmanns. In: Hollstein-Brinkmann, Heino/Staub-Bernasconi, Silvia (Hrsg.):

Systemtheorien im Vergleich. Was leisten Systemtheorien für die Soziale Arbeit? Versuch eines Dialogs. Wiesbaden, S. 35–62
Merten, Roland/Scherr, Albert (Hrsg.) (2004): Inklusion und Exklusion in der Sozialen Arbeit. Wiesbaden
Mielenz, Ingrid (1981): Die Strategie der Einmischung – Soziale Arbeit zwischen Selbsthilfe und kommunaler Politik. In: neue praxis 11. Jahrgang/Heft 6, Neuwied, S. 57–66
Miller, Max/Soeffner, Hans-Georg (Hrsg.) 1996: Modernität und Barbarei. Soziologische Zeitdiagnose am Ende des 20. Jahrhunderts. Frankfurt am Main
Miller, Tilly (2001): Systemtheorie und Soziale Arbeit. Entwurf einer Handlungstheorie. 2. Auflage, Stuttgart
Milowiz, Walter (2009, c1998): Teufelskreis und Lebensweg. Systemisch denken im sozialen Feld. 2. Auflage, Göttingen
Mittelstraß, Jürgen (1989): Glanz und Elend der Geisteswissenschaften, Oldenburg
Mittelstraß, Jürgen (1998): Die Häuser des Wissens. Wissenschaftstheoretische Studien, Frankfurt am Main
Moldzio, Andrea (2004): Das Menschenbild der systemischen Therapie. 2. korrigierte Auflage, Wiesbaden
Mollenhauer, Klaus (1964): Einführung in die Sozialpädagogik. Probleme und Begriffe der Jugendhilfe. Weinheim
Mollenhauer, Klaus/Uhlendorff, Uwe (1992): Sozialpädagogische Diagnosen. Über Jugendliche in schwierigen Lebenslagen. München
Mollenhauer, Klaus/Uhlendorff, Uwe (1995): Sozialpädagogische Diagnosen. Selbstdeutungen verhaltensschwieriger Jugendlicher als empirische Grundlage für Erziehungspläne. München
Mühlum, Albert (2001, c1982): Sozialpädagogik und Sozialarbeit: Ein Vergleich. 3., überarbeitete und aktualisierte Auflage, Frankfurt am Main
Müller, Carl Wolfgang (1999, c1982): Wie Helfen zum Beruf wurde. Eine Methodengeschichte der Sozialarbeit. Band 1: 1883–1945. Überarbeitete Neuauflage, Weinheim
Müller, Carl Wolfgang (1997, c1988): Wie Helfen zum Beruf wurde. Band 2. Eine Methodengeschichte der Sozialarbeit 1945–1995. 3. und erweiterte Auflage, Weinheim
Müller, Carl Wolfgang (2006): Wie Helfen zum Beruf wurde. Eine Methodengeschichte der Sozialen Arbeit. 4., erweiterte und aktualisierte Auflage, Weinheim
Müller-Stewens, Günter/Lechner, Christoph (2005): Strategisches Management. Wie strategische Initiativen zum Wandel führen. Der St. Galler General Management Navigator*. 3. Auflage, Stuttgart
Neuffer, Manfred (2009): Case Management. Soziale Arbeit mit Einzelnen und Familien. 4., überarbeitete Auflage, Weinheim
Neugebauer, Gero (2007): Politische Milieus in Deutschland. Die Studie der Friedrich-Ebert-Stiftung. Bonn
Niederer, Nora (2008): Soziale Arbeit im Spannungsfeld von Systemstabilisierung und Innovation. Bern
Obrecht, Werner (1996): Sozialarbeitswissenschaft als integrative Handlungswissenschaft. In: Merten, Roland/Sommerfeld, Peter/Koditek, Thomas (Hrsg.): Sozialarbeitswissenschaft – Kontroversen und Perspektiven. Neuwied, S. 121–160
Obrecht, Werner (2000): Das systemische Paradigma der Sozialarbeitswissenschaft und der sozialen Arbeit. In: Pfaffenberger, Hans/Scherr, Albert/Sorg, Richard: Von der Wissenschaft des Sozialwesens. Standort und Entwicklungschancen der Sozialpädagogik, Sozialarbeitswissenschaft. Rostock, S. 115–143

Obrecht, Werner (2000b): Soziale Systeme, Individuen, soziale Probleme und Soziale Arbeit. In: Merten, Roland (Hrsg.): Systemtheorie Sozialer Arbeit. Neue Ansätze und veränderte Perspektiven. Opladen, S. 207–223

Obrecht, Werner (2001): Das Systemtheoretische Paradigma der Disziplin und der Profession der Sozialen Arbeit. Hochschule für Soziale Arbeit Zürich

Obrecht, Werner (2005): Ontologischer, Sozialwissenschaftlicher und Sozialarbeitswissenschaftlicher Systemismus – Ein integratives Paradigma der Sozialen Arbeit. In: Hollstein-Brinkmann, Heino/Staub-Bernasconi, Silvia (Hrsg.): Systemtheorien im Vergleich. Was leisten Systemtheorien für die Soziale Arbeit? Versuch eines Dialogs. Wiesbaden, S. 93–172

Obrecht, Werner (2008): Der emergentistische Systemismus Mario Bunges und das systemtheoretische Paradigma der Sozialarbeitswissenschaft und der Sozialen Arbeit (SPSA). Der Systemismus Mario Bunges und das Systemtheoretische Paradigma der Sozialen Arbeit. Interview mit Werner Obrecht. Interviewer: Marcel Krebs, Redaktion SozialArbeit.ch, Konstanz http://www.sozialarbeit.ch/dokumente/bunge_spsa.pdf (21.02.2013)

Obrecht, Werner/Zwicky, Heinrich (2002): Theorie als Selbstbestätigung. Zur Kritik der Luhmann'schen Systemtheorie und ihrer Popularität in der Sozialen Arbeit. In: neue praxis 32. Jahrgang/Heft 5, Neuwied, S. 483–498

Otto, Hans-Uwe/Hirschauer, Paul/Thiersch, Hans (Hrsg.) (1992): Sonderausgabe neue praxis. Zeit-Zeichen sozialer Arbeit. Entwürfe einer neuen Praxis. Neuwied

Otto, Hans-Uwe/Schneider, Siegfried (Hrsg.) (1973): Gesellschaftliche Perspektiven der Sozialarbeit. Neuwied

Parsons, Talcott (1971): The System of Modern Societies. Englewood Cliffs, New Jersey

Pfaffenberger, Hans/Scherr, Albert/Sorg, Richard (2000): Von der Wissenschaft des Sozialwesens. Standort und Entwicklungschancen der Sozialpädagogik, Sozialarbeitswissenschaft. Rostock

Prenzel, Manfred (2007): PISA 2006 – Die Ergebnisse der dritten internationalen Vergleichsstudie. Münster

Puhl, Ria (Hrsg.) (1996): Sozialarbeitswissenschaft. Neue Chancen für theoriegeleitete Soziale Arbeit. Weinheim

Puhl, Ria/Burmeister, Jürgen/Löcherbach, Peter (1996): Keine Profession ohne Gegenstand – was ist der Kern Sozialer Arbeit? In: Puhl, Ria (Hrsg.): Sozialarbeitswissenschaft. Neue Chancen für theoriegeleitete Soziale Arbeit. Weinheim, S. 167–185

Pörksen, Bernhard (2001): Die Gewissheit der Ungewissheit. Gespräche zum Konstruktivismus. Heidelberg

Reich, Kersten (2000): Systemisch-konstruktivistische Pädagogik. Einführung in Grundlagen einer interaktionistisch-konstruktivistischen Pädagogik. 3. überarbeitete Auflage, Neuwied

Richards, John/Glasersfeld, Ernst von (1991, c1987): Die Kontrolle von Wahrnehmung und die Konstruktion von Realität. Erkenntnistheoretische Aspekte des Rückkoppelungs-Kontroll-Systems. In: Schmidt, Siegfried J.: Der Diskurs des Radikalen Konstruktivismus. 4. Auflage, Frankfurt am Main, S. 192–228

Ritscher, Wolf (2004): Prinzipien und Verfahren systemischer Diagnostik in der Sozialen Arbeit. In: Heiner, Maja (Hrsg.): Diagnostik und Diagnosen in der Sozialen Arbeit. Ein Handbuch. Berlin

Ritscher, Wolf/Armbruster, Jürgen/Döhner-Rotter, Klaus/Menzler-Fröhlich, Kalheinz/Müller, Werner/Rein, Gabriele (2013, c2002): Systemische Modelle für die soziale Arbeit. Ein integratives Lehrbuch für Theorie und Praxis. 3. Auflage Heidelberg

Rüegg-Stürm, Johannes (2003): Das neue St. Galler Management-Modell. Grundkategorien einer integrierten Managementlehre. Der HSG-Ansatz. 2., durchgesehene Auflage, Bern

Runkel, Gunter/Burkart, Günter (Hrsg.) (2005): Funktionssysteme der Gesellschaft. Beiträge zur Systemtheorie von Niklas Luhmann. Wiesbaden

Sagebiel, Juliane (2006): Systemtheorie im Plural – die Identität der Sozialen Arbeit zwischen zwei Theorieperspektiven. In: Schmocker, Beat (Hrsg.): Liebe, Macht und Erkenntnis. Freiburg im Breisgau

Sauer, Martin (1979): Heimerziehung und Familienprinzip. Neuwied

Schaarschuch, Andreas (1999): Theoretische Grundelemente Sozialer Arbeit als Dienstleistung. In: neue praxis 29. Jahrgang/Heft 6, Neuwied, S. 543–560

Scheler, Max (1980, c1926): Die Wissensformen und die Gesellschaft. Gesammelte Werke Max Scheler. Bd. 8, 4. Auflage, Bonn

Scherpner, Hans (1962): Theorie der Fürsorge. Herausgegeben von Hanna Scherpner, Göttingen

Scherr, Albert (2000): Soziale Arbeit hat eine Zukunft – eine ambivalente Botschaft. In: Pfaffenberger, Hans/Scherr, Albert/Sorg, Richard (Hrsg.): Von der Wissenschaft des Sozialwesens: Standort und Entwicklungschancen der Sozialpädagogik/Sozialarbeitswissenschaft. Rostock, S. 176–189

Scherr, Albert (2000b): Was nützt die soziologische Systemtheorie für eine Theorie der Sozialen Arbeit? In: Widersprüche. Zeitschrift für sozialistische Politik im Bildungs-, Gesundheits- und Sozialbereich. Heft 77, Bielefeld, S. 63–76

Scherr, Albert (2002): Soziologische Systemtheorie als Grundlage einer Theorie der Sozialen Arbeit? In: neue praxis 32. Jg./Heft 3, Neuwied, S. 258-267

Scherr, Albert (2003): Kritik als Selbstbestätigung. Einwände gegen den Versuch einer ideologischen Entlarvung der Luhmann'schen Systemtheorie. In: neue praxis 33. Jg./Heft 1, Neuwied, S. 126–128

Schlippe, Arist von/Schweitzer, Jochen (1998): Lehrbuch der systemischen Therapie und Beratung. 5. Auflage, Göttingen

Schmidbauer, Wolfgang (1977): Die hilflosen Helfer. Über die seelische Problematik der helfenden Berufe. Reinbek bei Hamburg

Schmidbauer, Wolfgang (2007): Das Helfersyndrom. Hilfe für Helfer. Reinbek bei Hamburg

Schmidt, Siegfried J. (1991, c1987): Der Diskurs des Radikalen Konstruktivismus. 4. Auflage, Frankfurt am Main

Schmidt, Siegfried J. (1992): Kognition und Gesellschaft. Der Diskurs des Radikalen Konstruktivismus II. Frankfurt am Main

Schmocker, Beat (Hrsg.) (2006): Liebe, Macht und Erkenntnis. Freiburg im Breisgau

Schmutz, Elisabeth/Arbeitsgruppe Heimreform (2000): Aus der Geschichte lernen. Analyse der Heimreform in Hessen (1968–1983). Internationale Gesellschaft für erzieherische Hilfen (IGfH), Frankfurt am Main

Schrapper, Christian (Hrsg.) (2004): Sozialpädagogische Diagnostik und Fallverstehen in der Jugendhilfe: Anforderungen, Konzepte, Perspektiven. München

Schrapper, Christian/Sengling, Dieter/Wickenbrock, Wilfried (1987): Welche Hilfe ist die richtige? Historische und empirische Studien zur Gestaltung sozialpädagogischer Entscheidungen im Jugendamt. Frankfurt am Main

Schubert, Herbert J. (Hrsg.) (2008): Netzwerkmanagement: Koordination von professionellen Vernetzungen – Grundlagen und Praxisbeispiele. Wiesbaden

Schulz von Thun, Friedemann (1994): Miteinander reden. Störungen und Klärungen. Band 1. Hamburg
Schwarz, Peter/Purtschert, Robert/Giroud, Charles/Schauer, Reinbert (2005): Das Freiburger Management-Modell für Nonprofit-Organisationen. 5., ergänzte und aktualisierte Auflage, Bern, Stuttgart, Wien
Schwegler, Helmut (1992): Konstruierte Wissenschaftswelten. Die Erfahrungen eines Physikers. In: Schmidt, Siegfried J.: Kognition und Gesellschaft. Der Diskurs des Radikalen Konstruktivismus II. Frankfurt am Main, S. 257–276
Schwinn, Thomas (2007): Soziale Ungleichheit. Bielefeld
Singer, Wolf (2008): Ein neues Menschenbild? Gespräche über die Hirnforschung. 1. Auflage, Frankfurt am Main
Sommerfeld, Peter (2000): Soziale Arbeit als sekundäres Primärsystem und der „very strange loop" sozialarbeiterischer Profis. In: Merten, Roland (Hrsg.): Systemtheorie Sozialer Arbeit. Neue Ansätze und veränderte Perspektiven. Opladen, S. 115–136
Spiegel, Hiltrud von (2008): Methodisches Handeln in der Sozialen Arbeit. Grundlagen und Arbeitshilfen für die Praxis. 3. Auflage, München
Staub-Bernasconi, Silvia (1991): Stellen Sie sich vor: Markt, Ökologie und Management wären Konzepte einer Theorie und Wissenschaft Sozialer Arbeit. In: Lewkowicz, Marina (Hrsg.): Neues Denken in der sozialen Arbeit: mehr Ökologie, mehr Markt, mehr Management. Freiburg im Breisgau, S. 12–43
Staub-Bernasconi, Silvia (1995): Systemtheorie, soziale Probleme und Soziale Arbeit: lokal, national, international. Oder: Vom Ende der Bescheidenheit. Reihe Soziale Arbeit, Band 13, Bern
Staub-Bernasconi, Silvia (2000): Machtblindheit und Machtvollkommenheit Luhmannscher Theorie. In: Merten, Roland (Hrsg.): Systemtheorie Sozialer Arbeit. Neue Ansätze und veränderte Perspektiven. Opladen, S. 225–241
Staub-Bernasconi, Silvia (2000b): Klarer oder trügerischer Konsens über eine Wissenschaftsdefinition in den Debatten über Sozialarbeitswissenschaft? In: Pfaffenberger, Hans/Scherr, Albert/Sorg, Richard (Hrsg.): Von der Wissenschaft des Sozialwesens: Standort und Entwicklungschancen der Sozialpädagogik/Sozialarbeitswissenschaft Rostock, S. 144–172
Staub-Bernasconi, Silvia (2007): Soziale Arbeit als Handlungswissenschaft. Bern, Stuttgart, Wien
Stegbauer, Christian/Häußling, Roger (Hrsg.) (2010): Handbuch Netzwerkforschung. Wiesbaden
Stichweh, Rudolf (2000): Profession im System der modernen Gesellschaft. In: Merten, Roland (Hrsg.): Systemtheorie Sozialer Arbeit. Neue Ansätze und veränderte Perspektiven. Opladen, S. 29–38
Stichweh, Rudolf (2005): Inklusion und Exklusion. Studien zur Gesellschaftstheorie. Bielefeld
Tacke, Veronika (Hrsg.) (2001): Organisation und gesellschaftliche Differenzierung. 1. Auflage Wiesbaden
Theuvsen, Ludwig (2003): Das St. Galler Management-Modell. Grundlagen und Bezüge zum Nonprofit-Management. Kath. Krankenhausverband Deutschlands e.V. Krankendienst. 76. Jahrgang/Heft 10, Freiburg im Breisgau, S. 293–299
Thole, Werner (Hrsg.) (2005): Grundriss Soziale Arbeit. Ein einführendes Handbuch. 2., überarbeitete und aktualisierte Auflage, Wiesbaden

Thole, Werner/Galuske, Michael und Gängler, Hans (Hrsg.) (1998): KlassikerInnen der Sozialen Arbeit. Sozialpädagogische Texte aus zwei Jahrhunderten – ein Lesebuch. Neuwied 1998

Topitsch, Ernst (Hrsg.) (1984): Logik der Sozialwissenschaften. Königsstein

Uecker, Horst D. (2003): Sozialberatung im Lichte der soziologischen Systemtheorie. Heidelberg

Uecker, Horst D./Krebs, Marcel (Hrsg.) (2005): Beobachtungen der Sozialen Arbeit. Theoretische Provokationen. Band 1, Heidelberg

Ulrich, Hans (2001): Systemorientiertes Management. Das Werk von Hans Ulrich. Studienausgabe. Herausgegeben von der Stiftung zur Förderung der systemorientierten Managementlehre, St. Gallen, Schweiz. Bern, Stuttgart, Wien

Ulrich, Hans/Krieg, Walter (1974): St. Galler Management-Modell. 3. Auflage, Bern

Ulrich, Hans/Sidler, Fredy (1977): Ein Management-Modell für die öffentliche Hand. Bern und Stuttgart

Vogd, Werner (2011): Systemtheorie und rekonstruktive Sozialforschung – eine Brücke. 2., erweiterte und vollständig überarbeitete Auflage. Opladen

Wagner, Leonie (2009): Soziale Arbeit und Soziale Bewegung. Wiesbaden

Watzlawick, Paul (2005, c1976): Wie wirklich ist die Wirklichkeit? Wahn, Täuschung, Verstehen. München

Watzlawick, Paul/Beavin, Jeanet H./Jackson, Don D. (2011, c1969): Menschliche Kommunikation. 12., unveränderte Auflage, Bern

Weber, Georg/Hillebrandt, Frank (1999): Soziale Hilfe – Ein Teilsystem der Gesellschaft? Wissenssoziologische und systemtheoretische Überlegungen. Opladen

Wendt, Wolf Rainer (1982): Ökologie und soziale Arbeit. Stuttgart

Wendt, Wolf Rainer (1990): Ökosozial Denken und Handeln. Grundlagen und Anwendungen in der Sozialarbeit. Freiburg im Breisgau

Wendt, Wolf Rainer (2008): Case Management im Sozial- und Gesundheitswesen: Eine Einführung. Freiburg im Breisgau

Willke, Helmut: Systemtheorie und Handlungstheorie. Bemerkungen zum Verhältnis von Aggregation und Emergenz. Zeitschrift für Soziologie, Jg. 7, Heft 4, Stuttgart 1978, S. 380-389

Willke, Helmut (2000): Systemtheorie I. Grundlagen. 6., überarbeitete Auflage, Stuttgart

Willke, Helmut (2001): Systemtheorie III. Steuerungstheorie. 3., bearbeitete Auflage, Stuttgart

Willke, Helmut (2004): Einführung in das systemische Wissensmanagement. Heidelberg

Willke, Helmut (2005): Systemtheorie II. Interventionstheorie. 4. Auflage, Stuttgart

Winkler, Michael (1988): Eine Theorie der Sozialpädagogik. Stuttgart

Wittgenstein, Ludwig (1963, c1918): Tractatus logico-philosophicus. Logisch-philosophische Abhandlung. Frankfurt am Main

Zirkler, Michael/Müller, Werner R. (Hrsg.) (2003): Die Kunst der Organisationsberatung. Praktische Erfahrungen und theoretische Perspektiven. Bern